東京マネー・マーケット
〔第7版〕

東短リサーチ株式会社 編
黒田啓征・加藤出 編集代表

有斐閣選書

はしがき
──第 7 版の刊行にあたって──

　1983 年 3 月に『東京マネー・マーケット』の初版が発行された。
　その後，日本の短期金融市場（マネー・マーケット）の急速な発展にともなって逐次改訂版が発行されてきた。2002 年には第 6 版が『新・東京マネー・マーケット』という書名で発行された。そのとき以来，市場を取り巻く環境が大きく変わってきたため，東短グループ創業 100 周年にあたる本年，第 7 版を発行することとした。第 7 版は出版社のアドバイスによって，第 5 版までと同様にコンパクトな四六判の有斐閣選書として発行することになった。

　最近の動きを見てみると，長らく続いた日本の量的緩和策も 2006 年 3 月にようやく終了し，ゼロ金利下の短期金融市場の停滞を，早く活性化に向かわせようとする試みがなされていたところであった。

　ところが，2008 年 9 月，アメリカの投資銀行の破綻をきっかけに深刻な「世界的な金融危機」が発生し，その危機を乗り切ることが世界の金融市場における最大の課題となった。今現在も，この金融危機状態は多少の落ちつきを見せたとはいえ続いており，実体経済に及ぼすマイナスの影響が顕著になってきている。

　この金融危機はマネー・マーケットの重要性を改めて世に伝えることになった。すなわち，2008 年秋の金融危機は，発生後ただちに，銀行間（インターバンク）を中心とする短期資金の貸借市場に巨大なネガティブ・インパクトを与えた。世界のマネー・マーケット・センターであるニューヨークやロンドンでは，インターバンクの短期資金の貸借市場がほとんど機能停止状態に陥ってしまった。

　当時，金融危機にともなう株価の急落が目立ったこともあって，

資金貸借市場の機能停止は一般の人々にはあまり注目されなかったかもしれない。しかし実際には，各国当局は2008年10月に大量の資金を市場に供給するとともに，資金の貸借取引を当局が信用保証する措置をとって，市場機能の早期回復を図っていたのである。

　このような当局の迅速かつ思い切った措置は，マネー・マーケットが金融にとっても経済全体にとっても，きわめて重要であることを物語っている。もしもこの市場の機能不全が続くようなことになると，銀行などの貸出行動を抑制して，経済活動へのマイナス効果はきわめて大きなものとなる。

　このように重要な市場ではあるが，マネー・マーケットは一般の人にとっては，まだ，なじみの薄い面があることも否定できない。そこで，マネー・マーケットに縁のある人々のみならず，広く金融に関心のある人々にとっても役立つように，マネー・マーケットの仕組みや基本的な用語につき，実際の取引にも触れながら，できる限りわかりやすく説明することに留意して執筆されたのが本書である。マネー・マーケットだけではなく，外国為替市場，フォワード市場，デリバティブ市場等についても簡単な説明を試みた。

　幸い，マネー・マーケットや外国為替等の知識は，金融機関に働く人々や企業で財務にかかわりのある人々（＝金融のプロ）のみならず，資金運用を行う個人にとっても，次第に必要な知識となりつつある。とくに，外国為替証拠金取引が盛んになり，主婦も含めた個人層がマネー・マーケットや外国為替の動きに日々関心を払うようになってきたことから，これらの市場についての基本的な知識へのニーズは大きくなっているものと思われる。

　この第7版は，私たち東短リサーチ株式会社の研究員が中心となって執筆した。一部分を，東京短資株式会社の役職員ならびにマネー・ブローカーズ・アソシエイションの野口嘉彦事務局長にご執筆いただいた。

主として東短リサーチの研究員が新たに執筆したとはいえ，初版以来の多くの編著者の方々の労作を十分に参考にさせていただいている。初版から第6版までの編著者の方々に対して，執筆者一同，心から御礼申し上げたい。とくに，第6版の中心的執筆者である秋山誠一氏には広くご協力いただいた。

　また，今回の執筆に際してご支援やアドバイスをいただいた，東短グループ各社の役職員の方々にも深く御礼申し上げたい。とりわけ，東短ホールディングス株式会社・柳田紘一代表取締役社長，東京短資株式会社・服部總一郎代表取締役社長のご支援・ご協力に，改めて感謝申し上げる。

　最後に，有斐閣書籍編集第2部の得地道代氏には，タイトなスケジュールの中，大変なご尽力をいただいた。厚く御礼申し上げたい。

　2009 年 4 月

　　　　　　　　東短リサーチ株式会社　代表取締役社長

　　　　　　　　　　　　　　　　　黒田　啓征

執筆者紹介

黒田 啓征（くろだ・ひろゆき）　　　　　　　　　　　　編集代表
1967年，富士銀行（現・みずほ銀行）入行。調査部部長代理としてロンドン駐在，調査部次長，富士総合研究所（現・みずほ総合研究所）国際調査部長等を経て，1996年，東京短資入社。東短ホールディングス執行役員経営管理部長等を経て，
現在，東短リサーチ代表取締役社長。

加藤 出（かとう・いずる）　　編集代表，第1,9章，BOX 1-3～1-8, 9-1
1988年，東京短資入社。
現在，東短リサーチ取締役・チーフエコノミスト。
主な著書に，『日銀は死んだのか？』（日本経済新聞社，2001年），『バーナンキのFRB』（共著，ダイヤモンド社，2006年）など。2007～08年度，東京理科大学経営学部非常勤講師，09年度，中央大学商学部兼任講師。

高橋 雄一（たかはし・ゆういち）　　　　　　　第1章，BOX 1-2～1-3
1990年，東京短資入社。
現在，東京短資営業本部営業一部次長，東短リサーチ上席研究員。

飯田 潔（いいだ・きよし）　　　　　　　　　　第2章，BOX 2-1～2-3
1990年，東京短資入社。
現在，東京短資営業本部営業一部調査役，東短リサーチ上席研究員。

寺田 寿明（てらだ・としあき）　　第3,4章，BOX 3-1～3-2, 4-1～4-6
1994年，東京短資入社。
現在，東京短資営業本部営業二部調査役，東短リサーチ研究員。

関 弘（せき・ひろし）　　　　　　　　　　　第5,6章，BOX 5-1～5-5
1994年，東京短資入社。
現在，東京短資営業本部営業三部調査役，東短リサーチ研究員。

執筆者紹介　v

阪井　勇蔵（さかい・ゆうぞう）　　　　　　　　　　第7章，BOX 7-1
1986年，上田ハーロー入社。
現在，トウキョウフォレックス上田ハーロー営業推進室室長代理，東短リサーチ研究員。

岩井　基至（いわい・もとし）　　　　　　　　　　第8章，BOX 8-1～8-4
1989年，トウキョウフォレックス入社。
現在，トウキョウフォレックス上田ハーローFXフォワード部部長代理，東短リサーチ研究員。

佐久間　信一（さくま・しんいち）　　　　　　　　　　　　　　BOX 1-1
1982年，日興證券入社。債券部課長，商品総務室長等を経て，1999年，東京短資入社。
現在，東京短資執行役員営業本部営業二部長。

清水　浩史（しみず・ひろふみ）　　　　　　　　　　　　　　BOX 4-7
1994年，東京短資入社。
現在，東京短資営業本部営業四部調査役。

野口　嘉彦（のぐち・よしひこ）　　　　　　　　　　　　　　BOX 8-5
1967年，日本銀行入行。IMFエコノミスト等を経て，
現在，マネー・ブローカーズ・アソシエイション事務局長。
立教大学等で兼任講師を兼務。

＊　なお，江見吉信氏（東京短資執行役員監査部長）には第7章と第8章について，松本英昭氏（東短キャピタルマーケッツ取締役），三島哲也氏（同営業部円ショート・スワップ部長），十時潤一郎氏（ICAP東短証券取締役営業本部長）には第9章について，貴重なご助言を多々いただいた。

目　　次

第1章　マネー・マーケットと日銀の金融調節 ——— 1

第1節　東京マネー・マーケットの機能 …………… 1
1. マネー・マーケットと世界経済　1
2. 東京マネー・マーケットの構成　2
3. 東京マネー・マーケットの変遷　4
4. ゼロ金利政策，量的緩和策の弊害と「短期金融市場フォーラム」　8
5. 金融危機下で「注意深いバランス」を模索する日銀　9

第2節　日本銀行とオーバーナイト金利 …………… 10
1. オーバーナイト金利の誘導目標を決める金融政策決定会合　11
2. 何を目的に政策委員はオーバーナイト金利の誘導目標を決めているのか　12
3. 「中長期的な物価安定の理解」　13
4. なぜ無担保コール・オーバーナイト金利を誘導しているのか　14
5. 実体経済への波及メカニズム　15
6. 2008年7月から採用された新しいコミュニケーション戦略　16
7. オーバーナイト金利と日銀当座預金　17

第3節　日銀当座預金における資金需給 …………… 20
1. 銀行券要因とは　20
2. 財政等要因とは　21
3. 週内，月内の資金過不足パターン　22

4. 年間の資金過不足パターン　26

第4節　準備預金制度と短期金利 …………………………… 30

1. 準備預金率と法定所要額の計算　30
2. 準備預金の積立期間　33
3. 超過準備と積立不足　33
4. 平均残高方式が持つオーバーナイト金利平準化機能　34
5. 実質的な資金過不足を知る上で重要な準備預金進捗率　37

第5節　日銀金融調節の実際 …………………………… 41

1. テンポラリー・オペ（期日がある短期のオペ）　41
2. パーマネント・オペ（買切り，売切りを行うアウトライト・オペ）　43
3. 国債供給オペ　45
4. 常設制度　45
5. 金融危機対応の時限的オペレーション　50
6. 信用緩和策か，量的緩和策か　55

第2章　インターバンク市場 ── 61

第1節　コール市場とは …………………………… 61

1. コール市場の歴史　61
2. コール市場残高の推移　62
3. コール市場の機能と性格　62

第2節　無担保コール取引の実務 …………………………… 66

1. 取引の期間　66
2. 受渡日（スタート日）　66
3. 期日（エンド日）　70
4. 取引レートの刻み幅と取引単位　70

5. 取引約定までの流れ　71
　　6. 取引情報の取扱いについて　74
　　7. 資金決済の慣行　75
　　8. 約束手形　80
　　9. 利　息　81
　　10. 媒介手数料　81

第3節　有担保コール取引の実務 ……………………… 82

　　1. 有担保コール取引の種類　82
　　2. 取引の期間，受渡日と期日　83
　　3. 取引レートの刻み幅と取引単位　83
　　4. 有担保コールの担保　85
　　5. 資金決済と担保の受渡し　86
　　6. 約束手形の受渡し　87
　　7. 利　息　87
　　8. 媒介手数料　90

第4節　日中コール取引の実務 ……………………… 90

　　1. 取引の市場慣行　90
　　2. 日中コール取引の今後　91

第5節　コール市場の1日 ……………………… 92

第3章　国庫短期証券（T-Bill）市場 ———— 93

第1節　国庫短期証券誕生までの経緯 ……………………… 93

　　1. FBとは　93
　　2. TBとは　96
　　3. 短期国債市場の誕生　97
　　4. 市場動向の変遷　99

第2節　国庫短期証券の商品性 ……………………… 103

　　1. 法的根拠（根拠法）　103

2. 発行条件等　104
　　3. 発行方法　105
　　4. 商品性　106
　　5. 税　制　108

　第3節　発行・流通市場の実際 ……………………………… 108
　　1. 発行市場　109
　　2. 流通市場　112

第4章　債券レポ・債券現先市場 ─────────── 119

　第1節　債券レポ・債券現先市場の誕生と背景 ………… 119
　　1. 債券レポ市場　119
　　2. 債券現先市場　123

　第2節　債券レポの仕組み ……………………………………… 127
　　1. 債券レポの商品性　127
　　2. 債券レポ取引の特徴　128
　　3. 決済について　131
　　4. 債券レポ取引を行う際に必要となる契約書類　134
　　5. 債券レポ取引の詳細　135

　第3節　債券現先の仕組み ……………………………………… 142
　　1. 債券現先取引の商品性　142
　　2. 債券現先取引の特徴　142
　　3. 決済について　148
　　4. 債券現先取引を行う際に必要となる契約書類　150
　　5. 債券現先取引の詳細　151

　第4節　債券レポ・債券現先市場動向 ……………………… 161
　　1. 市場規模　161
　　2. 市場参加者　162

3. 取引の流れ　165

第5章　CP市場 ——————————— 171

第1節　国内CP市場創設の経緯 ………………… 171
1. 手形CPの誕生　171
2. 短期社債導入の経緯　173

第2節　CP（短期社債）の商品性 ………………… 176
1. 法的位置付け　176
2. 短期社債のメリット　178

第3節　発行市場 ………………………………… 180
1. 発行要領　180
2. 市場参加者　183
3. 発行レート決定要因　187
4. 発行残高　189

第4節　流通市場 ………………………………… 190
1. 取引種類と市場参加者　190
2. 流通レートの決定要因　193
3. 流通取扱高　194
4. CP等買現先オペ　194
5. ABCP等買入オペ　197

第6章　CD市場 ——————————— 201

第1節　CDの商品性 ……………………………… 202
1. 商品性　202
2. 特徴と問題点　203

第2節　CD発行市場 ……………………………… 205

1. 発行残高　205
　　2. 発行者の構成とその動機　205
　　3. 購入者の構成とその動機　207
　　4. 発行レートの決定要因　208

第3節　CD流通市場 …………………………………… 210
　　1. 流通市場の発生　210
　　2. 流通市場における取引種類と取扱業者　211
　　3. 流通レート決定の要因　214
　　4. 流通取扱高の推移と市場の衰退　215

第7章　外国為替市場 ──────────────── 217

第1節　外国為替市場の変遷 …………………………… 217
　　1. 金本位制における外国為替　217
　　2. ブレトンウッズ体制への移行　217
　　3. 変動相場制への移行　218
　　4. 変動相場制移行後の主なできごと　218

第2節　外国為替の取引内容と相場 …………………… 223
　　1. 外国為替とは　223
　　2. 外国為替における通貨　224
　　3. 外国為替の構成と需給　226

第3節　市場における為替取引 ………………………… 234
　　1. 取引の種類　234
　　2. 市場での取引単位　234
　　3. 公表相場，仲値制度　235
　　4. 東京外国為替市場の特徴　235
　　5. 取引時間と海外市場　236
　　6. 市場取引の実際　237

第4節　市場の構造 ……………………………………… 241

1. 外国為替ブローカー　241
   2. 電子ブローキング　244
   3. 海外主要市場との規模比較　245

第8章　フォワード市場 ──────────── 247

第1節　フォワード取引の概要 ……………………… 247
   1. フォワード取引とは　247
   2. フォワード市場の構成者　248

第2節　フォワード取引の実務 ……………………… 249
   1. 実際の取引例　249
   2. 決済方法について　251
   3. 直先スプレッドの算出方法　252
   4. フォワード取引の目的　253
   5. 相場の変動要因　257
   6. 金利裁定取引　258

第9章　短期金利デリバティブ市場 ──────── 267

第1節　OIS取引 ………………………………………… 267
   1. 円OIS市場の出来高推移　268
   2. 円OIS市場の参加者　269
   3. 円OIS取引の種類　270
   4. 固定金利のレート刻み幅　273
   5. OIS取引の計算例　273
   6. 巨大な1件当たり取引金額　276
   7. 円OIS取引の期間　276
   8. ユーロ，ポンド，ドルのOIS市場　277
   9. 各国金融当局・国際機関も注目する「LIBOR-OISスプレッド」　279

10. SPS 取引, FRA 取引　281
第2節　金融先物取引 …………………………………………… 282
 1. 世界の短期金利金融先物の状況　286
 2. 円短期金利先物の商品概要　289
 3. 金融先物と OIS の比較　290

索　引 ──────────────── 293

BOX 一覧

- BOX 1-1　短資会社について　5
- BOX 1-2　短資会社による資金需給日足予想　24
- BOX 1-3　国庫金の効率的な管理　28
- BOX 1-4　準備預金関連の用語　36
- BOX 1-5　ロンバート型貸出における「スティグマ」　47
- BOX 1-6　日銀とFRBの準備預金に対する付利の比較　48
- BOX 1-7　民間債務を購入する中央銀行のリスク　53
- BOX 1-8　中央銀行が銀行券発行残高を大幅に上回って長期資産を持つと何が起きるのか　58
- BOX 2-1　ローン・ポジションとマネー・ポジション　65
- BOX 2-2　短資取引約定確認システム　78
- BOX 2-3　短資取引担保センター　84
- BOX 3-1　ゼロ％入札が多発した量的緩和時代　102
- BOX 3-2　国債振替決済制度　107
- BOX 4-1　有価証券取引税　121
- BOX 4-2　ベアリングス事件　123
- BOX 4-3　債券現先取引等研究会（通称，レポ研）　126
- BOX 4-4　日本国債清算機関（JGBCC）　132
- BOX 4-5　決済照合システム（JASDEC照合システム）　133
- BOX 4-6　アメリカ，リーマン・ブラザーズ破綻時のレポ市場　164
- BOX 4-7　株券レポ取引　166
- BOX 5-1　短期社債の振替機関について　175
- BOX 5-2　短期社債の保証について　182
- BOX 5-3　機構における短期社債振替制度関係者　191
- BOX 5-4　短期社債振替口座の開設　192
- BOX 5-5　単価，決済金額の計算方式　195
- BOX 7-1　為替ブローカーの1日　242
- BOX 8-1　CLSによる決済　252
- BOX 8-2　直先スプレッドの算出式　253

BOX 8-3　ジャパン・プレミアム　256
BOX 8-4　金利裁定の算出式　261
BOX 8-5　日本のオフショア市場取引　261
BOX 9-1　金利スワップ取引　283

第1章

マネー・マーケットと日銀の金融調節

第1節　東京マネー・マーケットの機能

1. マネー・マーケットと世界経済

　ニューヨーク，ロンドン，東京をはじめとする世界の金融センターには，必ず短期金融市場（マネー・マーケット）が存在している。短期金融市場は，銀行，証券会社，機関投資家，事業法人などが，短期の資金を融通し合ったり，短期の債券を売買し合っている市場である。流動性が厚く，効率性が高い短期金融市場が存在することは，その国の金融・経済活動にとってきわめて重要である。

　もし短期金融市場が機能を停止したら，金融機関は安定的な資金繰りを行うことができなくなり，企業や家計への貸出しが滞ることになる。また，銀行や証券会社などが社債，CP（コマーシャル・ペーパー，短期社債）などを引き受ける能力も低下するため，企業の資金調達は困難に直面する。短期金利が市場で円滑に形成されなければ，外国為替の先物予約は不自由になり，貿易を行っている企業も困るだろう。そういった混乱は，個々の家計の資金繰りや所得にも深刻な悪影響を及ぼすだろう。短期金融市場の混乱がより深刻化すれば，やがて政府が国債を発行することも難しくなるおそれがあ

る。

　2008年9月のリーマン・ブラザーズの破綻が世界の短期金融市場へ与えた衝撃の恐ろしさが正にそれだった。世界の短期金融市場に流動性クランチ（マネーの目詰まり）が伝播し，グローバル経済を驚くべき速度で失速させた。平時の短期金融市場では巨額の資金が取引されているが，それは市場参加者間の高度の信頼によって裏付けられている。その信頼がひとたび崩壊すると，経済の血液であるマネーは流れなくなり，経済全体が機能不全に陥ってしまう。

　このため，各国中央銀行は，平常時であれば決して行わない非伝統的政策を動員して，経済に少しでもマネーが流れるように懸命に資金注入を行っている。しかし，それは対症療法にすぎない。欧米金融機関を中心とする財務状態の悪化を改善し，短期金融市場参加者間で失われた信頼をいかに早期に回復させるかが，今後の世界経済にとって重要なポイントと考えられる。

2. 東京マネー・マーケットの構成

　金融市場を取引される金融資産の期間によって分類するならば，1年を超すものをキャピタル・マーケット（資本市場：株式，社債，国債など），1年以下のものをマネー・マーケット（短期金融市場）と称することが多い。以下，東京マネー・マーケットを構成する各市場の概要を見てみよう。

　短期金融市場はインターバンク市場とオープン市場に大別することができる。

① インターバンク（銀行間）市場

　インターバンク市場は，銀行，証券会社など金融関連会社に参加者を限定した市場である。代表的なものに金融機関同士が短期資金を相互に融通（貸借）し合うコール市場がある（第2章参照）。コール取引は1900年代初期（明治30年代）から存在しており，同市場

は日本に現存する短期金融市場の中で最も長い歴史を有している。

現在のコール市場で最も取引量が多いのは，当日から翌日にかけて資金を貸借し合うオーバーナイト（O/N）取引である。またコール取引は，担保の有無により無担保コール市場と有担保コール市場とに分けられる。現在の日本銀行は，無担保コール・オーバーナイト金利の誘導目標を政策金利としている。

インターバンク市場における有担保で期間がやや長いターム物取引の役割は，以前は手形売買取引が担っていた。手形売買市場は1971年に創設され，一時は大きな市場に成長した。しかし，大手企業が印紙税負担を回避するために手形発行を抑制するようになったことや，コール取引が1年物まで可能となったことなどにより，1990年代前半に手形市場は著しく縮小した。近年では市場参加者同士の手形売買取引は，日銀売出手形を除くと，ほとんど行われなくなっている。

2 オープン市場

参加者を限定しないオープン市場には次のようなものがある。短期の国債の市場である国庫短期証券市場（第3章）は，外国為替資金特別会計が過去の円売り介入の「遺産」として同証券を巨大な額で発行しているため，大きな市場となっている。現金を担保にして国債などを貸借するレポ市場（第4章）の市場規模も巨大である。レポ取引には，特定の債券の銘柄を貸し借りするSC（special collateral）取引と，債券を特定しないGC（general collateral）取引がある。株券レポ市場については，第4章のBOX 4-7で解説している。

CP市場は，大手企業や金融機関等の短期の資金調達手段として活発に利用されてきた（第5章）。リーマン・ショック後の2008年の暮れ以降には，CPを円滑に発行できない企業が増加し，日本政策投資銀行や日銀がCPを購入して企業金融を支援する異例の政策対応が行われている。

大口の預金市場であるCD（譲渡性預金）市場におけるCDの発行金利は，かつては短期金融市場におけるベンチマーク金利として非常に注目された。現在は注目度が低下しているものの，銀行にとっては依然として重要な資金調達手段の1つである（第6章）。

3 その他の市場

また本書では，マネー・マーケットと密接な関係を持つ外国為替市場（スポット取引）を第7章で，為替のフォワード取引（為替スワップ取引）を第8章で解説している。近年は外貨の資金調達にフォワード取引が使われるケースが増大しており，同取引は資金取引的性格を一層強めている。また，東京オフショア市場（Japan Offshore Market, JOM）については，第8章のBOX 8-5で解説している。さらに第9章では，短期金利に関連するデリバティブ取引を取り上げた。日銀の量的緩和策解除以後に劇的な拡大を見せたOIS市場を中心に説明している。

3. 東京マネー・マーケットの変遷

第二次世界大戦後の日本のマネー・マーケットの歴史を概観してみよう。昭和40年代半ばに至るまでの高度経済成長期においては，間接金融中心の金融システムの中で，日銀は過度の銀行間競争を排除しつつ物価の安定を図るべく，公定歩合を中心とする規制金利政策を採用していた。

このため，コール市場が唯一の存在であった日本の短期金融市場はきわめて未成熟の状態にあった。同時に対外金融取引も，旧外為法のもとに厳重に規制され，資金の内外フローは遮断された状態にあり，東京マネー・マーケットは極東における1つのローカル・マーケットにすぎなかった。

しかし，1971年のニクソン・ショック，73年の第一次オイル・ショックを転機として，日本経済が高度成長期から安定成長期に移

BOX 1-1　短資会社について

1. 日本における短資会社の沿革

　短資会社は，1900年台初頭に形成されたコール市場を中心に，短期金融市場において主に金融機関相互（インターバンク）の資金取引の仲介者として機能し，マーケットの形成・維持・発展に重要な役割を果たしてきた。

　短資会社は，1990年代に7社まで増えたが，2000年以降の合併等により，現在は東京短資，上田八木短資，セントラル短資の3社体制となっている。その中でも東京短資は，最古の歴史を持ち，1900年8月設立登記，1909年4月創業，2009年4月には創業100周年を迎えている。

2. 短資会社の業務

　短資会社は，コール資金の貸借やその仲介，および金融商品取引法に基づいて届出を行った登録金融機関として主に国債・短期社債等有価証券の売買等の業務を行っており，金融機関・証券会社・事業会社等，短期金融市場の参加者の間にあって資金の運用・調達の仲介を行い，マーケットの円滑化に寄与している。

　また，短資会社は，日本銀行の金融市場調節手段におけるオペレーション（公開市場操作）の対象先として選定されている。

　短資会社の主な取扱い業務は以下の通りである。

① コール・ローン，コール・マネーの取引，ならびに資金の貸借およびその媒介。
② 手形の売買およびその媒介。
③ 国債，地方債，政府保証証券，短期社債，投資信託，その他の有価証券，ならびに金融先物取引等有価証券関連以外のデリバディブ取引にかかわる，金融商品取引法によって営むことが認められている業務。
④ 金銭債権（譲渡性預金を含む）の売買およびその媒介。
⑤ 有価証券の貸付・借入およびその媒介。

3. 短資会社の定義

短資会社は,政令において「主としてコール資金の貸付またはその貸借の媒介を業として行う者」と定義され,金融庁長官の指定を受けている。ちなみに,「主としてコール資金の貸付又はその貸借の媒介を業として行う者のうち金融庁長官の指定するもの」との記述がある政令は,「貸金業の範囲からの除外」を定めた貸金業法施行令第1条の2第3号,および「金融機関の範囲」を定めた金融商品取引法施行令第1条の9第4号の2つである。

4. 短資会社に対する監督

短資会社には,その業界に属する事業者が守るべき固有の法律(=業法)が存在しない。また,短資会社は,一般的には「その他金融」(ノンバンク)として分類されるが,上述のように貸金業者に適用される「貸金業法」の適用除外とされ[1],改正前の「出資の受入,預り金及び金利等の取締等に関する法律[2]」(以下「旧出資法」)の適用を受ける。旧出資法では以下の4つの条項が当分の間適用されることとなっている[3]。

① 開業時の内閣総理大臣に対する届出(第7条)。
② 内閣総理大臣に対する報告および立入調査(第8条)。
③ これら権限の金融庁長官への委任(第10条)。
④ 罰則規定(第12条)。

また,短資会社は,その性格上,金融システムの中核をなす短期金融市場の主要な仲介業者であるため,日本銀行から緊密な監督・指導を受けている。主な監督・指導は以下の通りである。

① 日本銀行法第44条および考査契約に基づく考査(立入調査)の実施。
② 金融商品取引法第46条の6の規定に準じた自己資本規制比率算出および残高試算表,損益状況表等の月次定例報告等経営の健全性にかかわるモニタリングの常時実施。

---

1) 貸金業法第2条第1項第5号,および貸金業法施行令第1条の2第3号。
2) 旧出資法は,1954年6月23日公布,法律第195号。
3) 貸金業法附則第9条第1項。

行し,国債の大量発行が行われるようになった頃より,短期的な資金運用・調達の場の必要性が高まり,一般事業法人を含めた市場取引,すなわちオープン市場も次第に形成されていくことになった。

1970年代前半には債券の条件付売買市場(債券現先市場)が事業法人や一部金融機関を中心に活発化した。1979年には金利自由・譲渡可能のCDの発行が開始され,これに応じてCD流通市場が形成されたのをはじめ,81年には日銀保有FB(政府短期証券)の対市中売却にともないFB流通市場が出現した。

1983年のいわゆる「日米円ドル委員会」の設置に基づく日米両政府間の議論を経て,84年に大蔵省(当時)は「金融の自由化及び円の国際化についての現状と展望」を公表した。ここに示された基本路線に沿って,1985年以降本格的な自由化・国際化措置がとられ,自由に金利が変動することを基本とする市場取引が活発化した。

1985年には大口定期預金金利の自由化を嚆矢とする預金金利自由化のスタート,外為ブローカーによる国際ブローキングの解禁,有担保主義が基本であったコール市場への無担保取引の導入等が実現し,86年にはTB(割引短期国庫債券)の公募入札開始とその流通市場創設,東京オフショア市場の創設等が行われ,87年には上場企業の資金調達手段の多様化を主眼としてCP市場が創設された。さらに1988年には,「オファー・ビッド方式」の導入等を内容とするインターバンク市場の取引慣行の見直しや日銀の「新金融調節方式」の導入等が行われた。

平成に入ってからも,市場の整備拡大や取引活性化の努力は引き続き重ねられた。コール・手形市場における取引レートの刻み幅の縮小化,先日付取引の拡大,取引期間の自由化,東京金融先物取引所の業務開始(1989年),全銀協によるTIBOR(Tokyo InterBank Offered Rate)の公表開始(95年),リスク削減,事務効率化のための短資取引担保センターの設置,システミック・リスク回避等を狙

いとする日銀大口決済システムの RTGS (Real Time Gross Settlement, 即時グロス決済) 化 (2001年) などがあげられる。

一方, 国債関連の市場改革としては, 1996年には日本版レポ取引が開始され, 99年からは FB の市中公募入札発行が開始された。2001年4月からは「新現先取引」が導入された。また, 2003年には CP のペーパーレス化 (電子 CP = 短期社債) が実現している。

4. ゼロ金利政策, 量的緩和策の弊害と「短期金融市場フォーラム」

上述のような市場の改善策は, 東京マネー・マーケットの機能を向上させて先行する欧米市場へキャッチアップし, それにより東京金融センターのプレゼンスを高め, ひいては「円の国際化」を推進することを目的としていた。

しかしながら, 1999年2月から2000年8月まで実施されたゼロ金利政策, 01年3月から06年3月まで実施された量的緩和策は, 日本の短期金融市場のインフラ整備を海外に比べて遅らせてしまった面があるのは否めない。超低金利ゆえに採算が合わず, 短期金融市場関連への経営資源の配分を縮小せざるをえなかった金融機関が多く見られた。もちろん, 金融政策はマクロ経済の安定回復のために運営されるべきものだが, 量的緩和策等によるゼロ金利の長期化が短期金融市場へ与えた影響は深刻であった。

量的緩和策解除から1年弱が経過した2007年3月1日に, 日銀は「短期金融市場フォーラム」を開催した。日銀はこのフォーラムを短期金融市場の機能向上に向けた取組みと位置付けていた。冒頭の挨拶で福井俊彦総裁 (当時) は次のように語っていた。

> 「この政策 (量的緩和策:引用者注) の下で, 日本銀行は, 文字通り所要準備をはるかに超える大量の資金を金融機関に供給し続けました。日本経済がデフレ・スパイラルに陥ることを防

止して，持続的な経済成長の基盤を整える観点から行ったものではありますが，そのために，短期金融市場を通じる資金のやり取りは激減し，市場が本来持っている資源配分機能が十分に発揮しにくい状況が続いていました。

　そうした下で，金融機関が止むを得ず取引体制を縮小するといった動きもみられましたし，市場参加者の間で市場を磨き上げていこうといった気運も，どうしても後退しがちであったように思います。このように，いわば『市場機能を封殺した』状況が続いていることを日々実感せざるを得ませんでした。」(「短期金融市場の機能の向上に向けて」日銀ホームページより)。

5. 金融危機下で「注意深いバランス」を模索する日銀

　白川方明日銀総裁は2008年11月25日の講演で，量的緩和策とマネー・マーケットの機能について次のように述べていた。

　「量的緩和政策を採用していた時期に，その市場インフラは大きく縮小しました。長年にわたるゼロ金利からの脱却は，一旦縮小した市場インフラを再構築するプロセスでもありました。」
　「短期金融市場あるいはより広く金融市場の機能は一旦損なわれると，これを回復するためには多大な時間とコストを要します。ゼロ金利から脱却する際にも，与信枠，資金繰りセクションの人員やノウハウなど，一旦大きく縮小された市場インフラを再構築するために，長い時間と市場参加者の皆様の多大な労力を要したことは，ご記憶に新しいところだと思います。」

　この講演の最後で白川総裁は，今後の政策運営の基本方針を示唆していた。

　「中央銀行が過度に民間の市場取引に関与すれば，市場のもつ本来の機能が阻害され，結果として市場機能をさらに低下させてしまうという悪循環に陥る惧れがあります。しかし，現実に

市場機能が低下した場合には、市場がさらに不安定化し経済状態が悪化することを防ぐ必要があります。その意味で、中央銀行には経済や金融市場の動向を丹念に点検した上で、注意深いバランスが求められますが、その責任を適切に果たしていきたいと思っています。」（以上、「短期金融市場の機能度と中央銀行の金融調節」日銀ホームページより）。

一方、トリシェECB（ヨーロッパ中央銀行）総裁は2009年3月5日の記者会見で、「ゼロ金利にすると多くの欠点が生じると我々は予想している」と語っていた。日本のゼロ金利の経験を踏まえての発言と推測される。また、2009年2月のイングランド銀行金融政策委員会の議事要旨には、多くのメンバーが、政策金利を低下させすぎることは市場機能を損ね、利鞘縮小によって銀行の貸出意欲を削ぐおそれがあると懸念していた。同行は、2009年3月に国債の大規模購入に踏み切りつつも、オーバーナイト金利を0.4％台で推移させている。

アメリカのバーナンキFRB（連邦準備制度理事会）議長は短期金融市場の機能維持という言葉を使っていないが、超過準備に0.25％の付利を行って、フェデラル・ファンド金利がゼロ％に下落しないように支えている（2009年3月現在）。

このように海外の中央銀行も、白川総裁がいうところの「注意深いバランス」を模索しているように見受けられる。

第2節　日本銀行とオーバーナイト金利

公定歩合は以前は「伝家の宝刀」と呼ばれた日本銀行の政策金利だった。しかし、1990年代に公定歩合による日銀から金融機関への資金貸出しが減り、日銀の金融調節の主力は債券売買などによるオペレーション（市場操作）にシフトした。また、規制金利の時代

が終わり，短期金融市場の金利が市場実勢に合わせて自由に動くようになったことから，日銀の政策金利は1990年代後半から，事実上，無担保コール・オーバーナイト金利となった。

1. オーバーナイト金利の誘導目標を決める金融政策決定会合

無担保コール・オーバーナイト金利の誘導目標は，日銀政策委員（表1-1参照）が出席する金融政策決定会合において，多数決によって決定されている。

政策委員の定員は，総裁，2人の副総裁を含め9人である。政策委員は内閣が任命するが，衆院，参院両院の同意が必要である（日銀法第23条）。政策委員の任期は5年であり，再任は可能である（第24条）。また，政策委員は「身分の保障」を持っている。破産宣告を受けたとき，法律の規定により処罰されたとき，禁錮以上の刑に処せられたとき，心身の故障のときなどを除くほか，その意に反して解任されることはない（第25条）。

2007年秋以降，参院で野党が多数派を占める「ねじれ国会」が続いていたため，08年3月に福井総裁，武藤敏郎・岩田一政両副総裁が退任した際には，後任人事が混迷した。また，審議委員においては，これまでは事実上，大企業経営者から2人，金融業界から2人，経済学界から2人という構成で6人が選ばれてきたが（日銀法等に明記されているわけではない），2009年3月時点では1人空席の状態が続いている。このため，政策委員の総数が8人という事態が長期化している。

政策委員会は，金融政策を審議する「金融政策決定会合」と，その他の事項を審議する「通常会合」（原則，火曜日と金曜日に開催）に分けられる。

金融政策決定会合では，金融市場調節の方針，準備預金率，オペレーションのスキーム，声明文の表現などが決定される。採決にお

表1-1　日銀政策委員（2009年3月現在）

役　職	氏　名	任期終了	主な前職
日本銀行総裁	白川　方明	2013年4月8日	日銀理事，京都大学大学院教授
日本銀行副総裁	西村　清彦	2013年3月19日	東京大学大学院教授
日本銀行副総裁	山口　廣秀	2013年3月19日	日銀理事
審議委員	水野　温氏	2009年12月2日	ドイツ証券，CSFB証券
審議委員	須田　美矢子	2011年3月31日	学習院大学経済学部教授
審議委員	野田　忠男	2011年6月16日	みずほフィナンシャルグループ副社長
審議委員	中村　清次	2012年4月4日	商船三井フェリー社長
審議委員	亀崎　英敏	2012年4月4日	三菱商事副社長
審議委員	？	？	？

ける議長（総裁）提案とは，議長個人の提案ではなく，政策委員会における多数意見を集約したものとなっている。したがって，議長提案が否決されることは原則起きにくい。

　金融政策決定会合は近年においては年間14回開かれ，およそ1カ月後にその議事要旨が公表されている。発言者の実名入りの議事録は，会合から10年後に公表されている。

　2009年2月に再開が決定された日銀による銀行保有株の買取りや，同年3月に決定された銀行劣後ローンの引受けは，「プルーデンス政策」であって，金融政策ではないという認識から，日銀政策委員会はそれらの政策を金融政策決定会合ではなく，通常会合で決定している。

2. 何を目的に政策委員はオーバーナイト金利の誘導目標を決めているのか

　日本銀行法は，日本銀行の目的を，「我が国の中央銀行として，銀行券を発行するとともに，通貨及び金融の調節を行うこと」およ

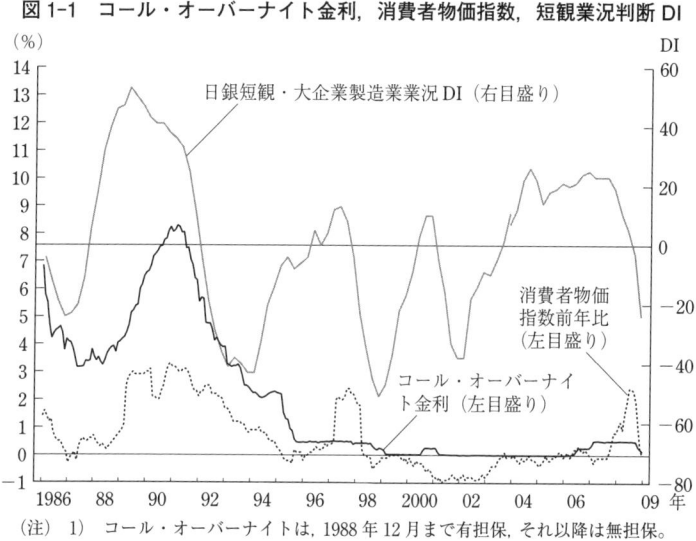

図 1-1　コール・オーバーナイト金利，消費者物価指数，短観業況判断 DI

(注)　1)　コール・オーバーナイトは，1988 年 12 月まで有担保，それ以降は無担保。
　　　2)　DI は 2003 年 12 月から新基準。
(資料)　日本銀行，総務省。

び「銀行その他の金融機関の間で行われる資金決済の円滑の確保を図り，もって信用秩序の維持に資すること」と規定している。

日銀が通貨および金融の調節を行うに当たっての理念としては，「物価の安定を図ることを通じて国民経済の健全な発展に資すること」が掲げられている。

政策委員会は，日銀法に従って，中長期的な観点から「物価の安定」を実現し，それを通じて安定的な経済成長を図ろうとしている。そのスタンスと整合的になるように，金融政策が決定されている。

3.　「中長期的な物価安定の理解」

日銀政策委員会は，2006 年 4 月から「中長期的な物価安定の理解」を発表している。

「物価の安定」とは，家計や企業等のさまざまな経済主体が物価

水準の変動に煩わされることなく、消費や投資などの経済活動にかかわる意思決定を行うことができる状況であることだという。また、金融政策の効果が波及するには長い期間を要し、さまざまなショックにともなう物価の短期的な変動をすべて吸収しようとすると経済の変動がかえって大きくなることから、十分長い先行きの経済・物価の動向を予測しながら、中長期的に見て「物価の安定」を実現するように努めていくことが望ましいとされている。

各政策委員は、各自が考える「中長期的な物価安定の理解」を消費者物価指数前年比を用いて申告している。各委員の数値は公表されていないが、2008年時点では、全体的には0～2％程度の範囲内にあり、中央値は大勢としておおむね1％の前後で分散している（毎年春に見直しが行われている）。

日銀はこの「0～2％」をインフレ目標とは呼んでいない。ただし、中央銀行が考える望ましいインフレ率を市場や国民に伝えるという観点でいえば、「中長期的な物価安定の理解」はインフレ目標の主要な機能の1つを含んでいると見なせる[4]。

4. なぜ無担保コール・オーバーナイト金利を誘導しているのか

日銀が政策金利として、無担保コール・オーバーナイト金利を誘導している理由としては、以下のようなポイントが考えられる。

① 同金利の決定要因は、主に日銀当座預金残高（あるいは準備預金残高）にある。このため、日銀が日銀当座預金残高を増減させれば、同金利を目標に向かって誘導することが可能となる。GCレポ金利の場合は、債券の需給関係も影響してくるため、

---

4) FRBは2009年1月のFOMC（連邦公開市場委員会）議事要旨から、個々のメンバーによる中長期的なインフレ予想を公表するようになった。これはFOMCメンバーが考える望ましいインフレ率を事実上表したものであり、その意図は日銀の「物価安定の理解」とほぼ同じと見なせる。

無担保コール・オーバーナイト金利に比べると操作しづらい。
② 無担保コールのターム物金利には，市場の先行きの金利や経済に関する期待が織り込まれている。また，ターム物取引の取引の流動性はオーバーナイト取引に比べ小さい。あるいはTIBORは，ターム物の期待が織り込まれているのに加え，企業の借入需要の強弱も影響しており，それらは，無担保コール・オーバーナイト金利に比べると，操作が非常に難しい。

5. 実体経済への波及メカニズム

日銀が無担保コール・オーバーナイト金利の誘導目標を変更すると（あるいは，変更が行われると市場が予想すると），市場で決定される3カ月物金利，6カ月物金利や，5年国債，10年国債などの利回りが変化する。それらは，預金金利，住宅ローン金利，企業への銀行貸出金利などに波及する。その結果，個人消費，住宅投資，設備投資など実体経済へ影響が及ぶことになる。

参考までに，バーナンキFRB議長が2005年3月の講演（当時は理事）で，なぜFRBはオーバーナイト金利（フェデラル・ファンド金利）を誘導しているのか，経済との関係を説明していたポイントを次に示しておく。

① モーゲージ金利，社債金利，国債金利といった長期金利は経済に影響を与える。しかし，FRBはほとんど，もしくは直接的にはそれらに影響を与えることができない[5]。
② 一方，FRBは公開市場操作を通じて，超短期の金利（フェデラル・ファンド金利）に直接的に影響を与えることができる。

---

5) バーナンキ議長のこの説明は，「平時」の金融政策の説明になっている点に注意が必要である。「平時」においては，長期金利を形成する市場に中央銀行が直接的な介入を行うことは，市場が持つ資源配分機能を歪めるという考え方が背景に存在している。

③ 実体経済に影響を与える長期金利は、現在の短期金利（フェデラル・ファンド金利）だけでなく、市場の先行きの短期金利予想で変化する。
④ つまりFRBが長期金利をコントロールする力は、FRBが市場の期待にどれだけ働きかけられるかの能力にかかっている。
⑤ 市場の先行きの短期金利予想に対して最も直接的に働きかける手法は「トーク」である。FRBは、声明文、スピーチ、議会証言などで、市場や国民に経済の見通しや金融政策の適切なコースについての情報を発信している。

6. 2008年7月から採用された新しいコミュニケーション戦略

日銀は2008年7月15日に、情報発信の手法を変更する決定を行った。これにより、必要とされていた日銀のコミュニケーション戦略の見直しはひとまず完了したものと思われる。

1 毎回の決定会合後に「2つの柱に基づく点検結果」を公表

2006年3月9日以降、日銀は金融政策の判断において「2つの柱に基づく経済・物価情勢の点検」という枠組みを採用してきた（「2つの柱」とは、短期的なリスクと長期的なリスクの点検のこと）。従来はその点検結果は年2回の「展望レポート」で解説されてきた。しかし、新しい方針においては、点検結果を毎回の会合後に発表する新声明文「当面の金融政策運営について」に記載するようになった。

2 市場の「深読み」を避ける新声明文
　　　　―「コード・ワード」を潜ませることはない

新声明文「当面の金融政策運営について」は、淡々とした、飾り気のない、簡潔な文体で書かれている。日銀政策委員会は、新声明文に書かれた言葉が妙に市場に深読みされることを避けようとしている。

微妙な言回しで市場にメッセージを伝えようとする手法はかえっ

て誤解を招くリスクもある。FRB の FOMC 声明文のように，使われた単語の解釈をめぐって市場で議論が起きるようなことは，日銀は意図していない模様である。ECB が一時使っていた「strong vigilance」(インフレに対する「強い警戒」)のような，次の政策変更を示唆する「コード・ワード」(暗語)を日銀が声明文に潜ませることはないと思われる。

③ 展望レポートの見通し期間を拡大（10月レポートで翌々年度分を公表）

10月の「展望レポート」における政策委員会の経済・物価予測の対象期間が，従来の1年半弱から2年半弱へ延ばされた。金融政策の変更の効果が経済に現れるまで，1～2年程度のラグをともなうこともあるため期間が長くなったのだと思われる。さらにもう1年長くしなかったのは，予測の不確実性が非常に高まるからだろう。

④ 政策委員の経済予測，リスク・バランス・チャートを四半期ごとに公表

政策委員会の経済予測とリスク・バランス・チャートの公表が，従来の半年に1度から四半期ごとになった。日銀の予測公表頻度は，FRB やイングランド銀行のそれらに並ぶことになった。

⑤ 議事要旨の早期公表化

近年の海外中央銀行のトレンドに合わせ，日銀も議事要旨の公表を早期化し，次回会合で議事要旨を承認し，その3営業日後に公表することになった。

7. オーバーナイト金利と日銀当座預金

上述のように，日銀政策委員会は，平時の金融政策においては，無担保コール・オーバーナイト金利を誘導することを通じて，実体経済に働きかけようとしてきた。では，日銀はどのようにして，オーバーナイト金利を誘導しているのだろうか。

銀行，信用金庫，証券会社，短資会社など多くの金融関連会社は日銀に当座預金口座を開設している（2009年4月1日現在，日銀の当座預金取引先件数は565）。この口座の残高の合計を日銀当座預金残高と呼ぶ。日銀当座預金残高や同預金に対する金融機関の需要の強弱は，短期金利，とくにオーバーナイト金利に大きな影響を与えている。

日銀当座預金の増減要因は，次のように表すことができる。以下の要因以外に日銀当座預金が増減することはない。

日銀当座預金増減＝銀行券要因＋財政等要因＋日銀金融調節

銀行券（日銀券）要因，財政等要因の動きを合計したものを日銀当座預金にとっての「資金過不足」と呼んでいる（詳細は本章第3節参照）。日銀が日銀当座預金残高をコントロールする場合は，資金過不足に合わせながら金融調節を行う必要が生じる。金融調節の手段として日銀が行っているのが市場操作（オペレーション，市場では「オペ」と略して呼ぶことが多い）である。具体例で見てみよう。

例：2009年3月4日（水）の場合

銀行券要因　　金融機関の手持ち現金が増えたので，彼らは自分の日銀当座預金に1300億円の銀行券を入金した。日本銀行券（お札）の発行残高は1300億円減少し，日銀当座預金残高は1300億円増加した。

財政等要因　　毎月，月初第2営業日は法人・消費税と社会保険料が金融機関の日銀当座預金から国庫（日銀にある政府預金）に入金される。その動きを中心に，この日の財政資金は日銀当座預金を3兆2000億円減少させた。

資金過不足　　銀行券要因と財政等要因を合計すると，3兆700億円の資金不足。

金融調節　　それに対して，日銀は各種オペを組み合わせて2兆9400億円の資金供給を行った。その結果，この日の日銀

当座預金増減はマイナス1300億円になった。前日の日銀当座預金は12兆6800億円だったので，この日の日銀当座預金は12兆5500億円となった。

　銀行券要因や財政等要因により生じる資金過不足に対して，もし日銀がオペをいっさい行わずに放置すると何が起きるだろうか。税揚げ日などの資金不足日には，日銀当座預金は大きく減少し，オーバーナイト金利は急上昇するだろう。逆に，年金支払日などの資金余剰日に向けて日銀が資金吸収を行わなければ，日銀当座預金は大きく増加し，オーバーナイト金利は急落するだろう。

　つまり日銀の金融調節が存在しなければオーバーナイト金利は乱高下することになる。なぜなら，民間金融機関がいかに努力しても，日銀当座預金全体の資金過不足をならすことはできないからである。それができる唯一の存在は中央銀行である日銀に限られている。

　日銀当座預金に関連する短期金利に影響を与える他の要因には，決済資金需要もある。金融機関を通じて行われている企業や家計の送金や預金引落しは，全銀為替や手形交換を通じて，最終的には日銀当座預金の振替えに集約される。それらの資金決済は，月末，月初，5,10日（ごとうび）に集中しやすい。また，国債の発行・償還が集中する3,6,9,12月の20日などは，金融市場全体の資金決済額が増加する。そのような決済集中日には，金融機関や証券会社の中には，通常よりも日銀当座預金を多めに確保する必要が生じるところが出てくる。その場合，無担保コール・オーバーナイト金利やGCレポ金利に上昇圧力が加わることがある。

　また，銀行等は日銀当座預金に準備預金を積み立てなければならないが，準備預金に対する需要の強弱も短期金利に影響を与えている（詳細は本章第4節参照）。

　金融調節を担当する日銀金融市場局は，上記の資金過不足，決済資金需要，準備預金需要を考慮しながら，無担保コール・オーバー

ナイト金利が日銀政策委員会の定めた誘導目標に近づくように, オペレーションを駆使して日銀当座預金残高をコントロールしている (詳細は本章第5節参照)。

そこで, 次節からは資金需給, 準備預金制度, 日銀オペの実際等に関して具体例を用いながら詳細な説明を行ってみよう。

第3節　日銀当座預金における資金需給

日銀当座預金を増減させる資金過不足要因には次のようなものがある。

1. 銀行券要因とは

家計や企業は, 日々の経済活動にともなって, 銀行券 (日銀券) を金融機関に預けたり引き出したりしている。ATMなどを通じて, 顧客が銀行券を多く引き出すことが予想されれば, 金融機関は自己の日銀当座預金を取り崩して銀行券を引き出す。これを「銀行券の発行」と呼ぶ。反対に, 顧客が金融機関に銀行券を預け入れ, 金融機関の手元の銀行券の在庫が増加すれば, 金融機関は余分な銀行券を自己の日銀当座預金へ入金する (銀行券は利息を生まないため。日銀当座預金へ入金すれば, コールなどで運用することが可能となる)。これを「銀行券の還収」と呼ぶ。

銀行券の還収が銀行券の発行を上回る状況を「還収超」と呼ぶ。その場合, 日銀当座預金は増加するので, 銀行券要因の「還収超」は, 金融市場にとって資金余剰要因となる。日銀ウェブサイト掲載の「日銀当座預金増減要因と金融調節」などの資料においては, 「還収超」はプラスで表示される。

---

6) URLはhttp://www3.boj.or.jp/market/jp/menu.htm。

反対に，銀行券の発行が還収を上回る状況を「発行超」と呼ぶ。その場合，日銀当座預金は減少するので，「発行超」は金融市場にとって資金不足要因となる。上記の資料においては，「発行超」はマイナスで表示される。

2. 財政等要因とは

財政等要因とは，主として国（政府）の資金である国庫金の受払いにともなって生じる日銀当座預金増減要因のことである。これは，国（政府）の財政活動にともなう民間との国庫金の資金授受が，日銀にある政府預金と各金融機関の日銀当座預金との間で行われるためである。国庫から見た民間に対する資金の動きを「対民収支」と呼ぶ。

年金，公共事業代金，各種交付金，国債償還・利払いなどの国庫金の支払いは，政府預金から各金融機関の日銀当座預金に入金されるため，日銀当座預金残高は増加する。反対に，租税や社会保険料の納付，国債発行など政府部門の民間からの資金借入れは，日銀当座預金を減少させる。

財政等要因で，国庫から市中金融機関に対する支払額が，受入額より多いことを「払超（はらいちょう）」（金融市場にとっては資金余剰要因），反対に受入額が支払額より多いことを「受超（うけちょう）」（揚超（あげちょう））と呼ぶ（金融市場にとっては資金不足要因）。前者は日銀資料「日銀当座預金増減要因と金融調節」などにおいてはプラス，後者はマイナスで表示される。

参考1：外為市場介入の影響

政府（財務省）が外為市場への市場介入を実施した場合も，一時的に日銀当座預金を増減させる。円売り介入の場合は，外貨購入の資金として介入の2営業日後に円が金融機関に支払われるので，日銀当座預金は増加する（ただし，原則的には，し

図1-2 資金過不足の発生要因

銀 行 券
- 還収超（発行額 ＜ 還収額）────────→ 資金余剰（＋）
- 発行超（発行額 ＞ 還収額）────────→ 資金不足（－）

財政資金
- 払 超（財政資金支払額 ＞ 財政資金受入額）──→ 資金余剰（＋）
- 受 超（財政資金支払額 ＜ 財政資金受入額）──→ 資金不足（－）

ばらく時間をおいて外為特別会計は介入資金をファイナンスするための国庫短期証券を市中で発行するため，その時点で日銀当座預金は減少する）。

一方，円買い介入の場合は，円が日銀当座預金から国庫に振り込まれるので，日銀当座預金はいったん減少する（ただし，原則的には，しばらくして外為特別会計は，介入によって得た円資金で国庫短期証券を償還するので，その時点で日銀当座預金は増加する）。

参考2：外国中央銀行，国際機関の影響

日銀は外国中央銀行や国際機関からも預り金を受け入れている。それらの口座から資金が民間に支払われたり，あるいは，民間からそれらの口座に資金が入金されれば，日銀当座預金を増減させる。それらは，日本の国庫の対民収支とは異なるが，財政等要因にカウントされる（「等」の部分に含まれる）。

外国中央銀行が民間金融機関から円建て債券を購入すれば購入代金として円が支払われるが，その動きは財政等要因のプラスとして表示される。逆に彼らが債券を売却すれば，資金が彼らの日銀の口座に振り込まれるので，その動きは財政等要因のマイナスとして表示される。

3. 週内，月内の資金過不足パターン

銀行券や財政資金の動向には，通常，一定のパターンがある。

1 銀行券要因

(1) 週内の基本パターン

週初は前週末に引き出された銀行券が還収傾向となり資金余剰，週末が近づくにつれ休日用の銀行券の手当てから発行が増加し（増発傾向となり）資金不足となる。

(2) 月内の基本パターン

月の上旬は前月末に引き出された銀行券が還収傾向となり資金余剰，中旬は小動き，下旬は給与払いや月末に向けての現金需要にともなう現金引出しから増発傾向となり資金不足となる。

2 財政等要因

資金不足となる租税や社会保険料の納付日，および国債や国庫短期証券の発行日，また資金余剰となる年金の支払日や国債，国庫短期証券の償還日は決まっており，月中パターンが形成されている。

(1) 主な受超（資金不足）要因

① 法人税・消費税，社会保険料の納付——月末日までに金融機関に納付され（月末が休日の場合は翌営業日が納付期限日），大部分は翌々営業日（2営業日後）に金融機関から国庫へ払い込まれる。したがって月初第2営業日（月末が休日の場合は月初の第3営業日）は大幅資金不足となる。

② 源泉所得税——毎月10日までに納付される（10日が休日の場合は翌営業日が納付期限日）。金融機関は納付日の翌々営業日に国庫へ払い込むので12日（納付日の翌々営業日）が資金不足となる。

③ 国債・国庫短期証券の発行——国庫短期証券は毎週初と10日と20日，2年債は15日（休日の場合は翌営業日），それ以外の国債は入札日から$T+3$での発行（ただし2年債以外の中長期国債は，国債償還月となる3,6,9,12月に限り，$T+3$が償還日の20日より前になるときは20日発行となる）となっており，それ

> **BOX 1-2**　短資会社による資金需給日足（ひあし）予想
>
> 　日々の資金需給の先行きを事前に予想することは，金融機関自身の資金繰り，日銀のオペレーション，短期金利の動向を読む上で重要な作業となる。
> 　日銀は，市場終了の1時間程度後に精度の高い「翌営業日の当座預金増減要因と金融調節」を日々公表し，翌日の資金需給の見通しをアナウンスしている。しかし，翌々営業日以降の日々の資金需給予想は公表されていない。その予想は市場に委ねられている。
> 　このため短資会社は，日銀が月初第2営業日に公表している「日銀当座預金増減要因（見込み）」（月間のトータルの資金需給予想や，日銀当座預金を1兆円以上動かす要因がある日の予想が掲載されている）や過去のデータ，経験則等に基づいて，先々の資金需給日足予想を作成し，取引先である市場参加者に提供している。

ぞれ資金不足となる。

(2) 主な払超（資金余剰）要因

① 年金の支払い——偶数月（2,4,6,8,10,12月）の15日（15日が休日の場合は前営業日）は年金支払日となっている。したがって15日の財政等要因は大幅余剰となる。

② 地方交付税交付金——指定金融機関に4,6,9,11月に振り込まれる。交付日は法人・消費税，社会保険料の納付日にあたる月初第2営業日が多い。

③ 国庫短期証券・国債の償還——国庫短期証券は通常，発行日と同じ毎週初と10日，20日に償還を迎える。ただし日銀が国庫短期証券買入オペで買い入れた分は市中償還されないので，その分，国庫から対民間に支払われる償還金額は減少する。国債は，2年債については毎月15日（休日の場合は翌営業日），その他の国債は，基本的には3,6,9,12月の20日（休日の場合は翌営業日）が償還日となる。なお，日銀の国債買入オペや財務

表 1-2 月中資金過不足の平均的パターン

日	資金過不足基調	銀行券	要因	財政資金	要因
1					法人税・消費税・社会保険料等納付, 地方交付税交付(4,6,9,11月)
2	不足			受超	
3					
4					
5					
6	余剰	還収	前月の増発分の戻り	払超	
7					
8					
9					
10	不足			受超	国庫短期証券償還・発行
11					源泉所得税納付(1,7,8月は納付額がとくに大きい)
12	不足			受超	
13					
14					2年国債発行
15				受超	ただし年金支給月(2,4,6,8,10,12月)は払超
16					
17					
18				払超	
19	余剰	小幅増発		受超	ただし国債償還・利払いのある3,6,9,12月は大幅払超
20					
21					
22					
23		増発	民間給与払いのピーク		
24	不足				
25					
26				払超	
27					
28	余剰	小幅増発	月末決済需要		
29					
30					
31					

(注) 上記のパターンに加え,国庫短期証券(3カ月物)の発行日(毎週初)と上記以外の国債発行日は資金不足傾向となる。

省の国債整理基金による買入消却により買い入れられた国債も市中償還されないので、国庫から民間に支払われる償還金額はその分減少する。外国中央銀行等が保有している国庫短期証券や国債が償還を迎えた場合、その償還金は代理人である日銀に対して国庫から支払われるので対民間に支払われる償還金額は減少する。

これまで見てきたような銀行券要因と財政等要因の動きを組み合わせてみると、平常月における月間の資金過不足パターンは表1-2のようになる。

4. 年間の資金過不足パターン

銀行券や財政資金は、年間を通じても、ある一定のパターンを形成している。

1 銀行券要因

(1) 発行超要因

ボーナス支払いによる現金需要が大きい6月と12月、ゴールデンウィーク前の現金需要がある4月は、月上旬の銀行券還収額よりも、その後の増発額のほうが大きくなり月中では発行超となる。12月はさらに年末需要による銀行券増発も上乗せされるため、発行超額は年間で最大となり例年5兆円程度の発行超となっている。

なお、官民とも給与・ボーナス資金が現金支給から金融機関振込みにシフトしている現在、給与・ボーナス支給による銀行券の増発は以前に比べ格段に少なくなっている。

(2) 還収超要因

1月は、12月に発行された銀行券が上旬を中心に大量に還収してくるため、年間で最大の還収超となり例年4～5兆円程度の還収超となる。また、ゴールデンウィーク後の現金還収がある5月も還収超となる。

表1-3 年間資金過不足の平均的パターンと銀行券要因

	資金過不足	銀行券要因	
1月	不足	大幅還収	12月のボーナス資金および年末決済用現金が月初を中心に大量に還収。
2月	不足	トン	大きな要因なく,ほぼ過不足なし。
3月	余剰	小幅増発	下旬を中心に期末決済用現金が小幅増発。
4月	トン	増発	下旬に連休越えの現金需要で増発。
5月	不足	還収	連休越え現金の戻りで還収。
6月	余剰	小幅増発	ボーナス現金需要による小幅増発。
7月	不足	トン	ボーナス現金需要あるが,前月増発分の戻りもあり,ほぼ過不足なし。
8月	不足	トン	大きな要因なく,ほぼ過不足なし。
9月	トン	小幅増発	期末の決済用現金需要があり小幅増発。
10月	不足	トン	大きな要因なく,ほぼ過不足なし。
11月	不足	トン	大きな要因なく,ほぼ過不足なし。
12月	不足	大幅増発	ボーナス資金と年末現金需要で大幅増発。

(注) 1) 資金過不足は,表1-4の財政等要因と合わせた結果である。
2) 「トン」はおよそ過不足のない状態を表す(金融業界では「トントン」を縮めた用語としてよく使われる)。

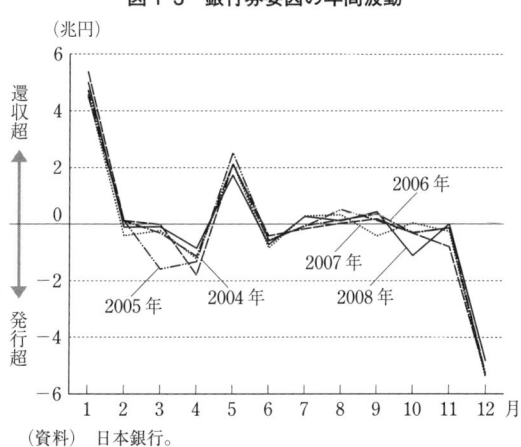

図1-3 銀行券要因の年間波動

(資料) 日本銀行。

BOX 1-3　国庫金の効率的な管理

　財務省は，2005年8月に「国庫金の効率的な管理について」を発表し，政府預金残高を縮小し，コストを抑えて国庫金管理を行う方針を打ち出した。たとえば，地方交付税の支払日を税・社会保険料の納付日である月初第2営業日にあてることによって日銀における政府預金の残高を縮小させている。

　また，2006年5月には「国庫金の効率的な管理の強化について」を発表した。これは2カ月程度の国庫短期証券を，財政の支払超過となる年金支払日などに発行し，財政の受取超過となる税揚げ日などに償還させることにより政府預金の残高を縮小させる取組みである。これらの施策により財政資金の資金過不足の波は大幅に押さえ込まれ，なだらかになっている。短期金融市場にとっては，資金過不足の振幅が少ない分，日銀のオペレーションも少なくなり，市場の波乱要因が薄まっている。

　従来，国民やマスメディアの関心は，国の借金の管理（デット・マネジメント）の手法（つまり国債管理政策）には向かいやすかったが，国庫金の管理（キャッシュ・マネジメント）に対する関心は低かった。しかし，効率的な国庫金管理は納税者負担の軽減につながるものであり，上記の試みは高く評価されるべきものと思われる。

2　財政等要因
(1) 受超要因

　租税・社会保険料，国債（国庫短期証券を含む）が大きな項目としてあげられる。租税から見てみよう。法人税は，日本では3月決算法人の納税額が圧倒的に多いため，それらの事業法人の法人税が国庫に中間納付される12月と，確定納付される6月がとくに大きくなる。源泉所得税は，ボーナス分が国庫納付される1, 7, 8月が通常月より大きくなる。社会保険料は，ボーナス分の納付月にあたる2, 8, 9月が大きい。国債は，償還月（3, 6, 9, 12月）にあたらない月は基本的に大幅受超要因となる。

表1-4 財政等要因の年間パターン

		財政等要因
1月	大幅受超	源泉所得税（12月ボーナス分）の納付が大きいのに加え，支払要因が少なく大幅受超。
2月	受 超	年金払いあるが，労働保険料納付もあり受超。
3月	払 超	法人税納付や財政融資資金の貸出回収など受超要因が多い。しかし国債の償還・利払いや公共事業費，特別交付金等の支払いが大きく払超。
4月	トン	年金や地方交付金，出納整理払いなど払超要因も多いが，申告所得税や国庫短期証券の発行によりほぼ過不足なし。
5月	大幅受超	財政融資資金回収などがあり大幅受超。
6月	払 超	年間最大規模での法人税の納付があるが，年金や地方交付金，国債償還・利払いがあり払超。
7月	大幅受超	源泉所得税（6月ボーナス分）の納付が大きいのに加え，労働保険料納付もあり大幅受超。
8月	受 超	年金払いがあるが，源泉所得税（7月ボーナス分）の納付が大きいため受超。
9月	トン	地方交付金や国債償還・利払いなどの大きな払超要因もあるが，財政融資資金の貸出回収が大きいためほぼ過不足なし。
10月	受 超	年金払いがあるが受超。
11月	受 超	地方交付金の払いがあるが，労働保険料納付もあり受超。
12月	トン	国債償還・利払いなどの大きな払超要因もあるが，法人税や申告所得税の納付が大きいためほぼ過不足なし。

図1-4　財政等要因の年間波動

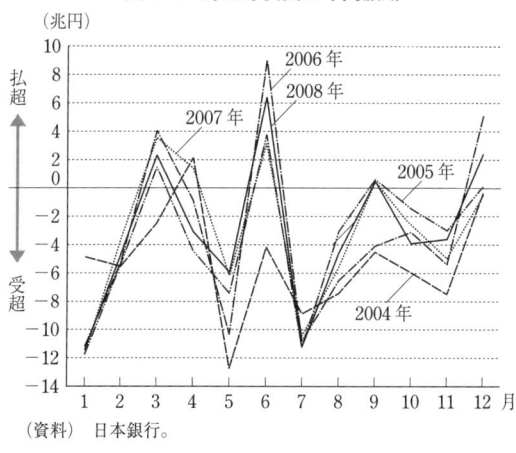

（資料）日本銀行。

(2) 払超要因

年金は偶数月（2, 4, 6, 8, 10, 12 月）に毎回約 6 兆円支払われる。地方交付税交付金は，4, 6, 9, 11 月に毎回 4 兆円近い額が支払われる。国債は，3, 6, 9, 12 月の償還月においては，国債の利払いも加わって大幅払超要因となる。また，3 月の公共事業費払い，4 月の出納整理払い，12 月の年末諸払いも通常月とは大きく異なる払超要因となる。

第4節　準備預金制度と短期金利

金融機関は，顧客の預金引出しに備えて，常にある程度の余裕金を保有している。こうした余裕金を支払準備金と呼ぶ。その支払準備金を法的に制度化し，預金の一定割合（準備預金率）を日銀当座預金に強制的に預入れさせるものが準備預金制度である。

準備預金制度の対象となる金融機関は，都市銀行，地方銀行，第二地方銀行，信託銀行，外国銀行支店，信用金庫（預金残高 1600 億円超），農林中央金庫，ゆうちょ銀行などである。

1. 準備預金率と法定所要額の計算

準備預金率は，日本銀行の金融政策決定会合において決定される。現行の準備率（1991 年 10 月 16 日改定）は表 1-5 に示した[7]。預金等の種類および残高によって超過累進制の区分がなされている[8]。それに従って，参考例を見ながら，法定準備預金所要額（日銀に預けなければならない金額）を計算してみよう。

仮に，ある日の預金残高が 20 兆円の普通銀行（居住者円預金のうち定期性預金 12 兆円，その他の預金 6 兆円，居住者外貨預金のうち定期性預金 8000 億円，その他の預金 2000 億円，非居住者預金 1 兆円）があったとする。この銀行の居住者・定期性預金 12 兆円に関する

表 1-5 準備預金制度の準備率 (2009 年 3 月末現在)

				準備率
預金についての準備率	銀行・長期信用銀行・信用金庫[3]	定期性預金（譲渡性預金を含む）の区分額についての準備率	2兆5000億円超	1.2 %
			1兆2000億円超 2兆5000億円以下	0.9 %
			5000億円超 1兆2000億円以下	0.05 %
			500億円超 5000億円以下	0.05 %
		その他の預金の区分額についての準備率	2兆5000億円超	1.3 %
			1兆2000億円超 2兆5000億円以下	1.3 %
			5000億円超 1兆2000億円以下	0.8 %
			500億円超 5000億円以下	0.1 %
	農林中央金庫	定期性預金（譲渡性預金を含む）の残高についての準備率		0.05 %
		その他の預金の残高についての準備率		0.1 %
債券の残高についての銀行および長期信用銀行準備率				0.1 %
金銭信託（貸付信託を含む）元本の残高についての準備率				0.1 %
外貨預金等[2]の残高についての準備率	非居住者外貨債務			0.15 %
	居住者外貨預金	定期性預金		0.2 %
		その他の預金		0.25 %
非居住者円勘定にかかる債務[2]の残高についての準備率				0.15 %
特別国際金融取引勘定からその他の勘定への資金の振替えにかかる金額の残高についての準備率				0.15 %

(注) 1) 定期積金を含み，外貨預金および非居住者円預金ならびに特別国際金融取引勘定にかかる預金を除く。
  2) 特別国際金融取引勘定にかかるものを除く。
  3) 信用金庫の適用先は預金残高 1600 億円を超えるもの。
(資料) 日本銀行。

所要額は次のようになる。

① 500億円以下は準備率ゼロ
   500億×0％＝0円
② 500億円超から5000億円以下は0.05％
   4500億×0.05％＝2.25億円
③ 5000億円超から1兆2000億円以下は0.05％
   7000億×0.05％＝3.5億円
④ 1兆2000億円超から2兆5000億円以下は0.9％
   1兆3000億×0.9％＝117億円
⑤ 2兆5000億円超は1.2％
   9兆5000億×1.2％＝1140億円

よって，①〜⑤を合計すると1262.75億円となる。同様の計算を他の預金に対しても行い，全体の法定所要額を求める。

このような計算を月初から月末まで毎日行うことによって算出された金額を1カ月間で合計したものが，その金融機関の月間所要積数になる。また，月間所要積数を積立期間の日数で割ったものが月間所要平残である。

ちなみに，2009年2月の市場全体の月間所要平残は7兆1370億円だった。業態別の内訳は，都市銀行3兆430億円，地方銀行1兆1210億円，第二地方銀行1440億円，外国銀行280億円，信託銀行

---

7) 経済学の教科書には，準備率の操作を中央銀行の金融政策の主要な手段の1つとしてあげている記述がよく見られる。たしかに以前は，為替レート等との関係から政策金利の変更に強い制約を受けていた中央銀行は，金利操作に対する代替的な手段として準備率の上げ下げを行っていた（中国では最近もそれが行われている）。しかし近年は，先進国の中央銀行が準備率操作を金融政策に使うケースは稀になっている。金融自由化の進展も影響している。アメリカでは，預金と機能が似ているものの準備預金対象債務にならないマネー・マーケット・ファンド等が拡大した。たとえばその環境でFRBが金融引締め局面において準備率を引き上げようとすると，銀行にとって競争上の不利が生じてしまう。

8) 超過累進制は1986年7月より開始された。それ以前は単純な段階制だった。

4010億円,その他2兆4010億円である。

2. 準備預金の積立期間

準備預金制度適用先の金融機関は,対象となる月の月間所要積数を達成するために,その月の16日から翌月15日までの間に,日銀当座預金に資金を預けなければならない。たとえば3月の場合,所要額の計算対象となる日々の預金残高は3月1日から3月31日までであり,準備預金の積立期間は3月16日から4月15日となる。

このように現在の積立方式は,実際の預金残高に対して半月遅れの同時・後積み混合方式となっている。[9] 最終的な月間所要額が確定していない16日時点から準備預金の積立てが始まってしまうため,通常,月末と7日(休日の場合は前営業日)に市場全体の所要額の改定数字が発表される。これを所要額の「見直し」という。当初見込みと「見直し」の差が大きい場合,準備預金の残り日数が少ない中で調整を図らなければならないため,それが金利波乱要因になるケースも稀にある。

15日を市場では,準備預金積立ての「最終日」と呼んでいる。なお,銀行休業日(通常は日銀も休業)は,休み前日の準備預金残高が変動することはないので,休日前の準備預金残高が継続されることになる。このため15日が休日の場合は14日,14日も休日の場合は13日が事実上の「最終日」と市場では見なされる。

3. 超過準備と積立不足

所要額を上回って日銀当座預金に預けられた準備預金は超過準備

---

9) アメリカの準備預金制度における積立方式は,1984年2月にそれ以前までの「後積み方式」から「準同時方式」に移行した。しかし,準備預金最終日近くにオーバーナイト金利が乱高下する問題が続いたため,1998年8月から現行の「後積み方式」(積立期間は2週間,積立期間開始の17日前に終わる2週間の預金残高を対象とする)が採用されている。

となる。日本の場合は，これを次の積立期間に充当することはできない。[10] 2008 年 11 月 16 日から日銀は超過準備に付利を行うようになったが，その金利は低い（09 年 3 月末現在，0.1 ％）ため，一般的に多くの金融機関は超過準備の発生をできることなら回避したいと思っている。

一方，最終日までに積立額が所要額に達しなかった場合には，不足額に対して「基準割引率および基準貸付利率」に 3.75 ％を加えた過怠金（ペナルティ）を翌月の 15 日までに日銀に納めなければならない（準備預金制度に関する法律第 8 条，準備預金制度に関する法律施行令第 11 条）。

しかし，所要額の達成に失敗することは，金融機関にとってきわめて不名誉なことであり，また，そのことが市場に広まった場合，深刻な風評リスクを被るおそれがある。このため，通常，金融機関は「過怠金のコストを払えばよい」という態度で意図的に積立不足にすることはない。

最終日に準備預金の積立てが過不足なく完了した金融機関は，短資会社のブローカー等に対し「着地した」と告げてくることが多い。資金ディーラーにとって，最終日は非常に緊張する日であるため，その言葉には安堵のニュアンスが含まれているように感じられる。

4. 平均残高方式が持つオーバーナイト金利平準化機能

金融機関は，準備預金所要額積数を積立期間の 1 カ月間に達成すればよいと定められている。このため，金融機関は，日銀当座預金

---

10) アメリカの場合は，金融機関は準備預金所要額の 4 ％または 5 万ドルまでの過剰分または不足分を，次の積立期間に持ち越すことができる。これをキャリーオーバー制という。これは，準備預金最終日にフェデラル・ファンド金利のボラティリティが激しかった当時，それを和らげるために採用された制度である。日本とは状況が異なるため，これまでのところ日銀はキャリーオーバー制を導入していない。

をショートさせない範囲で，自身の日々の準備預金残高を増減させることができる。別の表現でいえば，積立期間における準備預金の平均残高が平均所要額に達するように，金融機関の資金ディーラーは，自己の資金ポジション，日銀の金融調節，短期金利動向，資金決済額などさまざまな要因を考慮しながら，最終日に向かって日々の準備預金残高をコントロールしている。

この平均残高方式は，金融機関の資金効率を高める面がある。仮に積立期間が1日で，準備預金残高が所要額を毎日上回らねばならない方式が採用された場合，多くの金融機関は積立不足を回避するために，「安全策」として超過準備を常に積み立てる必要を感じるだろう（中国人民銀行の準備預金制度は事実上そうなっている）。

また，平均残高方式は，積立期間内のオーバーナイト金利を平準化させる効果を持っている。たとえば，ある日のオーバーナイト金利が何らかの事情で強含んでいる場合，金融機関は市場からの資金調達を抑えたり，あるいは市場に対する資金運用を増やしたりして準備預金残高を意図的に低くする（積立ての進捗は遅れる）。そして後日，金利が落ち着いている日が現れたら，市場からの調達量を増やして準備預金残高を上昇させれば，この金融機関は先ほどの積立ての遅れを挽回することができ，かつトータルの資金調達コストを低位に抑えることができる。多くの金融機関の資金ディーラーがそのような判断を行うならば，オーバーナイト金利の乱高下はある程度抑えられることになる。

なお，最終日である15日が金曜日の場合，土・日曜日は次の積立期間に算入される。この場合，15日時点の残高がそのまま新しい積立期間の2日分としてカウントされる。このため，資金ディーラーはそれも考慮しながら15日以前の資金繰りを行っている。

アメリカのFRBが運営している準備預金制度も日本と同様に平均残高方式である。ECBが採用している最低準備預金制度も平均

BOX 1-4　準備預金関連の用語

　日銀ウェブサイトに掲載されている「日銀当座預金増減要因と金融調節」（毎営業日更新）における日銀当座預金関連の用語を整理してみよう。

　日銀当座預金残高　　日銀と当座預金取引のある金融機関等が日銀に保有している資金の残高の合計額。

　準備預金残高　　日銀当座預金残高のうち、準備預金適用先の残高の合計額。超過準備も含まれる。

　「積み終了先」残高　　当該積み期間において、すでに法定所要額を達成し終えた金融機関の日銀当座預金残高の合計額（ゆうちょ銀行を除く）。それらの金融機関の残り所要額はゼロになっている。

　「超過準備」残高　　金融機関が法定所要額を超える金額を日銀当座預金に積み立てた金額の合計額（ゆうちょ銀行を除く）。「積み終了先」残高との違いがわかりにくいと思われるが、「積み終了先」残高と「超過準備」残高が一致していない日は度々ある。ある日に法定所要額を達成し終えて「積み終了先」になった金融機関がいた場合、その金融機関の日銀当座預金残高（「積み終了先」残高）から、その日に法定所要額に充当された部分を差し引いた金額が「超過準備」残高として表示されている。

　非準預先残高　　証券会社、証券金融、短資会社など準備預金制度適用外である先が日銀当座預金に保有した資金の合計額。

　「積み期間の所要準備額」積数　　準備預金適用先金融機関が、ある月の16日から翌月の15日までに日銀当座預金残高に準備預金を預けなければならない金額の1カ月の積数（合計）のこと（ゆうちょ銀行を除く）。

　「積み期間の所要準備額」1日平均　　上記の金額を積立期間の日数で割ったもの。ゆうちょ銀行を除いた準備預金適用先金融機関の**所要平残**がこれにあたる。

　「○○日以降の残り要積立額」積数と1日平均　　ゆうちょ銀行を除いた準備預金適用先金融機関の中で、積立てが未了の金融機関が○○日から15日（最終日）までに日銀当座預金に積み立てなければならない資金の積数と1日当たりの平均残高（**残り所要平残**）

> のことである。
>
> なお，上記の計数の中に，ゆうちょ銀行を除いたものがいくつかある。ゆうちょ銀行は2007年10月の準備預金積立期間から準備預金制度適用先金融機関になっている。しかし，同行の所要額は非常に大きく，それにともない準備預金残高の変動幅も他の金融機関に比べると相対的に大きい状態になっている。短期金利の動向を予想する上では，市場参加者にとっては，同行を除いた金融機関の準備預金の状況を知ることが有用であり，そのニーズに合わせて日銀は上記のような計数発表を行っている。日銀が毎朝8時前に公表しているその日の「準備預金残高見通し」も，「市場参加者の市場における実質的な資金過不足の程度を把握しやすくする観点」から，ゆうちょ銀行を除いた計数となっている（後述）。

残高方式である。

イギリスでは以前は日米のような準備預金制度が存在しなかったが，オーバーナイト金利を安定させるために，イングランド銀行は2006年5月から平均残高方式の疑似準備預金制度を導入している（金融機関は各自の都合に合わせて，イングランド銀行の口座に資金を積み立てる目標金額を事前に申告している）。

5. 実質的な資金過不足を知る上で重要な準備預金進捗率

金融機関が当該積立期間において準備預金の積立てをどの程度進捗させ，残り所要平残がどの程度減ったかを知ることは，今日の市場全体の日銀当座預金残高（あるいは準備預金残高）の実質的な資金過不足を判断する上で重要な材料となる。

たとえば，日銀当座預金残高が同じ7兆円であったとしても，すべての準備預金制度適用先金融機関の残り所要平残の合計が7兆円のときと，それが3兆円のときとでは，コール市場における資金余剰感はまったく異なってくる。前者の場合は，コール市場で資金が余っている印象はないが，後者の場合は，市場では資金運用希望者

が圧倒的多数になり、資金調達希望者は少数となるため、オーバーナイト金利は低下する。

　市場の準備預金積立ての進み具合を表す「進捗率」は、ある日までに積み立てられた実績（積数）を当該積立期間の所要積数で割れば求めることができる。その進捗率が早いか遅いかを判断するために、多くのコール市場参加者は、進捗率から平均進捗率（その日までの日数を当該積立期間の日数で割ったもの）を差し引いた「進捗率乖離幅」を見ている[11]。また、市場参加者は「残り所要平残」の変化にも注目している[12]。準備預金の積立てが進捗し、「残り所要平残」が減少しているにもかかわらず日銀が日銀当座預金を高水準に保てば、オーバーナイト金利に低下圧力が加わることになる。

　なお、「残り所要平残」や「進捗率」「進捗率乖離幅」を算出する際に用いられる日銀発表の計数には、「市場における実質的な資金過不足の程度を把握しやすくする観点」から、ゆうちょ銀行の分は含まれていない（BOX 1-4 参照）。

　また、毎営業日の朝8時前に日銀は、「日銀当座預金残高見通し」（①）と「準備預金残高見通し」（②）を発表している。①は、前日の日銀当座預金残高に、その日の資金需給、日銀オペの期日落ち（満期が来たもの）、前日までに約定されたその日スタートの日銀オペを加えたものである。日銀が即日スタートのオペレーションをその日実施しなかった場合は、（資金需給予想が外れなければ）日銀当座預金残高は、ほぼ①の数値になる。②は、①からゆうちょ銀行が本日積み立てるであろう準備預金残高を差し引いたものである。

　このようにコール市場参加者は、前日までの準備預金の進捗の状況、残り所要平残、①や②を考慮して、今朝のコール市場が資金余

---

11) 東京短資のウェブサイトに掲載されている「東短デイリー」で見ることができる（http://www.tokyotanshi.co.jp/market/daily1.shtml#daily_a）。
12) この計数も前掲東京短資「東短デイリー」に掲載されている。

剰気味なのか，資金不足気味なのかを判断している。

参考：進捗率の具体例

　図1-5は，日銀の金融調節が比較的平時の状態にあった2008年2月の積立期間（同年2月16日〜3月15日）と08年8月の積立期間（同年8月16日〜9月15日），および日銀が資金供給量を明確に増大させた09年2月の積立期間（同年2月16日〜3月15日）における，平均進捗率からの「進捗率乖離幅」を表す。横軸は準備預金最終日までの残り営業日数である。

　これを見ると，2008年2月や08年8月の場合は，乖離幅は大きくても＋2〜3％程度だった。その頃の多くの邦銀は，積立期間の前半においては，平均進捗率から遅れないように少し早めに準備預金の積立てを進めていた。そういった時期にはオーバーナイト金利に緩やかに上昇圧力が加わるので，日銀は資金供給をやや増やし，日銀当座預金をやや高めにしていたのである。

　一方，2009年2月の日銀は準備預金の積立てを著しく進捗させていたことが見て取れる。ピーク時には＋11％を超えていた。この月の積立日数は28日間だったので，1日当たりの平均進捗率は約3.6％となる（1÷28）。＋11％ということはおよそ3日分も進んでいたことになる。経済指標の急速な悪化に加え，株式市場などで「3月危機説」が懸念されていたこともあり，当時の日銀は企業金融支援やターム物金利押下げを狙って，資金供給オペを増大させていた。

　なお，この積立期間の「進捗率乖離幅」は残り5営業日頃から急速にプラス幅が縮小している。これは日銀が大規模な資金吸収オペを実施して，超過準備を減額させたためではない。準備預金の積立てが進捗して，「積み終了先」になった金融機関が増加したことが主因である（「積み終了先」になった金融機関は，

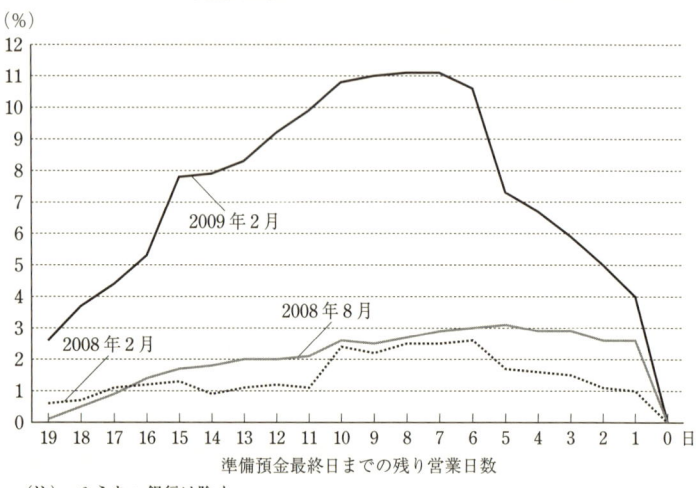

図1-5 準備預金積立ペース（平均進捗率からの乖離幅）

（注）ゆうちょ銀行は除く。
（出所）日本銀行資料より筆者計算。

残り所要額がゼロになるので，「進捗率乖離幅」の計算から除かれる）。

　この積立期間の当初の所要平残（ゆうちょ銀行を除く）は4.9兆円だったが，積立期間終盤の2009年3月12日夜時点での残り所要平残は3.1兆円に減っていた（1年前の08年3月12日夜時点での残り所要平残は4.3兆円だった）。

　最終日である2009年3月13日の朝7時55分に日銀が発表したこの日の日銀当座預金残高見通しは11.6兆円，準備預金残高見通しは8.9兆円だった。この日の残り所要平残は3.1兆円だったから，8.9兆円という準備預金残高見通しは（日銀が即日資金吸収を行わなければ）強烈な資金余剰を市場にもたらすことになる。日銀は9時20分，12時50分に，即日資金吸収オペのオファーを見送ったため，コール市場は金融機関の余剰資金でいわゆる「ジャブジャブ」の状態となった。

第5節　日銀金融調節の実際

　日銀の金融調節には，市場操作（オペレーション），常設制度がある。

1. テンポラリー・オペ（期日がある短期のオペ）
１　資　金　供　給
(1)　共通担保資金供給オペ

　2006年6月に，従来の手形買入オペに代えて，共通担保資金供給オペが導入された。テンポラリー資金供給オペの中で現時点で主力のオペとなっている。日銀が，「適格担保取扱基本要領」に基づき適格と認める金融資産（国債，地方債，政府保証債，財投機関債，社債，CP等，手形，証書貸付債権などが対象）を根担保として，貸付利率を競争入札にかけて，金融機関等に「貸付け」という形式で行われる。期間は1年以内とされ，実際の実施期間は，オーバーナイトから3カ月超までさまざまである。また，$T+0$（即日スタート）で実施されることもあれば，数週間先のスタートのケースもあるなど，柔軟に実施されている。日銀本店を貸付店とする「本店貸付」と日銀本支店を貸付店とする「全店貸付」がある。

(2)　国債買現先オペ

　国債買現先オペは，日銀が国債（利付国債，国庫短期証券）を売戻条件付きで買い入れることによって資金を供給するオペである。競争入札方式をとっている。期間は1年以内。$T+2$でオファーされることが多い。

(3)　CP等買現先オペ

　CP等買現先オペは，日銀が「適格担保取扱基本要領」に基づき適格と認めるCP等を売戻条件付きで買い入れることによって資金

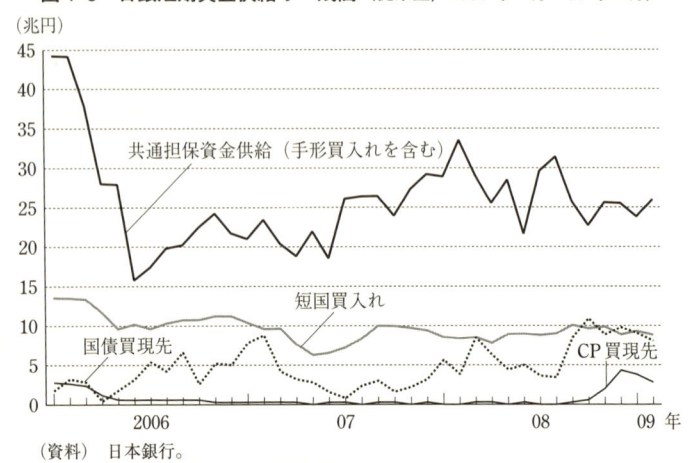

図 1-6　日銀短期資金供給オペ残高（従来型，2006 年 1 月～09 年 2 月）

(兆円)

（資料）　日本銀行。

を供給するオペである。競争入札方式。期間は 3 カ月以内。2008 年 10 月以降は，金融調節の一層の円滑化を図るため，買入対象を ABCP（資産担保コマーシャル・ペーパー）や政府保証付短期債券，短期不動産投資法人債に拡大している。

2　資 金 吸 収

(1)　手形売出オペ

　手形売出オペは，日銀が振出人，受取人，支払人を兼ねる満期 3 カ月以内の手形を日銀が金融機関等に売却することによって資金を吸収するオペである。競争入札方式。無担保コール・オーバーナイト金利が誘導目標を下回る可能性が高いとき（あるいは下回っているとき）に実施される。$T+0$ でオファーされることも多い。しかし，2009 年に入ってからは，日銀が超過準備の発生を意識的に許容していることや，日銀当座預金への付利によって手形売出オペを実施せずともオーバーナイト金利が誘導目標を大きく下回らないようになったことなどから，オファーが少なくなっている。

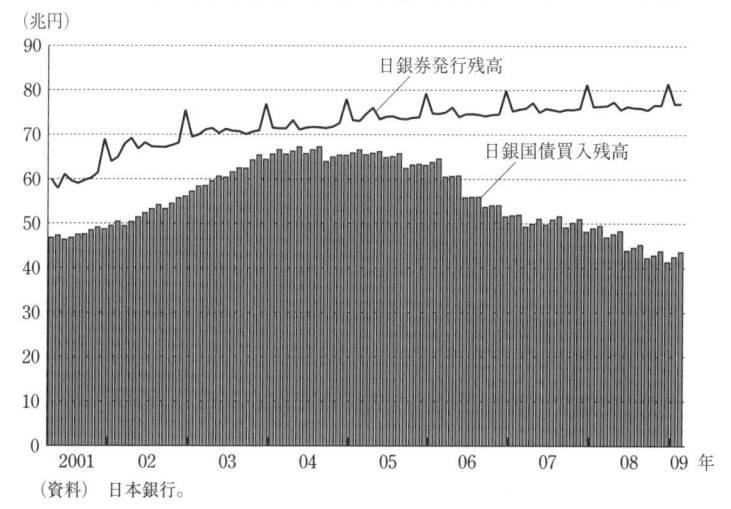

第1章 マネー・マーケットと日銀の金融調節　43

図 1-7　日銀国債買入残高と日銀券発行残高（2001年4月～09年2月）

(兆円)

（資料）　日本銀行。

(2)　国債売現先オペ

国債売現先オペは，日銀が国債（利付国債，国庫短期証券）を買戻条件付きで売却することによって資金を吸収するオペである。競争入札方式。期間は6カ月以内。

2. パーマネント・オペ（買切り，売切りを行うアウトライト・オペ）

1　資　金　供　給

(1)　国庫短期証券買入オペ

国庫短期証券買入オペは，日銀が国庫短期証券を買い入れることによって資金を供給するオペである。入札に際して対象先は，日銀に対する希望売却利回りから日銀が定める銘柄ごとの基準利回り（前日の日本証券業協会の公社債店頭基準気配）を差し引いた値（希望利回較差）で応募する。$T+3$ でオファーされることが多い。国庫短期証券の長さは1年までなので，短期資金供給オペの1つと見な

表1-6　オペの種類と概要

	調整手段	スタート日 (T：オペのオファー日)	決済タイミング スタート	決済タイミング エンド	期間（基本要領に規定）	オペ先数（対象先公募時の募集先数）
資金供給	共通担保資金供給（本店）	$T+0\sim4$	即時	即時	1年以内	40
	共通担保資金供給（全店）	$T+0\sim2$	即時	即時		本店：170 支店：日銀ネット・オンライン先全先
	CP等買現先	$T+2$	3時	即時	3カ月以内	40
	国債買現先	$T+0\sim2$	即時	即時	1年以内	50
	国庫短期証券買入れ	$T+2\sim3$	即時	－	－	50
	国債買入れ	$T+3$	即時	－	－	40
資金吸収	手形売出し	$T+0\sim4$	3時 5時	1時 3時	3カ月以内	40
	国債売現先	$T+0\sim2$	即時	即時	6カ月以内	50
	国庫短期証券売却	$T+2\sim3$	即時	－	－	50
その他	国債補完供給	$T+0$	即時	即時	原則 O/N	とくに設けず

（注）　スタート日，決済のタイミングは上記以外のこともある。
（資料）　日本銀行。

されている。

(2) 国債買入オペ

国債買入オペは，日銀が国債を買い入れることによって資金を供給するオペである。入札に際して対象先は，日銀に対する希望売却利回りから日銀が定める銘柄ごとの基準利回り（前日の日本証券業協会の公社債店頭基準気配）を差し引いた値（希望利回較差）で応募する。$T+3$ でオファーされる。2009年2月より利付国債に加え変動利付国債と物価連動国債が対象となった（入札は希望価格較差で応募する）。他の資金供給オペと異なり，長期の資金供給を目的と

するオペである。日銀政策委員会は，日銀が買い入れた国債の残高は日銀券発行残高以内とする，というルールを定めている（いわゆる「日銀券ルール」）。他のオペと異なり，実施額は金融政策決定会合で決定される。2009年3月に，買入額は年間21.6兆円（月間1.8兆円）に増額された。

② 資金吸収

国庫短期証券売却オペは，日銀が国庫短期証券を売却することで資金を吸収するオペである。入札に際して対象先は，希望買受利回りから銘柄ごとに日銀が定める基準利回り（前日の日本証券業協会の公社債店頭基準気配）を差し引いた値（希望利回較差）で応募する。

3. 国債供給オペ

国債補完供給（国債売現先）オペは，日銀当座預金残高の調整を意図するオペではなく，特定銘柄の国債が流動性低下にともない価格形成が損なわれ市場全体へ悪影響を及ぼす懸念がある場合に，国債レポ市場の流動性改善のため日銀が国債の品貸しを行うオペのことである。対象先の希望により$T+0$でオファーされる。取引の形態は国債の買戻条件付売却（国債売現先）となり，結果的に日銀当座預金残高を減少させる。

4. 常 設 制 度
① 補完貸付制度（ロンバート型貸出制度）

補完貸付制度とは，日銀に当座預金を有する金融機関等（かつ日銀から信用力が十分であると認められている先）が，日銀にあらかじめ適格担保を差し入れておけば，その担保の価額の範囲内で，日銀から希望するときに貸出しを受けることができる制度のことである。

これまで述べてきた資金供給オペは，すべて日銀が実行のタイミングや金額を決めていた。実施のイニシアティブは日銀サイドが持

っていた。しかし，補完貸付制度は，金融機関サイドが希望するタイミングや金額で実施される。

同貸出しは2001年3月に導入された。貸付金利は基準貸付金利（従来「公定歩合」と呼んでいた金利），貸付期間は1営業日である。1積み期間当たり5営業日を越えて利用すると，6営業日目以降は基準貸付金利に2％を上乗せした金利が適用される。なお，2003年3月の金融政策決定会合で，「当分の間の臨時措置」として，全営業日を通じての基準貸付金利での利用が認められた。2009年3月時点ではその「臨時措置」は継続されている。

2001年12月には，貸付方式が手形貸付けから電子貸付けに変更され，担保も据置担保から共通担保に変更された。申込締切時間は日銀ネット閉局15分前までとなり，金融機関等にとっては利便性が高くなった。

ロンバート型貸出はヨーロッパの中央銀行を中心に以前から存在している制度である。市場のオーバーナイト金利が同貸出金利を超えそうになったら，金融機関にとっては市場から資金を借りるよりも，ロンバート型貸出の利用を中央銀行に申し込むほうが有利になる。このため，同貸出は，オーバーナイト金利の上昇を抑え込む「キャップ効果」を市場にもたらすことになる。

ただし，ロンバート型貸出を利用するための十分な担保を中央銀行に預けていない金融機関は，市場の金利が高騰しても市場からの資金調達を続けなければならない。このため，市場金利がロンバート型貸出金利を上回る現象は時折起きている。また，同貸出を利用することで風評が立つことを恐れる金融機関が多くいる場合は，同貸出の「キャップ効果」は弱くなってしまう（BOX 1-5参照）。

なお，2008年9月のリーマン・ブラザーズの破綻の後は，日銀の補完貸付制度の利用額が急増した。10月から11月にかけては，市場全体で1〜2兆円も利用されていた日が何度もあった。

BOX 1-5　ロンバート型貸出における「スティグマ」

　中央銀行は，ロンバート型貸出が市場金利に対してキャップ効果を発揮できるように，多くの金融機関がその制度を自然に利用することを望んでいる。しかしながら，アメリカにおいては，金融機関がFRBのロンバート型貸出であるディスカウント・ウィンドウを利用することを嫌がる傾向が見られた。

　「あの銀行は資金繰りが苦しいようだ」という風評が立つことを恐れた銀行が多かったのである。そのような心理状態をスティグマ（stigma）と呼ぶ（FRBはディスカウント・ウィンドウを利用した金融機関名を公表していないが，市場関係者に推察される可能性はありうる）。

　2007年8月以降，アメリカのインターバンク市場における流動性クランチの環境下で，FRBは銀行が抱いていたディスカウント・ウィンドウに対するスティグマを弱めようと努めたが，その解消は難しかった。結局，FRBは金融機関が利用しやすくなるよう，2007年12月にTAF（ターム物入札制資金貸出制度）という新形態の資金供給オペを導入している。

　日本の場合も，日系金融機関の間に，日銀の補完貸付制度を利用することをためらう傾向が（一時よりは和らいだものの）今も残っている。利用に対して社内的なコンセンサスが形成されていないケースが見受けられる。一方，外資系金融機関の中には，コスト面で有利であれば，躊躇せず補完貸付制度を利用しているところが多い。

② 補完当座預金制度（超過準備等への付利）

　2008年11月16日より，日銀は補完当座預金制度を導入した。超過準備残高などに付利が行われる制度である。これは補完貸付制度とは逆に，市場のオーバーナイト金利に「フロア効果」をもたらす制度である。「積み終了先」金融機関などが余裕資金を持っていた場合，市場のオーバーナイト金利が補完当座預金制度の付利水準を下回りそうになったら，彼らは市場で資金を運用することを止め

BOX 1-6　日銀とFRBの準備預金に対する付利の比較

　FRBは2008年10月9日から準備預金への付利を開始した。2009年3月時点のFRBは超過準備に対して0.25％の利息を払っている。もし超過準備への付利が完全なフロア効果をもたらすならば，フェデラル・ファンド（FF）金利は0.25％よりも低下しないはずだ。2009年3月時点のFRBのFF金利の誘導目標が0〜0.25％であることを考えると，FRBは超過準備に対して奇妙な付利を行っているといえる。

　しかし実際のFF金利の平均は0.10〜0.25％あたりで推移している。FRBの付利の対象に入っていないGSE（フレディーマック，ファニーメイなどの政府支援企業）が，FF市場における巨大な資金の出し手である。彼らはFRBの付利の恩恵を受けられないため，超過準備への付利水準よりも低い金利で市場で資金を運用せざるをえず，それがFF金利の平均金利を押し下げている。結果的にFF金利は，FRBの誘導目標と整合的になっている。

　日銀の補完当座預金制度は，超過準備に加え，証券会社などの準備預金非適用先の日銀預け金にも付利を行っている。日銀はアメリカと同様の問題が生じないように，付利の対象先を広めに設定したのだろう。付利の適用範囲が広がれば，「フロア効果」を高めることができるからである。

　FRBは以前は市場全体の所要準備を増加させる必要性を感じていた。銀行間の決済資金需要を下回る低い準備預金残高が，FF金利の波乱要因となっていたからである。

　準備預金への付利に関する法案が検討されていた当時は，その問題が意識されていたため，所要準備にも付利が行われることとなった。所要準備に付利を行うと，準備預金の義務を負っていない証券会社に対して銀行が抱いている不公平感が和らいでくる。そうなれば米銀は，長らく続けてきた準備預金対象債務を圧縮する行為を弱め，所要準備を増加させようとする可能性が考えられる。

　ただし，リーマン・ショック以降，FRBは凄まじい規模の資金供給を行って準備預金を増大させている。このため現在では，所要準備の多寡は実は重要な問題ではなくなってしまっている。

> 日本には所要準備を巡るそのような問題がなかったこともあって，日銀は所要準備に付利は行っていない。邦銀の間からは所要準備にも付利を行ってほしいという要望が聞こえるが，仮に所要準備に付利を行えば，日銀の利益はその分減少し，日銀から国庫への納付金も減ることになる。よって，財務省との調整も必要になるだろう。
>
> なお，日銀も，FRBも，超過準備への付利の適用利率が準備預金積立期間中に変更された場合は，積立期間内で最も低い利率が期間全体に適用される。このため，仮に積立期間内に市場で利下げが予測されるような場合は，利下げ決定以前から，オーバーナイト金利の「フロア」が低下する可能性がある。FF市場では2008年10月下旬にその現象が顕著に発生した。

て，余裕資金を日銀当座預金に預けようとするだろう。それはオーバーナイト金利の低下を止めることにつながる。

日銀がこのタイミングで補完当座預金制度を導入した理由は，「資金供給の円滑化」にあると説明されていた。オーバーナイト金利をゼロ％に低下させることなく，大量の資金供給を実施することができるという。補完当座預金制度は当初は2009年4月15日までの時限措置だったが，その後，同年10月15日まで延長されている。

2009年3月時点で，補完当座預金制度の適用金利は0.1％となっている。日銀は資金供給量を増大させ，超過準備を大量に発生させているが，オーバーナイト金利はこの制度の付利の効果によって0.1％前後で推移している（ただし，コール市場におけるオーバーナイトの出来高は大幅に減少している）。

③ コリドー・システム

ロンバート型貸出がもたらす「キャップ効果」と，準備預金への付利がもたらす「フロア効果」によって，市場のオーバーナイト金利を上下に挟み込むシステムを，コリドー（回廊）・システムと呼ぶ。FRBと日銀が2008年の秋に相次いで準備預金への付利を導入した

ため、世界の主要中央銀行は、ほぼコリドー・システムを採用した状態になっている。

オーバーナイト金利のボラティリティは、中央銀行が設定するコリドーの上下の幅の大きさから大きな影響を受ける。コリドーを狭くすれば、オーバーナイト金利を安定させやすくなる。しかし、金融機関は相対的に低コストでロンバート型貸出が利用できるようになるため、モラル・ハザード的な風潮が生まれるおそれもある。一方、コリドーを広くすれば、金融機関は自立的な規律ある資金繰りを行う必要が生じるが、オーバーナイト金利の変動が激しくなるリスクがある。

一般的に中央銀行は、平時においてはコリドーを大きめにし、流動性危機のときにはコリドーを小さめにする傾向が見られる。ECBの場合、長い間コリドーは200ベーシス・ポイント（2％）だったが、リーマン・ショック後の2008年10月9日から100ベーシス・ポイントに縮小した。しかし、ECBは締め過ぎたと考えたらしく、2009年1月21日から再びコリドーを200ベーシス・ポイントに戻している（先行きまた縮める可能性はあるだろう）。

2009年3月現在、日銀のコリドーは20ベーシス・ポイントと非常に狭く設定されている。

5. 金融危機対応の時限的オペレーション

2008年9月のリーマン・ブラザーズの破綻が招いた金融市場の混乱に対処するために、日銀は異例の資金供給オペを次々と導入した。

1 米ドル資金供給オペ

リーマン・ショックによる金融市場の混乱は、邦銀のドル調達を困難にさせた。そこで日銀は、ニューヨーク連邦準備銀行と米ドル・円スワップを行い、それを原資に、適格担保を根担保として金

融機関等に米ドル建て貸付けを行うオペを2008年9月からスタートさせた。貸付期間は3カ月以内，米ドル資金の決済は，ニューヨーク連銀における米ドル口座を利用する。

このオペは当初はFRBが実施しているTAFに似通った競争入札方式のオペだったが，2008年10月13日に，適格担保の価額の範囲内で無制限に固定金利でドルを供給する方式に変更された。それにともない，日銀とニューヨーク連銀とのスワップの上限は無制限となった。

このドル資金供給オペの利用残高は2008年12月末に1227億ドルにまで増加した。その後は減少傾向となり，2009年2月末は710億ドルとなっている。

ECB，イングランド銀行，スイス国民銀行など他の多くの中央銀行も同様の米ドル資金供給オペを行っている。日銀も含めたそれらの実施合計額は，2008年12月前半に5800億ドルに達した。その後は減少し，2009年3月中旬には3100億ドル台にまで低下している。一時期に比べドル短期金融市場の流動性逼迫が和らぎ，コスト上，市場で資金調達を行うほうが有利と考える金融機関が増加したことが理由と考えられる。

2 企業金融支援特別オペ

企業金融支援特別オペは，金融機関が保有する民間企業債務を担保に，資金供給を行うオペである。2009年1月に初オファーされた。共通担保として日銀に差し入れられている民間企業債務の担保価額の範囲内で，無制限に貸付けが行われる。貸付期間は3カ月以内。貸付金利は固定金利であり，無担保コール・オーバーナイト金利誘導目標と同水準の金利が適用される。

当初，日銀は3兆円程度の利用を見込んでいたようだが，適用金利が0.1％と非常に低いこともあって，金融機関の利用が予想外に増加した。2009年3月末時点の利用残高は7.5兆円に達した。

3 CP等買入オペ

　CP等買入オペは，企業金融を支援するために，日銀がCP等（CPおよびABCP）を買い入れる（買い切る）オペである。買入限度額は1発行体当たり1000億円で，総額は3兆円。[13] 1回当たりのオファー額は3000億円。2009年1月に初オファー。入札に際して対象先は，希望売買利回りから日銀が下限として定める利回りを差し引いた値（売買希望利回較差）で応募する。2009年3月時点においては，対象銘柄は，適格担保基準を満たしa-1格相当で残存3カ月以内とされている。最低買入金利は，1カ月以内が0.30％，1カ月超3カ月以内が0.40％である。

　この日銀のCP買入オペに加え，日本政策投資銀行もCP買入策を実施したため，2008年10月から12月初にかけて急騰していたCP発行金利はその後劇的に低下した。2009年2月からは，日銀のCP買入オペに札割れが起き始めた。2009年3月下旬には，3カ月物国庫短期証券の利回りを下回る金利で3カ月物CPを発行できる企業が続出するという異様な「官民逆転現象」が現れた。

4 社債等買入オペ

　社債等買入オペは，企業金融を支援することを目的に，社債を日銀が買い入れる（買い切る）オペである。入札に際して対象先は，希望売買利回りから日銀が下限として定める利回りを差し引いた値（売買希望利回較差）で応募する。2009年3月時点においては，対象銘柄は，適格担保基準を満たしA格相当以上で残存1年以内。買入限度額は，1発行体当たり500億円で総額は1兆円となっている。1回当たりのオファー額は1500億円。2009年3月に初オファー。

---

13) ただし，買入時点において，日銀の買入残高が2008年7月から12月までの各月末における当該発行体のCP等の総発行額のうち，最大のものの25％を超えているCP等については，買入対象から除外する。

第1章　マネー・マーケットと日銀の金融調節　53

BOX 1-7　民間債務を購入する中央銀行のリスク

1.　政府保証の存在を強調するバーナンキ FRB 議長

　バーナンキ議長率いる FRB は，リーマン・ブラザーズ破綻以降，「信用緩和策」というテーマのもとに，凄まじい勢いで CP などの民間債務の購入を続けた。ベア・スターンズや AIG の不良資産もバランス・シートに取り込んだ。リーマン・ショック前の FRB の総資産は 9000 億ドル前後だったが，半年後の 2009 年 3 月時点で 2 兆ドルを超える規模に拡大した。しかもその巨額の資産の中には劣化リスクをはらんでいるものもある。

　2009 年 3 月からは総額 1 兆ドルの TALF（消費者ローン，自動車ローンなどを担保に組成した ABS〔資産担保証券〕などを保有するアメリカ企業等にノンリコースで融資する制度）も開始された。TALF は，銀行から不良資産を買い取るガイトナー財務長官のプログラムにも資金を提供する役割を担っている。さらに同月の FOMC では，エージェンシー MBS（モーゲージ担保証券）の購入を最大 1.25 兆ドル，エージェンシー債の購入を最大 2000 億ドル行うことが決定された。FRB の資産は今後さらに激しい勢いで膨張していくことが予想される。

　バーナンキ議長は，従来は，中央銀行のバランス・シートの健全性は重要な問題ではなく，中央銀行と政府のバランス・シートを分離して議論しても意味はないという考え方をとっていた（以前は日銀に対してそういった提言を行っていた）。中央銀行に損失が発生したら，政府が補填を行わざるをえないからである。つまり，FRB の資産のリスクは，結局はアメリカ政府の財政赤字のサステナビリティ（維持可能性）の議論につながっていくことになる。

　とはいえ，アメリカのマスメディアや市場関係者が FRB の資産膨張と劣化の懸念にたびたび言及するようになった状況に配慮して，2008 年 12 月頃から，バーナンキ議長は，FRB が持っている信用リスクの多くの部分がアメリカ財務省によって保証されていることをたびたび強調するようになった。2009 年 3 月 23 日に，FRB と財務省が発表した異例の共同声明は，それを再確認するものだった。

2. イングランド銀行に保証の書簡を送ったイギリス財務大臣，日銀の政策

イングランド銀行は 2009 年 2 月に総額 500 億ポンドの民間資産（CP，社債など）を買い取るプログラムを発表した。ただし，ダーリン・イギリス大蔵大臣は，この制度の導入にともなって発生するいかなる損失も政府が保証すると，キング・イングランド銀行総裁に公開書簡を送っている。

白川方明総裁率いる現在の日銀は，バランス・シートに民間企業のリスクを取り込むという点で，福井前総裁時代には行わなかった異例の領域を走り続けている。上記のように FRB やイングランド銀行など海外の中央銀行もそういった政策を行っているが，日銀の場合は損失が発生した場合の政府による保証が不明瞭という点で海外のケースと違いがある。日銀が CP 買取りを決定した 1 月 22 日の声明文には，損失が発生した場合の対処について，「政府の理解を求めていく」と記されたにとどまっていた。

今後日銀がさらに民間債務を買い取っていく場合には，FRB などのように政府保証の枠組みを明示していく必要があるだろう。

3. FRB，イングランド銀行，日銀の CP 買入金利比較

FRB の CP 買取制度（CPFF）が対象とする CP の格付けは，主要格付会社 3 社それぞれの最上位格である A1/P1/F1 格である。買取金利は，無担保 3 カ月 CP の場合，OIS（overnight index swap）金利＋200 ベーシス・ポイント（信用サーチャージを含む），3 カ月 ABCP の場合，OIS 金利＋300 ベーシス・ポイントである。いずれもさらに登録手数料 10 ベーシス・ポイントが課せられる。

イングランド銀行の CP 買入れ（3 カ月物）は，A1/P1/F1 格が OIS 金利＋75 ベーシス・ポイント，A2/P2/F2 格が OIS 金利＋125 ベーシス・ポイント，A3/P3/F3 格は OIS＋300 ベーシス・ポイントである。このように同行は A3/P3/F3 格までを買取対象としているが，買取金利には格付けに応じたリスク・プレミアムを課している。

日銀の CP 買取りは a-1 格までである。期間が 1 カ月超 3 カ月以内の場合，最低買取金利は，無担保コール・オーバーナイト金利誘導目標＋30 ベーシス・ポイントである。

各国の中央銀行とも，平常時のCP発行金利よりは，高めの買取金利を設定している。そうしておけば，市場が正常化したときに，企業が中央銀行にCPを売るメリットがなくなるからである。「自動出口装置」の機能を考慮しながら買入金利が決められている。
　とはいえ，上記3行の中では日銀が最もCP発行企業にフレンドリーであることがわかる。ちなみに，バーナンキ議長は，FRBの高いCP買入金利の理由を，「資金の借り手にプレミアムを課して，損失発生の可能性に対処するためにそれを蓄えている」と説明している。損失発生時の納税者負担を抑えることが考慮されているといえる。

6. 信用緩和策か，量的緩和策か

　世界経済の混乱を受けて，多くの中央銀行が，政策金利である短期金利を1％以下の超低金利のゾーンに引き下げている（図1-8参照。この図にはないが，スイス，カナダも同様である）。伝統的な短期金利引下げという手段に限界が来た中央銀行が増加しており，彼らは非伝統的（あるいは非標準的）な領域に次々と入り込んでいる。
　2009年3月時点で日銀が行っている政策も非伝統的な領域のものと見なせる。第1に，上述のように，日銀はCPや社債など民間企業債務をアウトライトで購入している。銀行保有株の買取再開や，大手銀行の劣後ローン引受けなども日銀は決定している（ただし，政策委員会は，それらは金融政策ではなく，プルーデンス政策だと説明している）。こういった政策は，バーナンキFRB議長がいうところの「信用緩和策」の範疇に入るだろう。
　第2に，日銀は資金供給量全体を増大させている。日銀当座預金残高，準備預金残高は大きく増加し，その結果，超過準備残高および準備預金非適用先残高も増大した（図1-9参照）。
　無担保コール・オーバーナイト金利を誘導目標である0.1％に近づけるだけなら，それほどの大規模な資金供給は明らかに必要ない。

図1-8 主要国中央銀行の政策金利

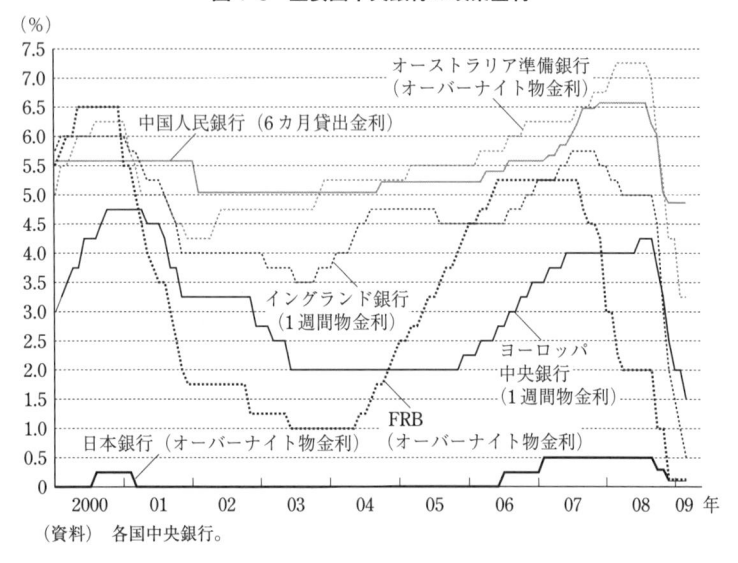

(資料) 各国中央銀行。

図1-9 超過準備残高と準備預金非適用先残高の合計

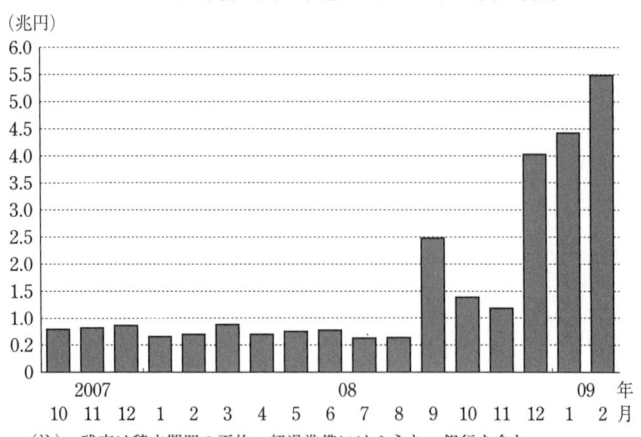

(注) 残高は積立期間の平均。超過準備にはゆうちょ銀行を含む。
(資料) 日本銀行。

超過準備等を増大させる政策を仮に量的緩和策と呼ぶなら，現在の日銀は量的緩和策を行っていると見なすこともできる。

2008 年 2 月 19 日の記者会見で，白川日銀総裁は「現在の日銀の金融政策は一言で表現しにくい」と述べ，次のように解説した。

① 総裁自身は 3 つの柱からなっていると思っている。
② 1 つ目は政策金利を 0.1 ％まで下げている。
③ 2 つ目は金融市場の安定性を維持する資金供給を行っている。
④ 3 つ目は，CP 市場など機能が低下した金融市場に働きかけている。
⑤ 日銀当座預金やマネタリー・ベースにも目標を設定して，経済活動を刺激していく政策が量的緩和策だと思う。その意味では，FRB も日銀もそれを採用していない。
⑥ 先ほどの第 2，第 3 の柱を実現していくには，結果的に当座預金の残高が増える面はもちろんある。しかし，その思想は量的緩和策とは異なっている。

2001〜06 年に日銀が実施した量的緩和策に関して白川総裁は，金融機関の流動性不安を和らげる効果はあったものの，日銀当座預金残高目標を設定して，それを引き上げた結果生じたマネタリー・ベースの「量」の拡大が日本経済を刺激した効果はあまりなかったと考えている（たとえば，白川方明『現代の金融政策』日本経済新聞出版社，2008 年，を参照）。

資金供給量が増加しても，「その思想は量的緩和策とは異なっている」と総裁は説明しているため，日銀が今後，日銀当座預金目標付きの量的緩和策を採用する可能性はおそらく低いだろう。

> **BOX 1-8** 中央銀行が銀行券発行残高を大幅に上回って長期資産を持つと何が起きるのか

　今後，日銀のオペに関連する議論の焦点となるのは，国債買入オペと「日銀券ルール」の関係だろう。2009年3月の金融政策決定会合において，日銀は月間の国債購入額を1.8兆円に増加させた。日銀幹部は「日銀券ルール」との関係において，さらなる買入オペ増額は当面は難しいと説明している。

　もし日銀が国債買入オペを増額し続け，保有国債残高が日銀券発行残高を大幅に上回る状態になると，何が問題となるのだろうか。

　財政規律の問題はここでは深入りせずに，金融調節上の観点で議論すれば，将来の超過準備のコントロールが懸念されるといえる。日銀のバランス・シートの負債サイドにおける最大の項目は，日銀券である。その残高を大幅に凌駕して資産サイドに長期国債を組み入れると，負債サイドでは日銀当座預金残高が増大する。つまり，超過準備が大規模に発生することになる。

　将来的に，無担保コール・オーバーナイト金利の誘導目標を引き上げようとするときは，超過準備を吸収する必要が生じる。その際，日銀が国債を市場にアウトライトで売却すれば，超過準備は減少する。しかし，それは債券市場に強いストレスをかけることになり，長期金利が急騰するおそれがある。したがって，国債売却オペは現実には実施が難しいだろう（FRBは2008年春に，増加した超過準備を吸収するために，国債売却オペを十数回実施した。しかし，プライマリー・ディーラーの間できわめて評判が悪く，その後は停止した）。

　このため日銀は短期のオペレーションで超過準備を吸収する必要性に迫られるだろう。短期の資金供給オペ（共通担保資金供給オペ，国債買現先オペ，国庫短期証券買入オペなど）を大きく減らしたり，あるいは手形売出オペや国債売現先オペを大規模に実施することになる。それは短期金利を不安定化させる可能性がある。とくに日本の場合，2004年第1四半期までに行われた外為市場における円売り介入の「負の遺産」として，国庫短期証券の発行量が異常に多い。日銀が短期資金供給オペを減らしたり，資金吸収オペを増加させた

りすると，短期金利に上昇圧力が加わるおそれがある。

そういったケースを想定すると，オーソドックスには，日銀が残存期間の長い資産を購入する場合は，負債サイドの日銀券発行残高とのバランスを図っていくほうが無難といえる。

その点でFRBは今後大きな困難に直面するおそれがある。平常時のFRBは長期国債と短期国債の合計保有額が，ドル紙幣発行残高とおおよそ一致するようにそれらを購入してきた。これからFRBの資産は大規模に膨張していくが，その大半はエージェンシーMBS，エージェンシー債，アメリカ国債，TALFなど期間が長いものである。FRBが保有するそれら中長期の資産はドル紙幣発行残高の数倍の規模に達する可能性が考えられる。資金吸収オペを実施できなければ，超過準備残高が先行き3兆ドル（およそ300兆円）を突破していく可能性もある。

2009年3月時点では，FRBは売出手形などの機動的な資金吸収手段を持っていない。このため，今後，議会に超過準備を吸収するオペの拡充を求めていく模様である。バーナンキFRB議長は，市場の懸念に応える形でこれまで頻繁に，FRBは適切なタイミングと適切な手法で出口政策を円滑に行うことができると説明してきたが，将来，悩ましい問題が出てくるおそれはある。ただし，現在のFRBは，目前の「火事」を鎮火させることに忙殺されており，将来の出口政策の準備をする余裕は実際はあまりなさそうである。

なお，「平時」の経済環境下のFRBは，市場の価格形成に直接的に介入するオペは原則行わないように強く配慮してきた。市場が持つ資源配分機能を歪めないことが重要と彼らは考えてきたのである[14]。しかし，「危機時」である2009年に入ってからのFRBは，エージェンシーMBSや国債を大規模に購入して，モーゲージ金利や国債金利を力ずくで押し下げようとしている。エージェンシーMBSの買取策の場合は，市場でリスクを取れるプレーヤーが減り，市場の価格形成機能が壊れていると考えるならば，FRBによる価格維持策は正当化される。ただし，国債市場はそこまで価格形成機

---

14) たとえば，FRBのスタッフが書いた"Alternative Instruments for Open Market and Discount Window Operations"（2002年）に，そういった考え方が色濃く表れている。

能が歪んでいないため，FRB による国債の大規模購入が適切なのか否かは，アメリカの Fed ウォッチャーの間でも議論が分かれている。

第2章

インターバンク市場

　インターバンク市場は金融機関相互間の短期資金の貸借を行う市場である。中でも主要なのはコール市場であり，次のように分類することができる。

$$\text{コール市場} \begin{cases} \text{有担保コール市場} \\ \text{無担保コール市場} \\ \text{日中コール市場} \end{cases}$$

第1節　コール市場とは

1. コール市場の歴史

　コール市場は日本に現存する短期金融市場の中で最も早く誕生した市場であり，起源は明治時代までさかのぼる。コール取引のいわれは英語の「呼べばすぐ返る」（call）から来ている。

　昭和初期の金融恐慌以来，一貫して有担保主義が採られてきたため，コール取引といえば有担保コール取引であった。しかし，昭和50年代に入り短期金融市場の自由化・国際化が進展した。とくに1984年の円転換規制枠撤廃以来，市場参加者の間ではオフショア市場取引等，無担保資金の取入れがかなり増大し，コール市場取引においても，資金需要側の無担保取引に対するニーズが高まりを見

せた。こうした市場のニーズに対応すべく，1985年から無担保コールの取引も取り扱われるようになった。

なお，コール取引は法的には金銭貸借取引である。

2. コール市場残高の推移

図2-1は1975年から現在までのコール市場残高の推移を示したものである。1992年頃から無担保コール取引を中心に残高が急増した。これは，コール市場をより扱いやすい市場にするためのさまざまな改革が行われたからである。1993年以降のコール市場残高は40兆円を超えるようになり，95年4月には47兆円台にまで達した。しかし，その後，第1に，レポ取引等の他金融商品の取扱いが拡大したこと，第2に，不景気を背景に短期金利が低下したことなどから，残高は徐々に低下した。1999年2月12日のゼロ金利政策でコール市場残高は一時20兆円割れとなったが，2000年8月11月のゼロ金利解除で再び25兆円近辺に増加した。しかし，2001年3月19日の量的緩和以降はゼロ金利状態となり市場規模は一層縮小し15兆円近辺に減少した。2006年3月に量的緩和が解除されるとコール市場残高は20～25兆円に増加した。2008年9月にリーマン・ブラザーズ証券が破綻すると，カウンターパーティ・リスクの高まりから無担保コールの取引が縮小し，コール市場残高は20兆円を割れる水準に減少した。その後日銀が，無担保コール・オーバーナイト物の誘導金利を日銀当座預金の付利金利と一致させたことで，市場残高はさらに縮小して16～18兆円となった。

3. コール市場の機能と性格
1 金融機関の資金過不足調整の場

金融機関には，営業活動を通じて日々，資金の余裕や不足が生じている。

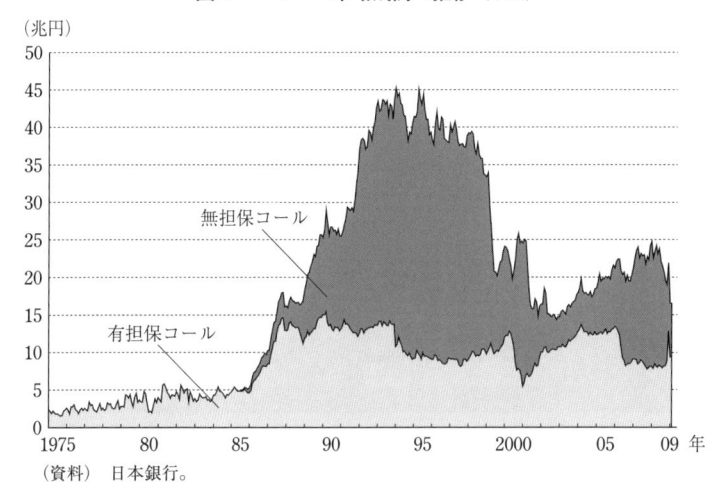

図 2-1　コール市場残高の推移（平残）

(兆円)

(資料)　日本銀行。

　金融機関の資金ポジションの過不足が生じる要因は次の通りである。
① 資金決済要因——預金の受払い，貸出し，手形交換，内国・外国為替，等
② 金融商品での運用・調達——株の売買，債券の売買，外国為替の売買，その他金融商品での運用・調達，等

　金融機関はこのような資金ポジションの最終調節を，コール市場で行っている。このためコール市場での取引は，当日物やオーバーナイト物の比率がかなり高くなっている。

　通常，株式，債券の売買は $T+3$（3営業日後の受渡し），短期市場の商品の多くがスポット（$T+2$）ないしトモロウ（$T+1$）の受渡しである。このようにコール市場では当日スタートのオーバーナイト物の取引が多く，各金融機関の資金ポジションの最終調整の場（資金繰りのラスト・リゾート）として利用されている。ただし，最近では当日スタート（$T+0$）のレポ取引も増えてきている。

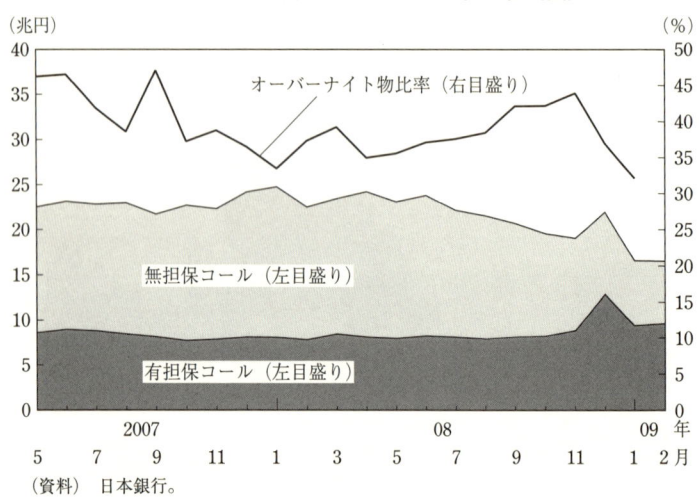

図 2-2　コール残高とオーバーナイト物比率の推移

（資料）　日本銀行。

② 金融機関間の資金偏在調整の場

　コール市場では，都市銀行や外国銀行，証券会社が主要な取り手となる一方で，「特定金銭信託」[1]「金外信託（ファンド・トラスト）」[2]「指定金銭信託」[3] 等の資金を運用する信託銀行をはじめ，投資信託，生損保，信用金庫等は恒常的な出し手となっている。

　都市銀行は，以前は大企業の資金需要に応えるため積極的に銀行貸出しを行っていたため，貸出しが預金を恒常的に上回りマネー・ポジション（BOX 2-1 参照）となっていた。しかし，近年では大企業向けの貸出しが伸びておらず，国債等の有価証券投資を積極的に

---

[1] 特定金銭信託（特金）とは，信託財産の運用方法が直接特定される金銭信託のことである。
[2] 金外信託（ファンド・トラスト）とは，投資家が受託者（信託銀行）に金銭などを信託するのは特金と同じであるが，その運用方法はすべて受託者に一任するものである。
[3] 指定金銭信託は，委託者（預金者）が信託銀行に対しある程度の運用を指定するが，資金の運用先，利率等は信託銀行により決められる。

第2章 インターバンク市場　65

> **BOX 2-1　ローン・ポジションとマネー・ポジション**
>
> ① ローン・ポジション——受信額（資金の受入残高）が与信額（貸出しや有価証券投資等）を上回っている状態のこと。
>
> | 負債や自己資本 | 預　金 | | | 自己資本 |
> |---|---|---|---|---|
> | 資　産 | 貸　出 | 有価証券投資 | コール・ローン等 | 準備預金 |
>
> ② マネー・ポジション——受信額（資金の受入残高）が与信額（貸出しや有価証券投資等）を下回っている状態のこと。
>
> | 負債や自己資本 | 預　金 | コール・マネー等 | 自己資本 |
> |---|---|---|---|
> | 資　産 | 貸　出 | 有価証券投資 | 準備預金 |

行うことでマネー・ポジションとなっている。都市銀行は，準備預金の所要額が大きいことと，高い格付けを取得していることから，マネー・ポジションであることが市場の安定につながっている。

また，外国銀行の多くは，支店が少なくリテールの預金が少ないために，銀行業務を行う上で必要な資金調達をコール市場で行うことがある。サブプライム・ローン問題が発生する前までは日本の低金利を利用して円キャリー・トレードを積極的に行っており，市場での調達量は都市銀行を上回っていたこともあったが，サブプライム・ローン問題以降マネー・ポジションを縮小している。フォワード（為替スワップ）取引を利用すればコール市場よりも低い金利での資金調達が可能な場面もあり，資金の運用側に回ることもある。

一方，信託銀行の信託勘定や証券投資信託の運用は，余資の運用であるためマネー・ポジションにならないように運用計画がなされ

---

4) 円キャリー・トレードとは，低金利の円を調達して，他の通貨建ての高金利金融商品で運用して利鞘を稼ぐ取引である。

図 2-3 コール市場の貸し手と借り手（2008 年 7 月）

(a) 貸し手（平均残高 22.1 兆円）
- 保険会社 5.7 %
- 都銀等 6.4 %
- 地銀・第二地銀 13.7 %
- その他 17.6 %
- 信託銀行（除く投信）32.4 %
- 農林系等 7.1 %
- 投信 11.9 %
- 全信連・信金 5.2 %

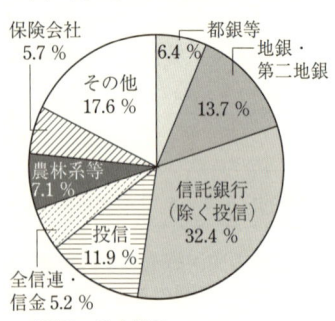

(b) 借り手（平均残高 20.6 兆円）
- その他 4.4 %
- 証券会社・証券金融 20.0 %
- 都銀等 34.4 %
- 外銀 27.4 %
- 信託 8.0 %
- 地銀 5.8 %

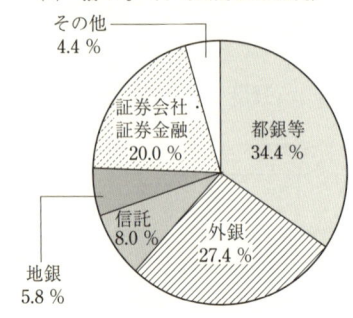

（資料）日本銀行。

ており，恒常的な出し手となっている。ただし，銀行勘定では資金調達に回ることもある。

また，地方に店舗の多い地方銀行，第二地方銀行，系統預金が集まる系統金融機関は，預金量に比べて貸出先となる企業が少ないために，恒常的な出し手となっている。

コール市場はこうした各金融機関の恒常的な資金偏在のポジションを調整する場として利用されている。

第 2 節　無担保コール取引の実務

1. 取引の期間

コール取引は，オーバーナイト物から 1 年後の応当日以内であればどの日でも取引ができる（表 2-1）。

2. 受渡日（スタート日）

「当日物」（$T+0$）は，約定日当日に資金受渡しが行われるもので，キャッシュ物とも呼ばれる。

「先日付物」は，約定日の翌営業日以降に資金受渡しが行われる

表 2-1 取引の期間と期日の決め方

オーバーナイト物	資金受渡日の翌営業日が期日となるもの
2 日物	資金受渡日の 2 日後が期日となるもの
3 日物	資金受渡日の 3 日後が期日となるもの
4 日物	資金受渡日の 4 日後が期日となるもの
5 日物	資金受渡日の 5 日後が期日となるもの
6 日物	資金受渡日の 6 日後が期日となるもの
1 週間物	資金受渡日の 1 週間後の応当曜日から 2 週間後の応当曜日の前日までが期日となるもの
2 週間物	資金受渡日の 2 週間後の応当曜日から 3 週間後の応当曜日の前日までが期日となるもの
3 週間物	資金受渡日の 3 週間後の応当曜日から 1 カ月後の応当日の前日までが期日となるもの
1 カ月物	資金受渡日の 1 カ月後の応当日から 2 カ月後の応当日の前日までが期日となるもの
2 カ月物	資金受渡日の 2 カ月後の応当日から 3 カ月後の応当日の前日までが期日となるもの
3 カ月物	資金受渡日の 3 カ月後の応当日から 4 カ月後の応当日の前日までが期日となるもの
4 カ月物	資金受渡日の 4 カ月後の応当日から 5 カ月後の応当日の前日までが期日となるもの
5 カ月物	資金受渡日の 5 カ月後の応当日から 6 カ月後の応当日の前日までが期日となるもの
6 カ月物	資金受渡日の 6 カ月後の応当日から 7 カ月後の応当日の前日までが期日となるもの
7 カ月物	資金受渡日の 7 カ月後の応当日から 8 カ月後の応当日の前日までが期日となるもの
8 カ月物	資金受渡日の 8 カ月後の応当日から 9 カ月後の応当日の前日までが期日となるもの
9 カ月物	資金受渡日の 9 カ月後の応当日から 10 カ月後の応当日の前日までが期日となるもの
10 カ月物	資金受渡日の 10 カ月後の応当日から 11 カ月後の応当日の前日までが期日となるもの
11 カ月物	資金受渡日の 11 カ月後の応当日から 1 年後の応当日の前日までが期日となるもの
1 年物	資金受渡日の 1 年後の応当日が期日となるもの

(注) 1) 2 日物から 6 日物については期日が休日に該当する場合,その期日物は成り立たないことになる。
2) 1 週間物から 3 週間物については,応当曜日が休日の場合には翌営業日を応当曜日とする。
3) 1 カ月物から 1 年物については,応当日が休日の場合には翌営業日を応当日とするが,応当日が月末休日に当たる場合は,前営業日を期日とする。
4) 月末営業日をスタート日とする 1 カ月物から 1 年物については,応当日がその属する月の月末営業日の前になる場合には,応当日から当該月末営業日までのいずれの日も期日とすることができる。ただし,期日の指定がされない場合は月末最終営業日を期日とみなす。
5) オーバーナイト物は有担保コール,手形市場では翌日物と読み替える。
(出所) 短資協会「インターバンク市場取引要綱」。

表 2-2　インターバ

条件			名称	スタート日
当日物	翌日物			取引日
	2〜6日物			
	1週間〜3週間物			
	1カ月〜1年物			
先日付物	トム・スタート	翌日物	トムネ	取引日の翌営業日
		2〜6日物	トム・──	
		1週間〜3週間物	トム・──	
		1カ月〜1年物	トム・──	
	スポット・スタート	翌日物	スポネ	取引日の翌々営業日
		2〜6日物	スポット・──	
		1週間〜3週間物	スポット・──	
		1カ月〜1年物	スポット・──	
	オッド・スタート	翌日物		取引日の3営業日以降
			末初	取引日の3営業日以降で月末最終営業日スタート
			期末初	取引日の3営業日以降で3,9月期末最終営業日スタート
			年末初	取引日の3営業日以降で年末最終営業日スタート
		2〜6日物		取引日の3営業日以降
		1週間〜3週間物		
		1カ月〜1年物		

ンク市場の取引条件

エンド日	備考
取引日の翌営業日	
取引日の2～6日後	
取引日の1～3週間後の応当曜日	レギュラー・エンド物
取引日の1～3週間後の応当曜日以外	オッド・エンド物
取引日の1カ月～1年後の応当日	レギュラー・エンド物
取引日の1カ月～11カ月後の応当日以外	オッド・エンド物
スタート日の翌営業日	
スタート日の2～6日後	
スタート日の1～3週間後の応当曜日	レギュラー・エンド物
スタート日の1～3週間後の応当曜日以外	オッド・エンド物
スタート日の1カ月～1年後の応当日	レギュラー・エンド物
スタート日の1カ月～11カ月後の応当日以外	オッド・エンド物
スタート日の翌営業日	
スタート日の2～6日後	
スタート日の1～3週間後の応当曜日	レギュラー・エンド物
スタート日の1～3週間後の応当曜日以外	オッド・エンド物
スタート日の1カ月～1年後の応当日	レギュラー・エンド物
スタート日の1カ月～11カ月後の応当日以外	オッド・エンド物
スタート日の翌営業日	
スタート日の翌営業日	
スタート日の翌営業日	
スタート日の翌営業日	
スタート日の2～6日後	
スタート日の1～3週間後の応当曜日	
スタート日の1～3週間後の応当曜日以外	
スタート日の1カ月～1年後の応当日	
スタート日の1カ月～11カ月後の応当日以外	

取引の総称である。先日付物には以下のものがある。

① トモロウ（$T+1$）――約定日の翌営業日に資金受渡しが行われるもの（「トム」と略称される）。

トムネ――翌営業日スタートのオーバーナイト物（「トモロウ・ネクスト」の略称）。

② スポット物（$T+2$）――約定日の翌々営業日に資金受渡しが行われるもの。

スポネ――2営業日後スタートのオーバーナイト物（「スポット・ネクスト」の略称）。

③ オッド・スタート物――約定日の3営業日目以降に資金受渡しが行われるものすべて。約定日の何営業日後の資金受渡しであっても取引は基本的に可能である。

オッド・スタート物の中には次の取引が含まれる。

末初物――月末最終営業日資金受渡し，翌月月初営業日資金決済物。

期末初物―― 3,9月の決算期末を越える末初物。

年末初物――年末越えの末初物。

3. 期日（エンド日）

表2-2にある通り応当（曜）日の期日物を「レギュラー・エンド物」と呼び，それ以外の期日物は「オッド・エンド物」となる。通常，受渡日がオッド・スタートの場合はオッド物の扱いとなる。

4. 取引レートの刻み幅と取引単位

① 刻 み 幅

取引レートは，原則として1/100％と1/32％の刻みの併用であるが，マーケット環境に応じて1/1000％も併用できることになっている。最近は1/100％刻みと5/1000％で取引されることが多い。

2 取引単位

無担保コール取引の最低取扱単位は5億円となっており，それ以上の額は1億円単位の金額となっている。実際は50億円，100億円単位が多い。

5. 取引約定までの流れ

短資会社は市場参加者に対し，電話により無担保コール取引のニーズを探る。取引を希望する金融機関は，その希望する取引条件（資金の出し＝オファーか，取り＝ビッドか；オーバーナイト物か，期日物か；当日物か，先日付物か；取引希望レート；金額；資金決済時間；返金時間など）を短資会社に対してオーダーする。

なお，市場参加者から短資会社に呈示されるオーダーは，「ファーム・オーダー（希望する取引レートと取引金額が明示されているオーダー）制」が基本であり，短資会社にいったん呈示されたオーダーは，これを取り下げる旨の意思表示（これを「オフ」という）が短資会社になされるまでは有効である。

こうして受けたオーダーの中から，短資会社は資金の出し手，取り手双方の希望条件が合致しているものを選び出し，出し手にはクレジット・ラインのチェック[5]（以下，ライン・チェックという）を依頼し取り手の金融機関名を伝え，取り手にはライン・チェックに入ったことを伝える。

出し手はライン・チェックをして与信上問題がない場合は短資会社に対して取引成約（これを「ダン」という）の旨を伝える。短資会社は取り手に対して取引成約（ダン）を伝え，このときはじめて取り手に出し手の金融機関名を伝える。クレジット・ラインがいっ

---

5) 無担保コール取引は資金の出し手が取り手に対して無担保で貸し出す行為であるために，各金融機関は格付け等を参考に取引先の与信枠を設定している。これをクレジット・ラインという。

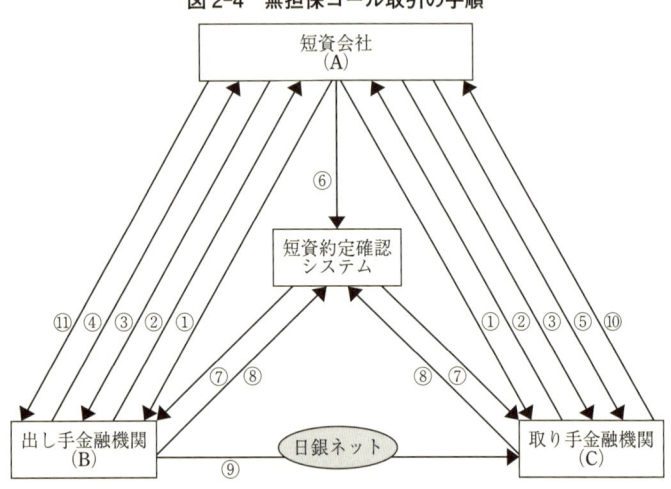

図2-4 無担保コール取引の手順

①　AはB，C双方から取引ニーズを受ける。
②　BおよびCはAに対してオーダーを出す。
③　オーダーの中でニーズが一致した取引についてAはBにライン・チェックを依頼，Cに対してはライン・チェックが入ったことを伝える。
④　BからAに取引成立を伝える。
⑤　AからCに取引成立と出し方機関名を伝える。
⑥　Aは短資約定確認システムに取引データを送信する。
⑦　確認システムからBとCに約定データが送信される。
⑧　BとCは取引内容を確認したら確認システムにOKサインを送信する。
⑨　資金を送金（約定当日の受渡しのときは基本的に約定から1時間以内に資金を送金）。
⑩　AはC振出しのB宛ての約束手形を受け取る。
⑪　AはCから受け取った約束手形をBに届ける。

ぱいであった場合（ライン・フル）ないしは設定のない場合には，出し手は短資会社にその旨を伝え，短資会社は取り手にラインが合わず取引成約に至らなかった旨を伝える。

　市場参加者が，短資会社に対して取引成約のための意思（ダン）を告げた場合，取引成約のための意思表示はなされたものと見なす取扱いとなる。ただし，短資会社が市場参加者からの取消し（オフ）の意思を伝えようとしたと同時に，他の市場参加者が短資会社に対

表2-3 インターバンクの慣用語

	慣用語	内 容
オーダー、レートの呈示など	アイザー	無担保コール市場において、クレジット・ライン、取引希望額の不一致などから、オファー・レートとビッド・レートが同じレベルとなっている状態のこと
	アンダー・リファレンス (アン・リファ)	成約に先立ち、当該市場参加者に照会を要するオーダー
	相引き	同じ内容のオーダーを同時に複数の短資会社に呈示するもの。アンダー・リファレンスの一種
	オフ	すでに出しているオーダーを取り消す意思表示
	オファー	資金の出し手側のオーダー
	気配レート	取引単位が5億円未満の有担保コール取引などのために、各短資会が呈示するレート
	ジョイン	ベスト・レートに並ぶオーダーを入れること
	出し、出す	資金を放出する意思表示
	使い、使う	気配値コール、日中コール資金を取り入れる意思表示
	取り、取る	資金を調達する意思表示
	ビッド	資金の取り手側のオーダー
	ファーム・オーダー	取引成約を前提として、変更または取消しの意思表示がなされない限り継続されるオーダー(取引の種類、取引の期間、資金の出し・取りの区別、資金授受時刻、方法、取引レート、金額等を明示したオーダー)。アンダー・リファレンスより優先される
	ファーム・レート	取引成約を前提としたオーダー・レート
	マイン	資金を取る意思表示
	ユアーズ	資金を出す意思表示
	ライン・チェック、チェッキング	クレジット・ラインをチェックすること
取引成約など	アマウント合わず	取引当事者同士の取引希望金額が合わないこと
	ギブン	ビッドに対してオファーが出て取引が成立したこと
	コンファーム	約定内容の確認
	ダン	取引成約
	テイクン	オファーに対してビッドが出て取引が成立したこと
	ナッシング・ダン	取引不成立
	ライン・フル、フル	ライン・チェックを行った場合に、「与信上問題があったので取引不成立とする」意思表示

(出所) 短資協会「インターバンク市場取引要綱」。

し取引成約のための意思を告げた場合、取引成約のための意思表示はなされなかったものと見なされる扱いとなる。

また、資金の出し手から「ライン・チェック」の表明がなされた資金の取り手のファーム・オーダーは、資金の出し手から次の意思表示(ダンまたはライン・フル)がなされるまで、資金の取り手が

オフすることはできないことになっている。

6. 取引情報の取扱いについて

取引情報の取扱いについて，インターバンク市場取引要綱[6]には以下のように記されている。

① インターバンク市場において，その業務に携わる者たちが市場における機密を保持していくことは，信頼のおける効率的な市場を保つためには不可欠なことである。短資会社は，参加者にかかる個別の機密情報等を関係当事者からの明確な許可が得られた場合等を除き，他の参加者に対し伝えてはならない。また，参加者は短資会社に対して個別の機密情報等を尋ねてはならない。

② 短資会社が取引成約以前の段階において市場情報として伝えることができるのはオファー・ビッドのレート，オファー・ビッドの総量もしくはそのボリューム感，およびファーム・オーダー，アンダー・リファレンスの区別，ならびに取引成約レートおよびその金額もしくはボリューム感のみである。

③ 短資会社は，参加者の個別名によるオファー・ビッド状況または取引成約状況および個別名の特定につながる業態名等の開示・言及などを他の参加者にしてはならない。また，参加者は他の参加者の個別名によるオファー・ビッド状況または取引成約状況など短資会社に対して尋ねてはならない。

④ オープン・ボイス・ボックスは参加者と短資会社の間で，円滑な注文・情報の伝達を行うためのものであると同時に，不特定多数の市場状況を聞くことができる装置である。したがって，機密保持の観点からその使用は十分注意するとともに，本来の

---

6) インターバンク市場取引要綱は，インターバンク市場における一般的な取引慣行，取引用語をまとめたものである。

目的を意識して使用しなければならない。

7. 資金決済の慣行

資金決済の市場慣行について説明する。次世代 RTGS（即時グロス決済）になっても基本的な考え方は変わっていない。この市場慣行は短期金融市場取引活性化研究会[7]（以下，短取研という）で話し合われて整備された内容である。非当預先（資金系の日銀ネットを使用していない生保，損保等）は銀行等と代行決済契約を結び，その銀行を通じて資金決済を行う。

1 次世代 RTGS

2008 年 10 月 14 日から次世代 RTGS が稼動した。次世代 RTGS は，日銀当座預金口座に流動性節約機能（図 2-5）が付いた同時決済口を新設し，コール取引等の大口決済を行えるようにするとともに，時点ネット決済されている外為円決済と全銀システムをこの同時決済口で RTGS 処理できるようにするものである。

2 次世代 RTGS 導入にともなう新たな慣行

① 資金の取り手は午前 9 時以降直ちに可能な限りの返金（支払い）を行い，遅くとも午前 10 時までに返金する。上記を可能とするため，支払指図の投入は午前 9 時以降直ちに可能な限り行う。

② 市場取引は同時決済口を利用することが望ましい。

③ 同時決済口の利用時間

　　通常日　　9 時～16 時 30 分

　　為替延長日　　繰り下げられた利用時間の 30 分前まで

④ 同時決済口で決済する予定で約定した取引を 16 時 30 分（通常日）までに決済できなかった場合は通常口で資金の受渡しを

---

7) 短期金融市場取引活性化研究会は，短期金融市場の取引活性化を目的とした市場参加者の研究会で，メンバーは各業態の代表となっている。

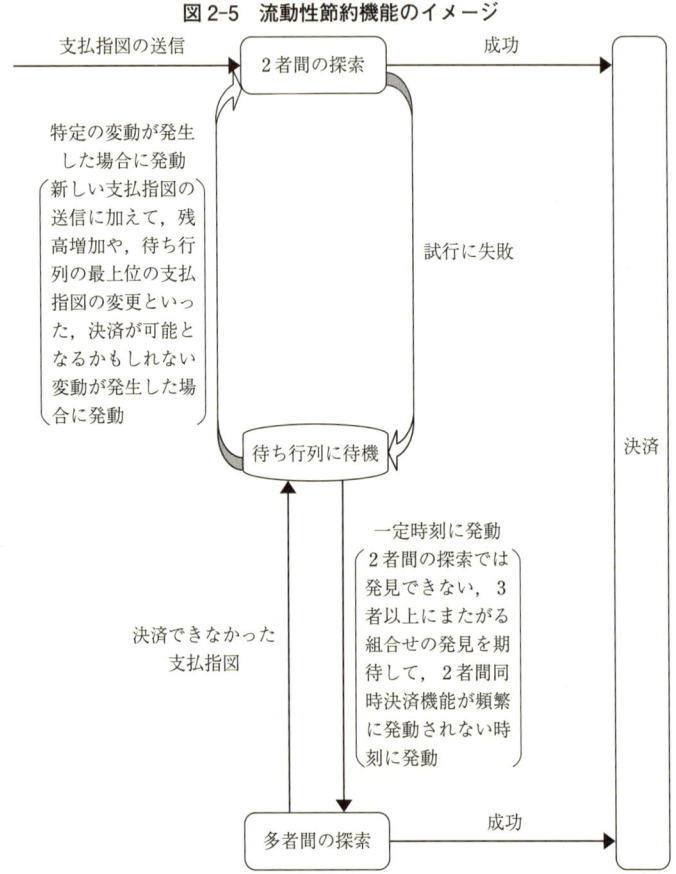

図 2-5 流動性節約機能のイメージ

```
支払指図の送信 ──→ [2者間の探索] ──成功──→ ┐
                     ↑  ↓                    │
  特定の変動が発生                            │
  した場合に発動                              │
  （新しい支払指図の                          │
   送信に加えて，残              試行に失敗   │
   高増加や，待ち行                           │
   列の最上位の支払                           │
   指図の変更といっ                           │
   た，決済が可能と                          決済
   なるかもしれない                           │
   変動が発生した場                           │
   合に発動）                                 │
                    [待ち行列に待機]          │
                     ↑          ↓            │
                                              │
                         一定時刻に発動       │
      決済できなかった （2者間の探索では      │
      支払指図         発見できない，3        │
                       者以上にまたがる       │
                       組合せの発見を期       │
                       待して，2者間同       │
                       時決済機能が頻繁       │
                       に発動されない時       │
                       刻に発動）             │
                                              │
                    [多者間の探索] ──成功──→ ┘
```

* 多者間同時決済処理では，一定時刻になると，すべての待機指図を対象にシステムが自動的に多者間同時決済を試行する。発動する時刻は 10：30, 13：30, 14：30, 15：30。

(出所)「日本銀行当座預金決済の新展開」。

行う（図2-6）が，事前に相手方の了承を得る。

3 通常の資金決済

(1) 約定確認（コンファーム）

約定確認は約定後30分以内が原則である。取引双方が短資取引

図 2-6　決済時刻により特定される利用決済口座

同時決済口	通常口
9：00	16：30 (通常日)

(出所)　短期金融市場取引活性化研究会「次世代 RTGS 市場慣行」。

約定確認システム（以下，約確システムという。BOX 2-2 参照）を保有している場合は約確システムで約定を確認するのが一般的である。その他に FAX を送って確認する方法もある。

(2)　新規取組時（スタート）

約定当日（$T+0$）の場合は，約定後原則 1 時間以内に速やかに決済を行う。先日付けの場合は，原則受渡日の 10 時までに速やかに決済を行う。

(3)　期日決済時（エンド）

資金の取り手は午前 9 時以降直ちに可能な限りの返金（支払い）を行い，遅くとも午前 10 時までに返金する。これを可能にするため，支払指図の投入は午前 9 時以降直ちに可能な限り行う（返金先行ルール）。

返金先行は，取り手が出し手に対してなるべく早く返金することが前提となっている。日銀ネットが稼動する 9 時から速やかに返金を始め，遅くとも 10 時までに返金するのが市場慣行である。しかし，取り手は資金を調達する前に返金する必要があることから資金が逼迫してしまう。こうした資金のすくみを回避するために，日銀は日銀当座を保有する金融機関に対して，適格担保を差し入れた額だけ日中の当座貸越しを供与している。また，2008 年 10 月 14 日から次世代 RTGS で流動性節約機能を導入して日中流動性の節約を行っている。

4　ネッティング取引

コール取引において行われているネッティングは通常バイラテラ

BOX 2-2 短資取引約定確認システム

2001年1月から始まったRTGSでは,取引1件ごとに取引当事者間で資金決済を直接行うことを基本原則とし,また,約定当日スタート($T+0$)の取引では約定から1時間以内の資金決済が市場慣行となった。このため市場では,約定確認や決済情報を迅速かつ正確に伝えるインフラの整備が必要となり,こうした市場の要望に応えて短資協会は2001年1月から「短資取引約定確認システム」(以下,約確システムという)の運営を開始した。2008年10月14日の次世代RTGSの移行にともない,より使い勝手のよいシステムに更新している。

(1) 約確システムの特徴
  ① 約定確認作業を,FAX等よりも正確かつ迅速に行うことができ,事務負担を軽減できる。
  ② 資金決済口座や新規実行時間,期日決済時間等の情報も相

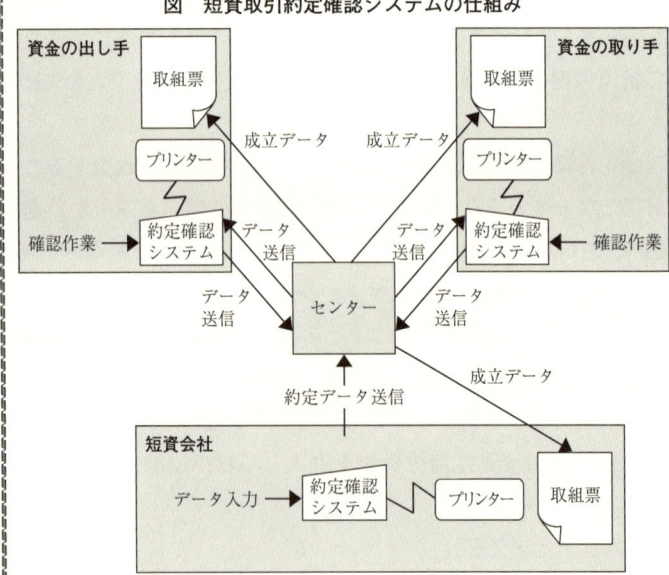

図 短資取引約定確認システムの仕組み

(資料) 短資協会。

> 互に確認することができる。
> ③ 約定データを自社システムとマッチングさせることによって効率的な運用ができる。
>
> (2) 事務の流れ
> ① 約定成立。
> ② 短資会社は約定確認データを約確システムのセンターに送信する。
> ③ 約定確認データはセンターを通じて出し手,取り手双方に送信される。
> ④ 出し手,取り手は約定内容が正しければ「OK」のサインを,誤りがあれば「NG」のサインを送信する。
> ⑤ 出し手,取り手双方が「OK」サインを送信してきたら,「コール資金媒介報告書」「コール資金取組票兼利息計算書」などの帳票が出力される。
> ⑥ 出し手は取り手に決済時間までに資金を送信する。

ル・ネッティングである。

(1) 当日ネッティング

　　　約定時間帯　　8時30分〜10時

　　　決済時間帯　　10時〜11時

(2) 先日付ネッティング

　　　約定時間帯　　前日16時まで

　　　決済時間帯　　9時〜10時

5 オープン・エンド取引

　オープン・エンド取引とは,取引当初は取引決済日(エンド日)を特定せず,取引当事者のいずれか一方が取引決済通知により取引決済日を指定できる取引で,基本的にはオーバーナイト物である。運用者と調達者が直接取引を行うダイレクト・ディーリング(DD)取引ではオープン・エンド取引が多いようである。

　メリットは,ネッティングと同じように,①決済リスクの削減が

できること，②出し手，取り手双方にとって事務負担の軽減ができること，③資金の取り手にとっては日中流動性を圧縮できること，等があげられる（短取研資料より）。

オープン・エンド取引のタイム・スケジュールは以下の通りである。

  約定時間帯 8時30分～10時（回収通知も含む）
  取引のコンファーム 10時以降
  決済時間帯 10時～12時（利息および差額の決済）

8. 約束手形

無担保コール取引では約束手形を授受することが慣習となっており，約束手形は，資金の取り手金融機関が直接出し手金融機関宛てに発行することになる。2002年4月の短取研で「短資経由のコール取引は相対取引でありその取引条件は相対で決定するものであるが，法的側面において問題がないこと，市場活性化の観点から有効であることを勘案すると手形レス取引が望ましい」との結論が出て以来，手形レスの取引が広がっている。

手形はオーバーナイト物か期日物かにかかわりなく「一覧払約束手形」を使用する。また，手形に貼る印紙は額面にかかわりなく200円である。約束手形の授受にあたっては短資会社が両者間を搬送することになる。なお，「コール資金（媒介）出合報告書」の搬送は，同報告書が約確システムで出力されるため省いている。システムを使用していない先には従来通り報告書を搬送している。

また，15時以降に約定されたオーバーナイト物取引および遠隔地の参加者との間で約定された取引の約束手形は，出し手に代わって短資会社が保管することができる制度があり，多くの金融機関が利用している。これは1993年に「内国為替即日決済」導入をきっかけとして，遅い時間帯での手形搬送リスクおよび遠隔地取引先へ

の郵送リスク軽減策として導入された制度である。

この制度は，
① あらかじめ各金融機関は短資会社と「覚書」を取り交わす必要がある。
② 短資会社が資金の出し手に代わって約束手形を保管する。
③ 期日到来時には，資金の取り手が出し手に返金してから短資会社は預かっている手形を取り手に返送しなければならない。そのために短資会社は，出し手から資金決済されたことの連絡をFAX等（書面）で受けてから資金の出し手に代わって短資会社が手形に代理の証を押捺して取り手に手形を返送するということになる。

9. 利　息

無担保コール取引にともなう利息は下記算式で計算される。利息は期日決済日に元利合計で資金の取り手から出し手に返金されるのが普通である。ただし，ネッティングやオープン・エンド取引では期日決済日に利息のみ受け渡される（利息の円未満は切捨て）。

$$無担保コール利息 = \frac{元金 \times レート \times 日数}{365}$$

10. 媒介手数料

短資会社は，無担保コール取引にともなう媒介手数料を次の要領で受け取るのが一般的である。
① 短資会社は無担保コール資金の出し手，取り手双方から各社所定の媒介手数料を受け取る。
② 月末日をまたぐ取引の手数料については，資金受渡日ベースで当月分として支払われるものとする。
③ 先日付取引の手数料は，資金受渡日ベースとする。

④ 短資会社は原則として各月分を取りまとめ、翌月第3営業日までに請求書により請求する。請求を受けた金融機関は、短資会社の口座にその金額を入金するか、銀行小切手などにより支払う。

第3節　有担保コール取引の実務

有担保コール市場の残高は、図2-1を見てもわかるように、無担保コール市場が創設されて以来、緩やかな減少傾向となっている。しかし、有担保コール市場は約定当日スタート（$T+0$）でかつ担保付きの取引ができる市場として有用である。近年レポ市場でも約定当日スタート（$T+0$）の取引が拡大してきている。

1. 有担保コール取引の種類

短資会社を使った有担保コール取引には大きく分けて次の3つの種類がある。

1　有担保コール・ディーリング（オファー・ビッド）

短資会社が自己勘定で出し手の資金を取り入れ、取り手に対して資金を放出する短資会社のディーリング方式である。オファー・ビッド制の取引単位は5億円以上1億円刻みとなっている。短資会社は無担保コールや有担保コール・ブローキング取引と違って媒介手数料を徴収しない代わりに、利鞘を乗せて出合いを付けている。現在は取引がほとんどない。

2　有担保コール・ディーリング（気配値）

有担保コール・ディーリング（オファー・ビッド）と同じく短資会社が自己勘定で出し手の資金を取り入れ、取り手に対して資金を放出するディーリング方式である。基本的には5億円未満で1000万円以上100万円単位の取引が対象であり、小口の取引であるため

にオファー・ビッド制よりも低い金利での取引であったが、大口の取引でも気配値を利用するところが増えてきている。オファー・ビッド制と同じように短資会社は媒介手数料を徴収しない代わりに利鞘を乗せて出合いを付けている。

③ 有担保コール・ブローキング

無担保コールと同じように短資会社の勘定を通さない取引であるため、資金決済は短資会社を通さずに資金の出し手が取り手に日銀ネットを使って直接送金する。返金のときも取り手が出し手に直接送金する。担保の受渡しを行う際に国債振替決済制度を利用する場合には取引先双方が直接に受渡しを行う。また、「短資取引担保センター」(BOX 2-3 参照) を利用する場合には短資会社に対して資金の取り手が指示を出し、それにしたがって短資会社は出し手に担保を差し入れる。

2. 取引の期間、受渡日と期日

取引の期間の区分、受渡日、期日は無担保コールと同じである (表2-2 参照)。

3. 取引レートの刻み幅と取引単位

① 刻み幅

無担保コール取引と同様に、原則として 1/100 ％と 1/32 ％の刻みの併用であるが、マーケット環境に応じて 1/1000 ％も併用できることになっている。最近では 1/100 ％刻みと 5/1000 ％で取引されることが多い。

② 取引単位

① 有担保コール・ディーリング (オファー・ビット) ── 5億円以上1億円単位

② 有担保コール・ディーリング (気配値) ── 1000万円以上

BOX 2-3　短資取引担保センター

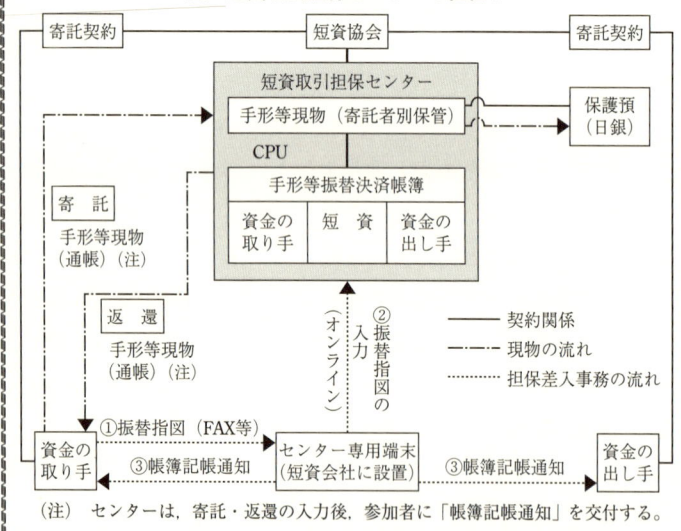

短資取引担保センター（以下，担保センターという）設立以前は，有担保コール取引，手形売買取引にともなう担保の受渡しは，取引当事者間を短資会社が搬送していた。しかし，搬送リスクの軽減，事務の合理化を図る観点から，1995年9月から短資協会は担保センターを開設し，運営している。

担保センターの特徴として，以下のようなことがあげられる。

① 市場参加者は前もって短資協会と担保品の寄託契約を結び，担保センターに口座を開設する。
② 担保品は担保センターに寄託される。担保品の現物は，短資協会が日銀と「保護預り」契約を結んでおり，日銀の金庫に保管されている。
③ 取引発生にともなう担保の移動は，短資会社が，参加者の指示に基づいて担保センター専用端末機からオンライン入力して，帳簿上で口座振替えを行う。

図　短資取引担保センターの仕組み

（注）　センターは，寄託・返還の入力後，参加者に「帳簿記帳通知」を交付する。

表 2-4 有担保コール取引における担保の種類と掛目

種　類	担保価格 (取引金額に対し額面で)
超長期国債	10％増し
変動利付国債	10％増し
長期国債	4％増し
中期国債	2％増し
国庫短期証券	1％増し
金融債	20％増し
世銀債	20％増し
その他の公社債	20％増し
円貨手形	25％増し
外貨手形（円貨換算後）	25％増し
短資取引担保株式預り証	0％増し
日銀売出手形	0％増し

(注) 1) 上記の担保価額に関して状況変化が生じた場合には，別途当事者の合意による。担保割れ銘柄〔注2)参照〕については，資金の出し手の承諾なく担保として利用しないものとする。
2) 担保割れ銘柄とは，「差入担保銘柄の時価×掛目」が取引金額を下回る銘柄をいう。たとえば，上記の担保掛目を用いた場合，時価99.00の国庫短期証券は担保割れ銘柄となる。
99.00 × 101％ = 99.99 ＜取引金額 100

100万円単位

③　有担保コール・ブローキング——5億円以上1億円単位

4. 有担保コールの担保

有担保コール取引の担保品として使用されているものは，表2-4にあげた通りである。また，担保品の掛目は市場慣行にしたがっているが，担保価額に関して状況変化が生じた場合には，別途取引当事者の合意によることとなっている。なお，コール取引担保のうち国債は振替決済制度による受渡しになっている。

5. 資金決済と担保の受渡し

担保の受渡方法は，①国債振替決済制度と②短資取引担保センターの2つに大別できる。

1 国債振替決済制度

DVP，FOPの2つの担保受渡方法がある。どちらの担保受渡方法もブローキング，ディーリングともに利用可能である。

(1) DVP（delivery versus payment，図2-7）

日銀ネットのDVP処理を使って資金と国債の移転を同時に処理する。なお，DVP決済の決済口座は通常口を使用する。

(2) FOP（free of payment，図2-8）

新規取組時には資金の取り手が出し手に対して担保となる国債を送り，出し手は担保が入ってきたことを確認してから取り手に対して資金を送る。期日決済時には取り手が出し手に返金し，出し手は着金を確認してから取り手に担保を返戻する。

2 短資取引担保センター

(1) 有担保コール・ディーリング

有担保コール・ディーリングはブローキング取引との区別を付けるために覚書，振替指図書等により明確化する。また，担保の差入れ・返戻と資金決済のタイミングについては，有担保コール・ブローキング取引（個別確認方式）に準ずる。

(2) 有担保コール・ブローキング

有担保コール・ブローキングでは個別確認方式が基本となっている（図2-9参照）。個別確認方式は担保の移動が煩雑になるために包括確認方式[8]も併用されている。しかし，実質的に包括確認方式はほとんど利用されていない。

---

8) 包括確認方式とは，有担保コール・ブローキング取引で取り手の担保価額が当該コール取引に充足可能であることを，担保センターが確認の上，担保の移動前に資金の受渡しを行う方式のことをいう。

図2-7 DVP決済

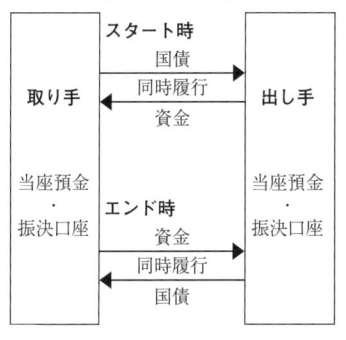

取り手 ← スタート時 国債 / 同時履行 / 資金 → 出し手

取り手（当座預金・振決口座）← エンド時 資金 / 同時履行 / 国債 → 出し手（当座預金・振決口座）

図2-8 FOP決済

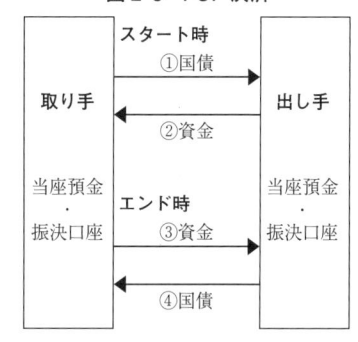

取り手 ← スタート時 ①国債 / ②資金 → 出し手

取り手（当座預金・振決口座）← エンド時 ③資金 / ④国債 → 出し手（当座預金・振決口座）

6. 約束手形の受渡し

1 有担保コール・ディーリング

有担保コールのディーリング方式はオファー・ビッド，気配値ともに，資金の出し手も取り手も短資会社を相手にした取引である。約束手形は，短資会社が資金の出し手金融機関宛てを，取り手金融機関が短資会社宛てを，用意するのが市場慣行になっている。約束手形は無担保コールと同様に翌日物，期日物にかかわりなく「一覧払約束手形」を使う。約束手形の授受に際しては，短資会社がそれを運搬している。

2 有担保コール・ブローキング

有担保コールのブローキング方式での約束手形は，無担保コールと同様に，取り手金融機関が直接出し手金融機関宛てに発行する。約束手形の授受は，無担保コールと同様に，短資会社が両者を運搬する。

7. 利 息

無担保コール取引と同じように計算される。利息は決済期日に元利合計で資金の取り手から出し手に返金されるのが普通である。ただし，ネッティングやオープン・エンド取引では決済期日に利息の

図 2-9 有担保コール・ブローキング取引（個別確認方式）事務フロー

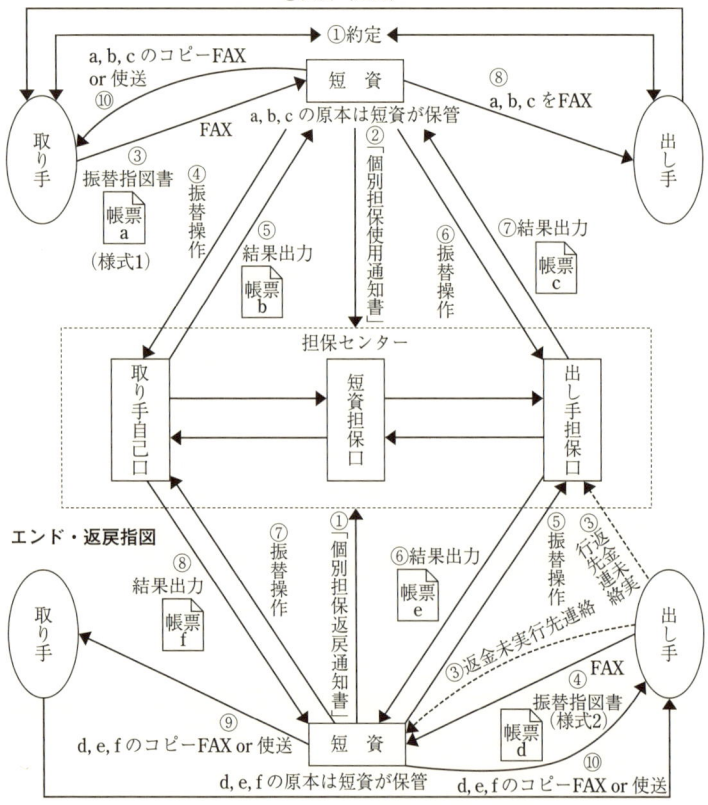

a 差入れ用の「振替指図書」
b 取り手（自己口）→短資（担保口）
「振替決済帳簿記帳通知」
c 短資（担保口）→出し手（担保口）
「振替決済帳簿記帳通知」

スタート・振替指図

⑨決済（送金）
①約定
a, b, c のコピーFAX or 使送 ⑩
短資
⑧ a, b, c をFAX
取り手 — 出し手
a, b, c の原本は短資が保管
② FAX
③ 振替指図書 帳票a（様式1）
④ 振替操作
⑤ 結果出力 帳票b
②「個別担保使用通知書」
⑥ 振替操作
⑦ 結果出力 帳票c

担保センター
取り手自己口 ← → 短資担保口 ← → 出し手担保口

エンド・返戻指図

⑦ 振替操作
⑧ 結果出力 帳票f
①「個別担保返戻通知書」
⑥ 結果出力 帳票e
⑤ 振替操作
③ 返金未実行先連絡
③ 返金未実行先督促
④ FAX
④ 振替指図書（様式2）帳票d
取り手 — 出し手
⑨ d, e, f のコピーFAX or 使送
短資
⑩ d, e, f のコピーFAX or 使送
d, e, f の原本は短資が保管
②決済（送金）

d 返戻用の「振替指図書」
e 出し手（担保口）→短資（担保口）
「振替決済帳簿記帳通知」
f 短資（担保口）→取り手（自己口）
「振替決済帳簿記帳通知」

(図2-9続き)

新規取組時──スタート

①約定成立。

②資金の取り手が包括確認方式利用先の場合,短資会社は担保センターへ「個別担保使用通知書」をファクシミリにて送信。

③資金の取り手は,担保の振替えを行うために差入れ用の「振替指図書」(a) を作成し,短資会社へファクシミリにより送信。

④短資会社は,差入れ用の「振替指図書」に従い資金の取り手の自己口から短資担保口へセンター端末を操作して振替え。

⑤短資担保口への振替えが完了すると,担保センターから完了したことを通知する「振替決済帳簿記帳通知」(b) が短資設置のプリンターから出力される。

⑥引き続き短資会社は,差入れ用の「振替指図書」に従い短資会社担保口から資金の出し手担保口へ担保センター端末を操作して振替え。

⑦資金の出し手担保口への振替えが完了すると,担保センターから完了したことを通知する「振替決済帳簿記帳通知」(c) が短資会社設置のプリンターから出力される。

⑧短資会社は帳票 (a, b, c) を一体として,資金の出し手へファクシミリにより送信。

⑨資金の出し手は,振替え完了を確認し,取引スタート分の資金決済を実行。

⑩短資会社は,帳票 (a, b, c) を一体として,資金の取り手へ送付。短資会社では原本 (a, b, c) を保管。

期日決済時──エンド

①資金の取り手が包括確認方式利用先の場合,短資会社は前日(午後5時までを目処),担保センターへ「個別担保返戻通知書」をファクシミリ送信。

②当日,資金の取り手は,期日を迎える約定に基づく資金決済を午前10時までを目処に実行(返金時間は午後9時から午前10時としているが,できる限り早い時間に返金を行うこととする)。

③資金の取り手が包括確認方式利用先の場合において,資金の出し手は,期日を迎える約定に関する資金決済(返金)を確認し,返金が実行されていない場合,出し手は午前10時までに担保センターと短資会社へ「返金未実行先連絡」を行う。その後,資金の取り手が返金を実行した場合には,資金の出し手は確認後直ちに連絡を行う。

④資金の出し手は,資金の着金が確認できた時点で事前に作成しておいた返戻用の「振替指図書」(d) を短資会社へファクシミリにより送信。

⑤短資会社は返戻用の「振替指図書」に従い資金の出し手担保口から短資会社担保口へ担保センター端末を操作して振替え。

⑥短資会社担保口への振替えが完了すると「振替決済帳簿記帳通知」(e) が出力される。

⑦引き続き短資会社は返戻用の「振替指図書」に従い短資会社担保口から資金の取り手自己口へ担保センター端末を操作して振替え。

⑧取り手自己口への振替えが完了すると「振替決済帳簿記帳通知」(f) が出力される。

⑨短資会社は帳票 (d, e, f) を資金の取り手へ送付。

⑩短資会社は帳票 (d, e, f) を資金の出し手に送付。短資会社では原本 (d, e, f) を保管。

(出所) 短期金融市場取引活性化研究会「平成12年度4月〜6月検討事項取り纏め資料」。

み返金される。

$$有担保コール利息 = \frac{元金 \times レート \times 日数}{365}$$

8. 媒介手数料

ディーリング方式では，短資会社が資金の出し手と取り手の利鞘を乗せて取引をするので媒介手数料は発生しない。ブローキング方式では，媒介手数料を前節 *10.* で述べた無担保コールと同じ要領で受け取っている。

第4節　日中コール取引の実務

日中コール取引は日をまたがない日中でのコール取引であり，RTGS導入以降から取引されている（RTGS以前は「半日物コール」[9]が同様の役割を果たしていた）。

1. 取引の市場慣行

① 短資ブローキング，短資ディーリング，DD取引のいずれの取引も可能である。
② 無担保取引を原則とする。
③ 約束手形の受渡しは原則行わない。
④ 取引時間は標準物を設定しており，ⓐ 9：10～13：00, ⓑ 9：10～16：30, ⓒ 13：00～16：10, ⓓ 14：00～16：30の4種類がある。

標準物以外にも，スタートとエンドは取引先双方で任意に決める。

---

9) 「半日物コール」は，決済時点間を貸し借りする取引で，「朝半物（朝金）」「午後半物」「夕半物」の3種類があった。

⑤ 約定から約定確認,資金決済までの事務フローは無担保取引などと同様である。
⑥ 当日約定だけでなく先日付物の取引も行われている。
⑦ 利率表示方式は bp（1/365 日）で行う。刻み幅は，原則として 1/100 ％の刻みであるが，マーケット環境に応じて 1/1000 ％も併用できることになっている。
⑧ 利息は次の算式で計算される。利息の計算は簡素化のため，利用時間の長短にかかわらず 1 日で計算される。

$$日中コールの利息 = \frac{元金 \times レート \times 1 日}{365}$$

⑨ 媒介手数料は，ディーリング方式では短資会社が資金の出し手と取り手の利鞘を乗せて取引をするので発生しない。ブローキング方式では媒介手数料を無担保コールと同じ要領で受け取っている。

2. 日中コール取引の今後

次世代 RTGS 導入前でも日中コールの取引は限られており，次世代 RTGS が本格的に利用されると流動性節約機能が付与されていることから日中コール取引はさらに縮小するだろう。

日銀の次世代 RTGS のランニング・テスト（2008 年 9 月 7 日実施）が，2008 年 6 月 30 日の実際のデータをもとに行われた。このテストの集計結果によると RTGS 下で必要な流動性は 2008 年 6 月 30 日の測定時では 18.3 兆円であったのが，次世代 RTGS では 13.9 兆円まで減少した。つまり，必要な流動性が 4.4 兆円減少したことになる。

第5節　コール市場の1日

コール市場の1日は，おおよそ以下のようなものである。

- 朝8時前に，当日の当座預金残高と準備預金残高（ゆうちょ銀行を除く）が発表される（たとえば，当座預金8兆3000億円，準備預金5兆3000億円の見込み）。
- その前後から，オーバーナイト物を中心に取引が始まる。
- 8時30分から，約定確認システムが稼動。
- 9時から，日銀ネットが稼動。
- 9時20分は，即時のオペが発表されるタイミング。
- 11時30分には，ほぼ午前中の取引は終了する。
- 12時50分には，即日の第2弾のオペが発表される。
- 13時に，先日付の共通担保オペが発表される。
- 14時頃に，外為円決済の資金が固まり外銀が最終調整に動き出す。
- 15時30分以降に，内国為替の決済の資金が固まり地銀などが最終調整をしてくる。
- 16時頃には，自然に取引は終了。
- 17時に，日銀ネットが閉まる（年末以外の月末日は1時間延長となる）。

第3章

国庫短期証券（T-Bill）市場

第1節　国庫短期証券誕生までの経緯

　国庫短期証券（T-Bill, treasury discount bills）とは，2009年1月までTB（treasury bills, 割引短期国庫債券），FB（financing bills, 政府短期証券）として発行されていた短期国債が統合され，同年2月より新たに発行が始まった償還期間1年までの国債であり，名称は変更されたもののそれまで発行されていたTB，FBと商品性や発行根拠は変わらない。現在，この国庫短期証券市場では，2カ月物，3カ月物，6カ月物，1年物が流通しており，短期金融商品の中核として日々活発な売買が行われている。本章では，この国庫短期証券を，その前身であるTB，FBの誕生にまで遡り，その後の市場拡大，また今日までの市場動向について見ていくこととする。

1. FBとは

　国庫短期証券の前身であるTB，FBは，発行形態や税制面での取扱いなど，商品性こそ同じであったが，その発行根拠は異なっていた。FBとは政府が国庫や特別会計等の一時的な資金不足を補うために発行する短期の「融通債」であり，主に以下の会計により発

行されていた。

1 FBを発行していた会計

(1) 一 般 会 計

税収や国債発行などによる国庫金の収入と財政資金の支払いとの時期的ずれによって生ずる国庫の一時的資金不足を補うため。

(2) 食料安定供給特別会計

日本特有の食糧管理制度によるもので、政府が米、麦などの食糧やその他農産物などを買い上げる際の一時的な財源として使用するため（以前の食糧管理特別会計。2007年度より農業経営基盤強化措置特別会計と統合して現名へ）。

(3) 外国為替資金特別会計

円売り介入をする際、外貨購入に充てる資金を調達するためや、同会計支払い上の一時的な資金不足を補うため。

(4) 財政投融資特別会計

財政融資資金に属する現金に不足がある場合、一時的にそれを補うため（以前の資金運用部特別会計〔〜2000年度〕、財政融資資金特別会計〔01〜07年度〕。2008年度より産業投資特別会計と統合して現名へ）。

(5) エネルギー対策特別会計

国家備蓄石油の購入に要する費用の財源に充てる必要があるときや、支払い上の一時的資金不足を補うため（石油公団の廃止にともない、国家備蓄事業が国の直轄となったため石油特別会計で2003年度より発行。2007年度より電源特別会計と統合して現名へ）。

以上のほか、国有林野事業、貿易再保険特別会計でも会計法上発行可能となっている。

2 FBの歴史

FBの歴史は古く、1886年7月に利付債形式で発行されたのがはじめである（1902年3月より割引債形式に変更）。しかし1956年ま

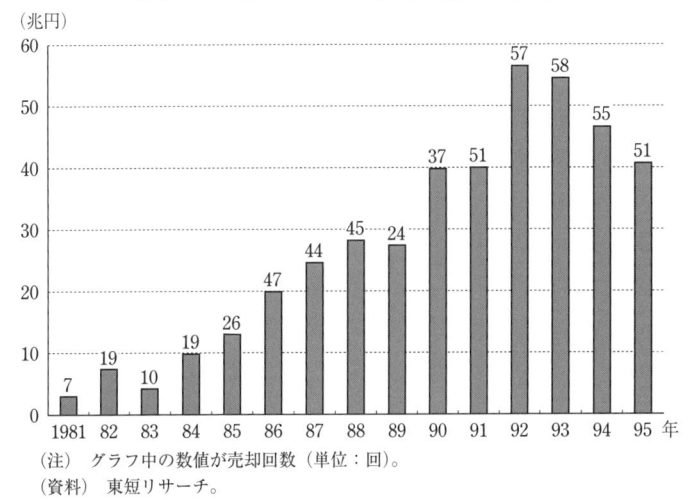

図 3-1　FB 売却オペの年間売却金額と売却回数

(兆円)

年	金額	売却回数
1981	3	7
82	7	19
83	4	10
84	10	19
85	13	26
86	20	47
87	25	44
88	28	45
89	27	24
90	40	37
91	40	51
92	57	57
93	55	58
94	47	55
95	41	51

(注)　グラフ中の数値が売却回数(単位：回)。
(資料)　東短リサーチ。

での70年間は,全額日本銀行が引き受ける形で発行されていたため,市場で流通することはなかった。1956年5月以降は,一定の割引歩合で発行する定率公募発行方式に変更されたが,利回りが常に公定歩合を下回る水準に設定されていたため,ほぼ全額を日本銀行が引き受ける状態が続いた(定率公募残額日銀引受方式)。そのため,FBが市場に出回ることはなく,長らく流通市場が形成されることはなかった。

しかし,1981年5月に日本銀行による新たな資金吸収手段としての「FB売りオペ」が開始されると状況が一変する。それまでにも1955年12月～56年4月,66年1月～71年5月に,資金吸収手段としてFBの売却が行われたことがあったが,時限的であったり,転売が禁止されていたことから流通市場が形成されることはなかった。しかしこの新たなFB売りオペでは,日本銀行が短資会社を窓口として売却(1986年までは売切り,86年1月以降は売現先)した後,購入した金融機関による転売が可能であったことから,徐々にでは

あるが現先を中心としたFBの流通市場が形成されていった。

2. TBとは

既述したように, FBが「融通債」であったのに対し, TBは国債の償還・借換えを円滑に執り行うための短期の「借換債」であった。このTBの誕生はFBに比べると比較的新しく, 1986年2月に公募入札で発行されたのがはじめである。

日本では国債不発行主義により, 戦後長らく国債の発行は行われなかった。しかし, オイル・ショックによる混乱から経済不況に見舞われると, 深刻な税収不足に陥る一方, 景気対策としての公共事業の必要性にも迫られ, 1975年以降, その財源として赤字国債や建設国債の発行が相次いだ。

ただし, これらの国債は必然的に1980年代後半以降一斉に償還を迎えるため, その借換えをいかに円滑に進めていくかが国債管理政策上の重要な課題となっていた。そこで, 市場にインパクトを与えることなく, 円滑に償還・借換えを進めるためには, 市場ニーズが相対的に高い短期債の導入が不可欠との判断から, 1985年6月に国債整理基金特別会計法の改正が行われ, それまで中長期債で発行されていた借換債に加えて, 期間1年以内の借換債の発行, また年度を越えた借換債の前倒し発行が可能となる措置がとられた。

そして, 翌年2月にはじめて発行されたのがTB第1回債である。第1回債は6カ月物で, 発行額は5174億円, 発行レートは5.60747％だった。なお, 第1回債が2月に発行された理由は, その当時の国債が2, 5, 8, 11月の償還となることが多かったためである。

このようにして1986年2月に発行が始まったTBであるが, 当初3年間は6カ月物のみ年4回 (2, 3, 8, 9月) の発行で, 発行額も5000億〜1兆4000億円にとどまっていたため, 市場規模は小さな

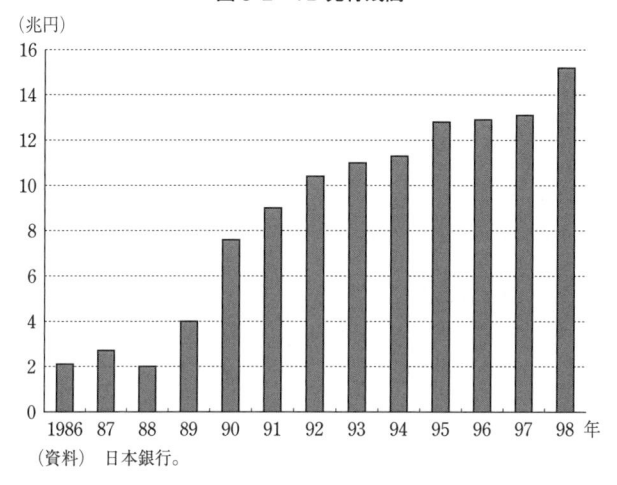

図 3-2　TB 発行残高

(資料) 日本銀行。

ものであった。しかし国債償還の増加とともに次第に発行額，発行回数が増えていき，1989年9月からは新たに3カ月物が追加され毎月発行に，90年7月からは月2回（3カ月物，6カ月物）の発行となり，発行残高の増加とともに，売買市場や現先市場も含めたTB流通市場は徐々に厚みを増していった。

3. 短期国債市場の誕生

このように，徐々にではあるが流通市場が形成されていたTB・FB市場に，さらに大きな変革をもたらしたのが，1999年4月に始まったFB公募入札の導入である。1998年に始まる金融制度改革，円の国際化の一環として，大蔵省（当時），日本銀行は，TB・FB市場の抜本的な改革を行い，FBの発行方式をそれまでの定率公募残額日銀引受けから，原則公募入札に改めた。また償還期間はそれまでの2カ月から3カ月（13週間，翌年4月より2カ月物も発行）に変更，一方TBには新たに1年物を追加し，2000年4月に3カ月物を廃止した。

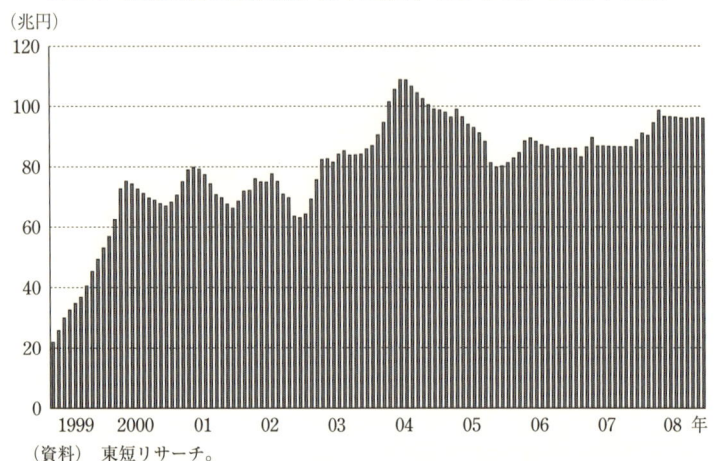

図3-3 短期国債の発行残高(市中公募分,1999年4月～2008年12月)
(兆円)

(資料) 東短リサーチ。

　当時3カ月物としてはTBが存在していたが,発行額が少なかった上,購入の中心が海外中央銀行や外国人投資家であったことから,発行レートが他の短期市場金利を下回ることが多く指標性にはやや難があった。しかし,このFB公募入札導入により,均一の商品で,3カ月物,6カ月物,1年物というその時々の市場実勢を反映したレート形勢がもたらされるようになるとともに,発行・流通を兼ね備えた透明性の高い「短期国債市場」ができあがることとなったのである。

　2000年4月にはFBが完全公募入札となり,TBと併せてこの短期国債は,その信用力・流動性・商品の均質性の面から,優れた円資産として国内外の投資家から人気を集めた。発行残高も2003年から04年初めにかけて急増した巨額の円売り介入によって増加,1999年4月末の21.9兆円から2004年4月末には101.4兆円まで急拡大した(08年12月末時点では96.1兆円弱)。

　そしてFB公募入札開始から約10年を経た2009年2月,国庫短期証券(T-Bill)として生まれ変わり,名実ともに短期金融商品の

中核としてその地位をより強固なものとしている。

4. 市場動向の変遷

　1999年4月に始まったFBの公募入札制度により，一挙に市場規模を拡大させた短期国債市場は，その後2003年から04年初めにかけて実施された大規模な円売り介入などで発行額が増額され，市場発行残高は04年度には一時的に100兆円を超える水準に達した。2006年には80兆円程度まで減少したものの，08年以降はおおむね90兆円台で推移している。

　この間，国内外の金融市場を取り巻く環境には大きな変化があったが，ここでは入札開始から今日に至るまでの過程を公募入札開始以降，量的緩和政策期，量的緩和解除後，再利下げ後の4つに分けて振り返ってみることとする。

1　1999年4月〜2001年3月（公募入札開始〜ゼロ金利政策期）

　FBの公募入札が始まった1999年度末のTB・FB市中発行残高は62兆4994億円と，前年度の12兆8254億円（TBのみ）から急拡大し，短期金融市場における存在感を増していった。それまで3カ月物の指標としてはCD（譲渡性預金）が代表格であったが，徐々に3カ月FBの指標性が高まっていった。

　平均落札レートを見ると，公募開始前の1999年2月に事実上のゼロ金利政策（コール・レートをできるだけ低めにうながす）がスタートしていたため，第1回債の0.108％からその後は徐々に低下し，夏場には0.02％台まで低下した。2000年問題（Y2K問題）により1999年12月末発行の第38回債は一時的に0.4％超まで急上昇したが，それ以外はおおむね0.05％近辺での推移が続いた。

　ゼロ金利が一時的に解除（コール・レートを0.25％へ誘導）された2000年8月以降はおおむね0.3〜0.4％のレンジで推移した。ただ，2001年1月のRTGS開始を控え，2000年12月末発行の第95回債

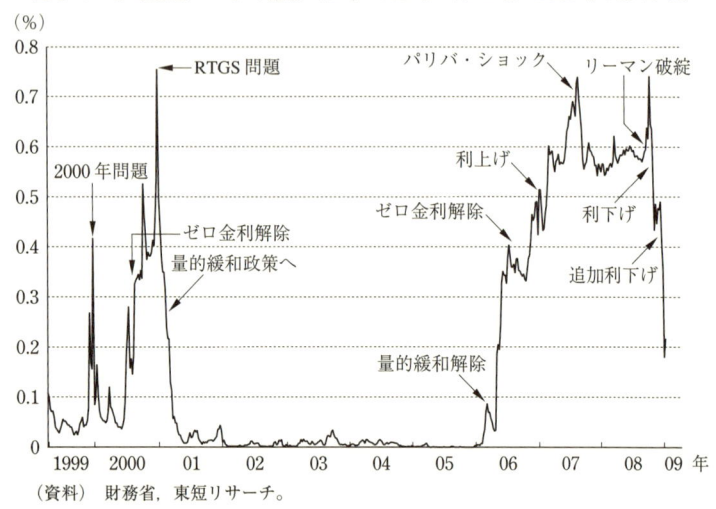

図 3-4 平均落札レートの推移（3M, 1999 年 4 月 12 日〜2009 年 1 月 19 日）

（資料）財務省，東短リサーチ。

は 0.755 ％まで上昇する場面が見られた。

当時の主な参加者は，1990 年代後半に顕著になっていたジャパン・プレミアムによって低利の円資金調達が可能であった外国人や，証券会社などのディーリングであり，都市銀行などの購入は少ない。FB 発行開始当初の入札価格の刻みは 3 カ月物（FB）が 1 厘，6 カ月物，1 年物（TB）が 5 厘だった。

2　2001 年 3 月〜06 年 3 月（量的緩和政策期）

2000 年 8 月に解除されたゼロ金利政策だが，その後の IT バブル崩壊などによる経済情勢の悪化から翌年 2 月に再び実施され，同 3 月には量的緩和政策がスタートした。その後も段階的に日銀当座預金残高の拡大という政策がとられ，恒常的な金余り状態が顕著になった。一方で 2003 年 1 月〜04 年 4 月に行われた未曾有の円売り介入（35 兆円強）の結果，介入資金を調達するため，FB 1 回当たりの発行額は 01 年 3 月の 3 兆円台から，04 年 6 月には 5 兆 7000 億円にまで増加した。その結果，2004 年 4〜11 月の市中発行残高は

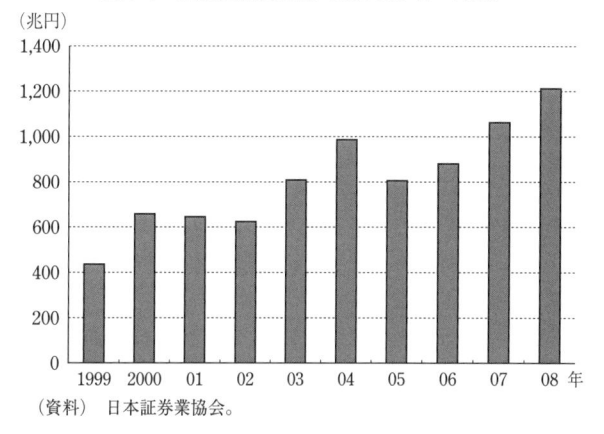

図 3-5　短期国債売買高（現先を除く）の推移

（兆円）

（資料）　日本証券業協会。

100兆円を超えた。ただし，その後2005年8月，財務省は「国庫金の効率的な管理について」を発表して国庫金管理の改革を行い，国庫余裕金の繰替使用（現金不足の特別会計に対する無利子貸付）などの施策を実施したため，05年9月以降FBの市中発行額は抑制された。

平均落札レートを見てみると，金余りの状態を示すように0.01％を恒常的に下回る状態が続き，2004年12月発行のFB 314回債は最高落札レートが史上はじめて0％となり，その後も0％での落札が多発した。また，流通市場では円転レート低下による影響から，歴史的にも異例となるマイナス金利での売買も散見された。この状況に対応するため，入札時の価格単位は2001年6月（3カ月物が5毛，6カ月物，1年物が1厘刻みへ），05年7月（3カ月物が1毛，6カ月物，1年物が5毛刻みへ）と段階的に引き下げられた。

この頃から，余剰資金の退避先として都市銀行などからの需要が急拡大し，セカンダリー市場（流通市場）での投資家別買越額におけるシェアは半分を占めるまでとなった。

> **BOX 3-1** ゼロ％入札が多発した量的緩和時代
>
> 　2001年3月に導入された量的緩和政策により，金融市場には大量の資金がだぶつくこととなったが，これらは利息の付かない日銀当預から，まとまって運用が可能なTB・FBへと向かった。当時この動きは「キャッシュ潰し」とも呼ばれ，債券ディーラーは銀行などの投資家需要に応えるため，ゼロ％での応札を行うと同時に，少しでも多くの額を落札しようと応札額も増加させた。
>
> 　FBは5毛刻み（0.0005円）での入札となっていたため，13週間の期間利回りに直すと0.002％程度になる。そのため，100円（0％）と99.9995円（約0.002％）で入札し，0.001％以上の加重平均レートになるよう応札していたのである。また当時，日銀ネット上では，入札時に99兆9999億9000万円まで入力が可能であったことから，この額での応札が集中した結果（当時のFB発行額は3〜4兆円），応札額が日本のGDP（約500兆円）を上回るという異常な事態が続いた（2005年7月より応札額は発行額までに制限）。
>
> 　ちなみに，1億円を99.9995円で落札できても，3カ月間で500円の償還益にしかならない。

③　2006年3月〜07年8月（量的緩和解除後）

　長らく続いた量的緩和政策に終止符が打たれ，2006年3月より流通利回りの上昇局面が続いた。日銀当預残の減少とともに，それまでの都市銀行の旺盛な買いは徐々に減少していった。一方で国債市場のボラティリティ上昇から，ヘッジ・ファンドなどの債券購入が目立つようになり，短期国債にも非居住者の需要が増加していった。また金利が正常化されたことで金融商品としての魅力が増し，国内投資家を中心に市場参加者の裾野も拡大していった。

　平均落札レートを見ると，日本経済の回復にともない段階的に政策金利の引上げ（2006年8月政策金利0.25％へ，07年2月同0.5％へ）が行われたため，0.3％台から0.5％台半ばへ徐々に上昇していった。

それに合わせ入札時の価格単価も、2006年4月には3カ月物が5毛刻み、6カ月物、1年物が1厘刻みへと引き上げられ、05年7月以前の幅に戻った。

④ 2007年8月以降（世界経済の後退から再利下げへ）

景気回復にともない2007年夏場には追加利上げを織り込むまでに至ったものの、サブプライム・ローン問題に端を発した世界的な金融市場の混乱、それに続く経済情勢の悪化から、政策金利は2008年10月（政策金利0.3％へ）、12月（0.1％へ）と短期間のうちに引き下げられた。景気後退局面ではあったものの、金融市場の混乱から投資家の投資余力が限定的だった上、資金調達難から債券ディーラーの購入も細ったため流動性は低下し、売買は低迷した。落札レートはこの流動性低下を反映してロンバート・レート（10月31日まで0.75％、10月31日～12月19日0.5％、12月19日以降0.3％）に近い水準で推移した。

⑤ 2009年2月（国庫短期証券の誕生）

そして財務省は2008年9月10日、これまでTB・FBとして発行されてきた短期国債について、09年2月最初の入札より「国庫短期証券」（T-Bill）として統合発行すると発表し、09年2月9日、記念すべき第1回債（3カ月物、平均落札レート0.30637％）が発行された。

第2節　国庫短期証券の商品性

1. 法的根拠（根拠法）

① 旧TB ――特別会計に関する法律第46条第1項（国債整理基金特別会計）

② 旧FB ――財政法第7条第1項（一般会計）、財政融資資金法第9条第1項（財政投融資特別会計）、特別会計に関する法律

第83条第1項（外為資金特別会計），同第94条第2項・第95条第1項（エネルギー対策特別会計），同第136条第1項・第137条第1項（食料安定供給特別会計）

以上の法のもと，一体で国庫短期証券として発行される。なお，各々の発行限度額については，予算をもって国会の議決を経なければならない。

2. 発行条件等

① 名称——国庫短期証券（英語表記：treasury discount bills）。
② 償還期間——2カ月，3カ月，6カ月，および1年。
③ 最低額面金額——1000万円。
④ 発行方法——入札発行。
⑤ 入札の方法——価格競争入札によるコンベンショナル方式および国債市場特別参加者・第Ⅰ非価格競争入札[1]。

　応募価格の単位は，償還期限が2カ月および3カ月のものについては1毛刻みとなり，6カ月，1年のものについては5毛刻みとなる。また，応募1口の金額は，1000万円またはその整数倍である。

⑥ 入札参加者——「国債の発行等に関する省令」「政府資金調達事務取扱規則」により定められている。具体的には，「社債，株式等の振替に関する法律」に規定する口座管理機関のうち，銀行，金融商品取引業者，保険会社，農林中央金庫，商工組合中央金庫，証券金融会社，短資会社，信用金庫，信金中央金庫，労働金庫連合会，全国信用協同組合連合会等で，国庫短期証券

---

1) 国債市場特別参加者のみが参加可能な入札で，価格競争入札と同時に行われる。発行価格は競争入札における平均落札価格とし，発行額の10％を限度額として直近2四半期の落札実績に基づき決定される各社ごとの応札限度額まで応札・落札できる。

に関する事務について電子情報処理組織を使用することができる者となっている。

なお，2002年まで，TB・FB（当時）の入札参加者になるにあたっては，TB・FBの保有・譲渡に関して記した「確認書」を財務省へ提出することが義務付けられていたが，03年の社債等の振替に関する法律施行にともなう新たな振替制度の創設により「確認書」の提出は不要となった。

⑦　入札スケジュール

　　　申込締切日時　　入札当日午前11時30分
　　　募入決定通知日　　入札当日
　　　払込期日　　入札日＋3～5日
　　　申込みおよび払込場所　　日本銀行本店または支店

⑧　募入決定の方法——価格競争入札では，各申込みのうち応募価格の高いものから順次割り当てて，発行予定額から国債市場特別参加者・第Ⅰ非価格競争入札にかかる募入総額を控除した額に達するまでを募入とする。

　国債市場特別参加者・第Ⅰ非価格競争入札では，各申込みの応募額を各国債市場特別参加者の応募限度額を上限に割り当てる。

⑨　発行価格の決定方法——価格競争入札における発行価格は，募入となったものにつき，それぞれの応募価格とする。

　国債市場特別参加者・第Ⅰ非価格競争入札における発行価格は，前記価格競争入札により割り当てた額の加重平均価格（2カ月，3カ月は毛位未満，6カ月，1年は厘位未満を四捨五入）とする。

3. 発行方法

①　発行日——13週物は原則的に毎週水曜日入札，翌週月曜日

発行。6カ月物は原則10日発行。1年物は原則20日発行。2カ月物は財政の支払い超過となる日（年金払いなど）を発行日，財政の受け超過となる日（税揚げなど）を償還日とするものであり，適宜発行。
② 入札手続き——日銀ネットワーク・システム等（以下，日銀ネット）により行う。

入札スケジュールは次の通り。
発行要項の通知　　午前10時20分
応札締切　　午前11時30分
結果発表　　午後12時35分

なお，財務省は入札1週間前の午前10時20分に，発行予定額を発表している。
③ 応募払込代金の払込方法——資金・債券の受渡しは通常日銀ネット「国債・資金同時受渡システム」（国債DVPシステム）により，オンライン処理で資金と債券の決済を同時に行う。

4. 商　品　性

① 発行形態（国債振替決済制度）——2003年1月に施行された「社債等の振替に関する法律」（当時。現在の「社債，株式等の振替に関する法律」）に基づく振替国債として発行され，現物発行はない。

振替機関である日本銀行を頂点にしてその下に口座管理機関が存在し，各口座管理機関における振替口座簿の記帳により所有権が移転する。
② 利払方式——償還価格を100円とした割引債方式。
③ 元金配分手数料——償還時，預り口Ⅰおよび信託口の自己口にかかわる元金の配分額に，100万分の0.9の料率を乗じた額（1円未満の端数切捨て）。限度額は1万円または1万5000円。

第3章 国庫短期証券（T-Bill）市場　107

> **BOX 3-2** 国債振替決済制度
>
> 　証券決済システムの効率化，有価証券の完全ペーパーレス化を図るべく，2003年1月に「社債等の振替に関する法律」が施行され，新たな国債振替決済制度がスタートした。この制度では，発行される国債はすべて振替国債として発行され，所有権の管理は「振替機関」である日本銀行の振替口座簿上で行われることとなった。そしてこの振替機関に口座を持つ金融機関を「口座管理機関」と呼び，口座管理機関以外の者が国債を購入する場合には，口座管理機関に振替決済口座を開設し，口座管理機関の振替口座簿上で所有権の移転が行われ，それが振替機関の口座簿に反映される形となる。
>
> 　　　　　図　国債振替決済制度のイメージ
>
> ```
>                   日本銀行
>                  （振替機関）
>    ┌──────┬──────┼──────┬──────┐
>  A銀行    B銀行    C証券    D証券    E短資
> (口座管理機関)(口座管理機関)(口座管理機関)(口座管理機関)(口座管理機関)
> ```

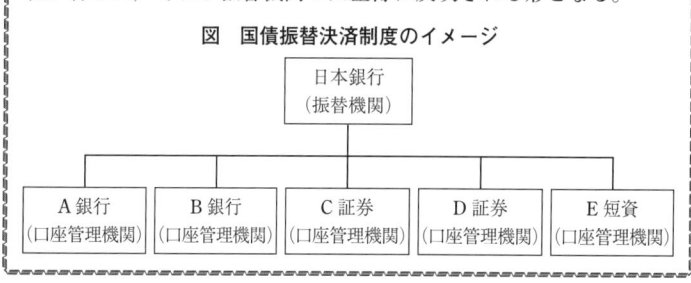

④　最低額面金額および振替単位——本節 *2.* にもある通り，最低額面金額は1000万円とし，振替単位はこの整数倍。

⑤　譲渡制限——国および法人にしか譲渡できない。

　国庫短期証券には譲渡制限が付されており，譲渡が認められる者は財務大臣が告示する者とされている。なお財務大臣が告示する者とは，「国及び法人であって，社債，株式等の振替に関する法律に規定する振替機関等から開設を受けた口座における記載又は記録により有することとする者」となっている。よって個人への譲渡は禁止されている。

5. 税　　制

① 国内法人——割引債の償還差益については本来発行時に源泉徴収により課税される（18％）が，国庫短期証券は租税特別措置法によって特定短期公社債（発行日から償還期限までの期間が1年以下であるもので，発行の際にその銘柄が同一であるほかの短期公社債のすべてとともに，特定振替記載等がされる公社債）に指定されており，国債振替決済制度参加者に開設した振替口座により保有されるものについては発行時の源泉徴収が免除される。

　保有が法人に限定されていることから，法人税および地方税が課されることとなる。

② 非居住者・外国法人——上記に加え，適格外国仲介業者（グローバル・カストディアン）に開設した振替口座により保有されるものについても発行時の源泉徴収が免除される（2004年4月より）。

　国内に恒久的施設を有しない外国法人については法人税も非課税となっている。

第3節　発行・流通市場の実際

　ここまで国庫短期証券の歴史と商品性について見てきたが，ここからは，発行からその後の流通に至るまでの実際の流れを見ていくこととしたい。なお，正確には2009年1月以前は短期国債（TB・FB）であるが，現在は国庫短期証券と名称が変更されていることを踏まえ，09年1月までの説明においても短期国債を国庫短期証券と置き換えて説明することとする。

1. 発 行 市 場

　発行市場とは，国や企業などの発行体が経済活動を行う上での資金調達をするために，公社債や株式などの有価証券を発行する場のことであり，発行体から証券会社や投資家などへ有価証券が売却されるまでの一次流通市場（プライマリー市場）である。国庫短期証券市場においては，発行体である国（財務省）から，証券会社などのディーラーや銀行などの投資家が購入するまでの「入札」がこれにあたる。国庫短期証券は，年間を通しほぼ毎週1〜3回程度，月間で25〜30兆円程度に及ぶ入札が行われており，その時々の経済情勢や市場動向を反映した利回りで発行が続いている。そのため，2カ月〜1年という比較的短い期間の経済状勢や金利の先行きを占う上での指標として注目を集めている。

　なお，この発行市場における参加者は，「財務大臣により入札に参加し得る者として定める金融機関」（一般入札，第2節 *2.* 参照）に限られており，それ以外の者は直接参加することはできない。また財務省はこの一般入札に加え，国債市場の透明性向上と，国債の円滑かつ安定的な消化を図るため，1966年より続いてきた国債引受シンジケート団を廃止し，海外のプライマリー・ディーラー制度を参考にした「国債市場特別参加者制度」と呼ばれる制度を2004年10月に設けた。これは入札参加資格のある金融機関のうち，特定の金融機関に発行市場で一定の義務を課すことと引換えにいくつかの特典を付与するものであり，その概要は以下の通りである（「国債市場特別参加者制度運営基本要領」より）。

① 目的——国債市場（発行市場および流通市場）において競争的かつ重要な役割を果たし，財務省が実施するすべての国債の入札などの相手先として，財務省の国債管理政策の策定および遂行に協力する国債市場参加者および財務省等による，国債市場の流動性・効率性・透明性・安定性の維持・向上および国債

の安定的な消化の促進等をその目的とする。
② 責任――国債市場特別参加者は,財務省の国債管理政策の策定および遂行に協力し,以下に掲げる事項を遵守しなければならない。

発行市場においては,財務省が実施するすべての国債の入札について,競争的に,積極的に相応な価格で,発行予定額の3％以上の相応の額を応札すること（応札責任）と,直近2四半期中（発行日ベース）の国債の入札において,落札実績額および引受実績額の,発行予定額に占める割合が,「中期国債」「長期国債」「超長期国債」については1％以上,「国庫短期証券」については0.5％以上であること（落札責任）。

流通市場においては,国債流通市場に十分な流動性を提供すること。
③ 財務省に対する情報提供――毎週,自らの国債アウトライト,債券先物,店頭オプションおよび円金利スワップ等の取引の動向についての情報を提供すること。

国債入札日の前日に,市場動向並びに自らの応札予定額および落札予定額等についての情報を提供すること。また,前日の午後3時時点における入札前取引の動向についての情報を同日午後5時までに提供すること。
④ 国債市場特別参加者の有する特別資格――財務省との定例会合への参加資格,買入消却への参加資格,分離適格振替国債（ストリップス債）の元利分離・元利統合申請資格,国債市場特別参加者・第Ⅰ非価格競争入札への参加資格,国債市場特別参加者・第Ⅱ非価格競争入札への参加資格（国庫短期証券は非該当）[2],

---

[2] 国債市場特別参加者のみが参加可能な入札で,価格競争入札の結果公表後に行われる。発行価格は価格競争入札における平均落札価格で,価格競争入札,第Ⅰ非価格競争入札での落札額の10％に相当する額まで応札・落札ができる。

金利スワップ取引への参加資格，流動性供給入札への参加資格。

また，2008年9月末現在の国債市場特別参加者は以下の通りである。

RBS証券，岡三証券，カリヨン証券，クレディ・スイス証券，ゴールドマン・サックス証券，JPモルガン証券，新光証券，大和証券SMBC，ドイツ証券，東海東京証券，日興シティグループ証券，野村證券，バークレイズ・キャピタル証券，ビー・エヌ・ピー・パリバ証券，みずほインベスターズ証券，みずほ銀行，みずほコーポレート銀行，みずほ証券，三井住友銀行，三菱東京UFJ銀行，三菱UFJ証券，メリルリンチ日本証券，モルガン・スタンレー証券，UBS証券，以上24社（50音順）。

表3-1 単価と利回りの関係

国庫短期証券第1回債
- 発行額　5兆1000億
- 発行日　2009年2月9日
- 償還日　2009年5月13日
- 日　数　93日

落札単価	償還価格	利回り(%)
99.9490	100.0000	0.200263
99.9485	100.0000	0.202228
99.9480	100.0000	0.204192
99.9475	100.0000	0.206157
99.9470	100.0000	0.208121
99.9465	100.0000	0.210086
99.9460	100.0000	0.212050
99.9455	100.0000	0.214014
99.9450	100.0000	0.215979
99.9445	100.0000	0.217944
99.9440	100.0000	0.219908
99.9435	100.0000	0.221873
99.9430	100.0000	0.223837
99.9425	100.0000	0.225802
99.9420	100.0000	0.227767
99.9415	100.0000	0.229731
99.9410	100.0000	0.231696
99.9405	100.0000	0.233661
99.9400	100.0000	0.235625
99.9395	100.0000	0.237590
99.9390	100.0000	0.239555
99.9385	100.0000	0.241520
99.9380	100.0000	0.243484
99.9375	100.0000	0.245449

1　入札から落札までの流れ

① 入札予定日の1週間前の午前10時20分に，財務省より日本銀行を通し入札参加者へ発行予定日，償還予定日，発行予定額等が通知される。また，この時点より入札前取引がスタートする。

② 入札予定日の午前10時20分に正式な発行日，償還日，発行額，申込締切時，振込期日，根拠法律が日本銀行を通し通知される。

③ 応札締切りの午前 11 時 30 分までに,投資家需要や,先行きの金利状勢を見極め,日本銀行を通し日銀ネットにより応札を行う。

④ 同日午後 12 時 35 分に財務省より結果発表が行われ落札額を計算。この瞬間からセカンダリー取引が開始される。必要額を落札できなかった場合や,必要額以上落札した場合には,業者間市場や店頭市場で売買を行い在庫を調整していく。なお,正確な募入決定額(落札額)は,16 時頃に日銀ネットを通し通知される。

2 入札前取引 (WI〔when issue〕取引)

財務省が入札のアナウンスメントを行う国債につき,その入札予定日,発行予定額,発行予定日および償還予定日が判明した時点から,入札日における回号および表面利率等発表時刻までの間(回号および表面利率等が入札日前に判明している場合〔国庫短期証券〕は入札日前日まで)において行う国債の停止条件付売買取引(発行成立によって売買契約が確定すること)をいう。

2. 流通市場

流通市場とはすでに発行された公社債などが,その時々の時価により売買される場のことであり,国庫短期証券市場においては,入札後から償還に至るまでの間,債券ディーラーが店頭で投資家へ売却(または投資家から購入)したり,債券ディーラー同士が売買を行う,いわば二次流通市場(セカンダリー市場)のことを指す。この市場では償還期間が 1 週間程度から 1 年程度までの多岐に渡る銘柄が流通している上,参加者が事業法人や非居住者なども含まれるオープン市場であることから,より細かなゾーンごとの市場参加者の需給動向や金利観が日々ダイレクトに反映される場として,指標性が高いといえる。売買高(現先を除く)は,1999 年の FB(当時)

公募入札開始以降年々増加し，99年の月間平均36.3兆円から2008年では101兆円と大幅に拡大している。

流通市場での取引にあたっては，当該債券のビッド・レート（買いレート）またはオファー・レート（売りレート），購入（売却）金額を提示し，双方のレート，金額が折り合えば成約となる。通常決済は約定から3営業日後（$T+3$），日銀ネットDVPにより行う（売り方，買い方双方がJGBCC[3]に加入している場合は，当該約定の債権・債務を引き受けたJGBCCがその決済相手となる）。

1　市場参加者

流通市場における主な参加者は以下の通りである。

① 都市銀行——最大の買い手。セカンダリー市場での年間の買越額を見ると，FBの公募入札が始まった1999年度こそ投資家全体比で18％程度であったものの，その後はゼロ金利や量的緩和政策による余剰資金の退避先としてニーズが強まり，2005年度には41％まで上昇している。しかし，量的緩和終了後には徐々に低下，2007年度以降は10％前後で推移している。

② 信託銀行——特金などの運用の一部でコンスタントな需要があり，ここ数年は年間20兆円強の買越しが続いている。

③ 地銀，農林系金融機関——担保ニーズなど需要は限定的で，シェアはともに1～3％程度となっている。

④ 信用金庫——量的緩和政策が解除された2007年以降，短期の余資運用での購入が目立ち，10％程度のシェアを占める。

⑤ その他金融機関——15％程度を占める。主に短資会社のディーリング。

---

3) 日本国債清算機関（Japan Government Bond Clearing Corporation）は，国債決済の円滑かつ効率的な履行を目指し大手証券会社を中心に2003年10月に設立され，05年5月より清算業務を開始した。2008年12月現在の参加者数は35社（BOX 4-4も参照）。

表 3-2 短期証券投資

年度＼業態	都市銀行	地方銀行	信託銀行	農林系金融機関	第二地銀協加盟行	信用金庫
1999	−133,348 18.1	−6,592 0.9	−46,737 6.3	−2,056 0.3	−6,098 0.8	−17,458 2.4
2000	−321,214 25.7	−38,548 3.1	−139,760 11.2	−9,979 0.8	−9,228 0.7	−52,398 4.2
01	−249,997 22.6	−24,976 2.3	−116,932 10.6	−287 0.0	−18,770 1.7	−56,667 5.1
02	−366,410 29.7	−25,717 2.1	−195,937 15.9	−287 0.0	−18,411 1.5	−65,940 5.3
03	−534,426 33.6	−39,907 2.5	−215,745 13.5	−3,225 0.2	−4,685 0.3	−28,684 1.8
04	−865,729 38.9	−32,104 1.4	−369,922 16.6	−426 0.0	−4,779 0.2	−55,281 2.5
05	−786,869 41.0	−6,985 0.4	−268,057 14.0	−6,429 0.3	−2,256 0.1	−112,519 5.9
06	−343,419 19.9	−18,124 1.0	−227,599 13.2	−10,445 0.6	−3,820 0.2	−101,915 5.9
07	−157,130 8.7	−38,228 2.1	−221,812 12.4	−10,245 0.6	−20,855 1.2	−179,774 10.0
08	−217,621 10.3	−41,383 2.0	−226,819 10.7	−44,992 2.1	−18,061 0.9	−161,031 7.6

(注) 1) 上段のマイナスの数値は買越額，下段の数値は，日本証券業協会が公表
含む「その他」，証券会社などを含む「債券ディーラー」を除いた投資家
2) 2008年度は08年12月までのデータ。
(資料) 日本証券業協会。

⑥ 投資信託──MMF や MRF の運用対象として恒常的な買い手である。

⑦ 事業法人──余資運用としてのニーズはあるが，全体の1～5％程度。

⑧ 外国人──銀行と並ぶ買い手。当初より税制面でのメリットがあったことから，FB 公募入札が始まる以前から TB の中心

家別買越額とその比率

(単位:上段は億円,下段は%)

その他 金融機関	生保・ 損保	投資信託	官公庁 共済組合	事業法人	その他 法人	外国人
−65,414 8.9	−30,572 4.2	−141,924 19.3	0 0.0	−12,107 1.6	−21,185 2.9	−252,719 34.3
−83,400 6.7	−86,852 7.0	−297,685 23.8	−571 0.0	−20,135 1.6	−26,245 2.1	−163,251 13.1
−41,896 3.8	−95,338 8.6	−350,397 31.6	−3,139 0.3	−10,030 0.9	−8,781 0.8	−130,072 11.7
−115,213 9.3	−21,574 1.7	−205,077 16.6	−3,956 0.3	−41,412 3.4	−13,185 1.1	−162,138 13.1
−230,153 14.5	−13,614 0.9	−190,728 12.0	−33,270 2.1	−46,076 2.9	−14,344 0.9	−237,589 14.9
−268,467 12.1	−26,957 1.2	−189,334 8.5	−32,466 1.5	−58,624 2.6	−7,588 0.3	−316,084 14.2
−163,243 8.5	−22,202 1.2	−218,112 11.4	−25,096 1.3	−45,497 2.4	−4,714 0.2	−258,705 13.5
−245,412 14.2	−47,805 2.8	−209,291 12.1	−31,675 1.8	−83,087 4.8	−29,915 1.7	−374,381 21.7
−283,910 15.8	−68,203 3.8	−182,933 10.2	−36,544 2.0	−79,176 4.4	−24,601 1.4	−492,541 27.4
−301,902 14.3	−70,151 3.3	−146,086 6.9	−28,758 1.4	−70,048 3.3	−21,198 1.0	−764,421 36.2

している短期証券投資家別売買高における投資家区分のうち,政府,日銀などを
全体の買越額に対する,それぞれの比率。

的なバイヤー。もともとは海外中央銀行や公的機関の円貨の運用,外資系金融機関による円転レート低下局面での購入などが主である。量的緩和以降の金利上昇局面においてはヘッジ・ファンドの購入も目立ち,全体では10〜30%程度を占める。また,2008年秋に始まったドル供給オペの担保としての購入も目立つ(表3-2参照)。

② 業者間市場

　流通市場は相対取引のほか，債券ディーラー間で仲介売買を行うPTS[4]を備えた証券会社（ブローカーズ・ブローカー）が存在しており，そこで取引される3カ月，6カ月，1年物の国庫短期証券の取引レートは指標として日々公表されている。国内では最大手の日本相互証券株式会社のほか，ICAP東短証券株式会社，セントラル短資証券株式会社がある。

　また，債券ディーラーと投資家とを仲介するPTSを持った証券会社も存在しており，エンサイドットコム証券株式会社，ジェイ・ボンド東短証券株式会社がそれである。

　業者間市場の概要は以下の通りである（日本相互証券「債券取引の細則」を参照）。

① 取引時間——午前8時40分から午前11時5分，午後0時25分から午後5時，午後5時10分から午後6時5分。

② 受渡し——原則として約定から3営業日後（$T+3$），午後5時10分以降の約定については4営業日後（$T+4$）。

③ 最終売買日——国庫短期証券は，償還3営業日前まで移転登録可能であるが，日銀ネット同時担保受払時決済口（ITC口）[5]の利用が4営業日前までとなるため，業者間の売買は償還4営業日前を最終売買日とするのが慣行となっている。

④ 売買単位——原則額面5億円の整数倍だが，端債（1000万円単位）の売買も行われている。

---

4) PTS（proprietary trading system）とは，私設取引システムのことであり，証券会社が提供するコンピュータ・ネットワーク上で取引するシステムのことである。

5) 日銀ネットDVP決済時に，受渡しの対象となる国債を譲り受けると同時に当該国債を当座貸越しの担保として日銀に差し入れて資金を借り入れ，譲渡人へ決済代金を支払う仕組み。2000年のRTGS化にともないDVP決済時の資金負担軽減のため導入された。

⑤ 取引レート（刻み）——原則 0.005％，または 5 銭刻みだが，入札直後には単価ベースでの取引もある。

3 取引例

以下の国庫短期証券の売買を行った場合の受渡単価の算出方法，決済までの流れは，次の通りとなる。

銘　　柄　　国庫短期証券第 1 回債
発行日　　2009 年 2 月 9 日
償還日　　2009 年 5 月 13 日
約定日　　2009 年 2 月 20 日
受渡日　　2009 年 2 月 25 日（残存日数 77 日）
約定レート　　0.23％
約定金額　　50 億円
受渡単価 = 償還価格 ÷（1 + 約定レート × 残存日数 ÷ 365）
　　　　 = 100 ÷（1 + 0.23％ × 77 ÷ 365）
　　　　 = 99.9515（小数点 5 位切捨て）
受渡金額 = 額面価格 × 受渡単価 ÷ 100
　　　　 = 5,000,000,000 × 99.9515 ÷ 100
　　　　 = 4,997,575,000 円
決　　済　　双方が振決参加者の場合は，当事者同士で当該債券と売買金額の受渡しを原則日銀ネット DVP により行う。

　　　　　双方が JGBCC に加入している場合は，この取引によって生じた相手方への債権債務は JGBCC へ置き換わるため，決済の当事者は JGBCC となり，JGBCC との間で DVP 決済となる。

第4章

債券レポ・債券現先市場

　日本において，債券と資金を相互に融通する取引には，現金担保付債券貸借取引（債券レポ取引）と，条件付売買取引（債券現先取引）とが混在しており，それぞれで商品性，取引慣行，市場規模が異なる。本章では，短期金融市場で中核をなしているこれら債券レポ，債券現先両市場について，その誕生の背景，特徴や取引の仕組みなどについて対比させながら説明していくこととしたい。なお，現金担保付債券貸借取引と条件付売買取引を総称して債券レポ（貸借レポ，現先レポ）と呼ぶ場合もあるが，本章では特段示さない限り，現金担保付債券貸借取引をレポ取引，条件付売買取引を現先取引と呼ぶこととする。

第1節　債券レポ・債券現先市場の誕生と背景

1.　債券レポ市場

　そもそもレポとは repurchase agreement が語源とされ，本来はその名の通り「買戻契約」という意味である。実際，海外では単純な買いと売りを組み合わせたバイ・セルバックを発展させた取引として短期金融商品の中核をなしており，その形態は売買の形をとる日本の現先取引により近いといえる。しかし，日本におけるレポ取

引は「売買契約」ではなく、現金を担保に当該債券を貸借するという「消費貸借契約」で、取引の仕組みなど諸外国に比べ異なる部分も多い。

それでは、なぜ日本におけるレポ市場が、貸借という日本独自の形で発展していったのか、誕生の背景を中心にその成立ちを見ていこう。

現在のレポ市場の前身となる債券貸借市場の誕生は、1989年に遡る。当時の国債市場を取り巻く環境を見てみると、1984年6月に解禁された銀行によるフルディーリング開始以降、日本の債券市場は国債発行残高の増加とともに拡大の一途を辿っており、市場の拡大と同時に、市場参加者からは、価格変動リスクに対するヘッジ手段として、当時認められていなかった空売りに対する要望が強まっていた。

そのため、1987年5月に証券会社に対し空売りが認められるようになったものの、空売りした債券は決済日までに買い戻す必要があるなど、依然として規制が残ったため、決済日直前には債券価格が急騰することが多く、逆に市場が混乱する要因ともなっていた。

こうしたことから大蔵省（当時）は、1989年5月に事務連絡となる「債券の空売りおよび貸借の取扱いについて」で、受渡日をまたぐ全面的な空売りを解禁するとともに、貸借取引を行う際のルールを定めた。これが債券貸借市場のはじまりである。

こうして始まった債券貸借取引では、リスク管理上の観点から現在のように現金を担保とする取引も契約上は可能となっていたものの、金融取引としての側面からみた場合、すでに債券現先取引が存在しており、当時債券現先取引に課されていた有価証券取引税を回避する動きを排除するため、現金担保とする場合にはいくつかの規制が課せられていた。そのため、実質的に現金担保での取引が機能しない状態が続いた。

BOX 4-1　有価証券取引税

　有価証券取引税とは，債券の売却時に売り手側に課される国税であり，国債の場合，譲渡価格の 0.015 %（債券ディーラーは 0.005 %）が課税された。現先取引では，スタート時には売り手側に，エンド時には買い手側にと，双方に課税されていたため，短期間の取引の場合などは取引コストが他の商品に比べ割高となる要因となっていた。1999 年 3 月末をもって廃止された。

　また，現金担保以外の有担保取引を行う場合でも，代用有価証券の受渡しや管理など事務面での煩雑さがあったこと，そして当時は金融機関の破綻は稀で，信用リスクに対する意識が現在ほど高まっていなかったことなどから，有担保での取引は拡大せず，大部分が無担保での取引となっていた。

　現金担保の規制とは以下の通りである。

① 付利金利制限──現金担保への付利は，有担保コール・レート（翌日物）− 1 %とする。
② 担保金額の制限──担保金額として，対象債券の時価の 105 %以上を差し入れなければならない。

　これらの規制は債券の借り手側にとって非常に不利な条件であったため，現金担保取引を妨げる要因となっていた。

　このようにスタートした日本の債券貸借市場であったが，以下の理由から有担保化へ向けた動き，つまり資金の授受をともなう市場への整備が急務となっていくことになる。

　まず 1 つは，国債決済制度改革の動きである。当時の決済状況をみると，毎月 5 日や 10 日に決済を行う，いわゆる 5・10 日（ごとうび）決済が中心となっており，約定後決済日までに未決済残高が積み上がる状態が続いていた。そのため，約定から一定期間後に順次決済を行っていく，よりリスクの少ないローリング決済の導入が

世界的な課題となっていたが，日本では1996年9月よりローリング決済（$T+7$：約定日から7営業日後に決済を行う）に移行することが決定された。

しかし，ここで1つの問題が生じることになる。売買した債券を短期間で受払いするには，機動的に債券が調達できるのはもちろんのこと，保有債券のファイナンスのために資金調達も同様にできることが必要不可欠となるが，債券貸借市場では債券の調達を行うことはできたが，現金担保への規制から資金調達を行うことは事実上不可能であった。

一方，1995年2月に起きたベアリングス事件も，この流れに別の側面から拍車をかけることとなる。先述したように，当時の債券貸借市場においては無担保取引が主流となっていたが，この事件で改めて無担保取引に対するリスクがクローズアップされると，金融機関の間では信用リスク軽減へ向けた動きから，有担保取引へのニーズが急速に高まっていった。

このように決済リスク，信用リスク双方の面から市場の再整備が喫緊の課題となっていたわけであるが，当時存在していた債券現先市場と債券貸借市場とを比べた場合，既述したように現先取引は形態が売買のため有価証券取引税が課せられるという障害が，貸借取引には現金担保規制という障害があった。

これらの状勢に鑑み，政府は1995年9月の緊急経済対策の中に付利制限の廃止を盛り込み，同12月には大蔵省事務連絡を改正，付利制限の廃止とともに現金担保の下限規制を撤廃した。この改正により，日本証券業協会，全国銀行協会連合会は債券貸借取引の見直しに着手し，同年12月に日本証券業協会は理事会決議である「債券の空売り及び債券貸借の取扱いについて」を改正して，翌年3月にアメリカのレポ取引を参考にした新たな「債券貸借取引に関する基本契約書」を取りまとめた。

> **BOX 4-2** ベアリングス事件
>
> 1995年，イギリスの名門マーチャント・バンクであったベアリングス銀行は，シンガポール支店のディーラーの日経平均先物，日本国債デリバティブ取引によって約8億6000万ポンドの損失を出し破綻した。ベアリングス銀行はこれらの取引における担保として，日本の債券貸借市場で借り入れた国債などを主に差し入れていたため，ベアリングスに無担保で貸し出していた国内投資家は，貸し出した国債が戻らなくなるという危機に直面したわけである。その後オランダの大手金融機関であるINGグループがベアリングスを買収したため，最終的に被害を被ることは避けられたものの，この事件以降，無担保取引の危険性が改めてクローズアップされ，信用リスク軽減へ向けた有担保化への取組みが強まっていくことになった。

こうして1996年4月，日本版レポ市場となる現金担保付債券貸借市場がスタートしたのである。このような背景から，日本における債券レポ取引は，売買の形態をとる欧米などとは異なり，現金を担保に債券を貸借するという日本独自の形態となった。

その後，この日本版レポ市場は，金融市場の混乱が続いた1997年以降もそのリスク管理に優れた商品性から市場規模を年々拡大させる一方，97年11月には日本銀行の新たな金融調節手段として採用されるなど，短期金融市場での認知度を増していった。市場残高は1999年度末にコール市場残高を上回るとその後も拡大，2008年12月末時点では61.9兆円（債券借入ベース）と，短期金融市場の中核になっている。

2. 債券現先市場

現先取引とは，売買の当事者間同士で一定期間後に一定価格で反対売買を行うことをあらかじめ約束して行う，売戻しまたは買戻し条件付売買取引のことをいう。この現先市場の誕生はレポに比べる

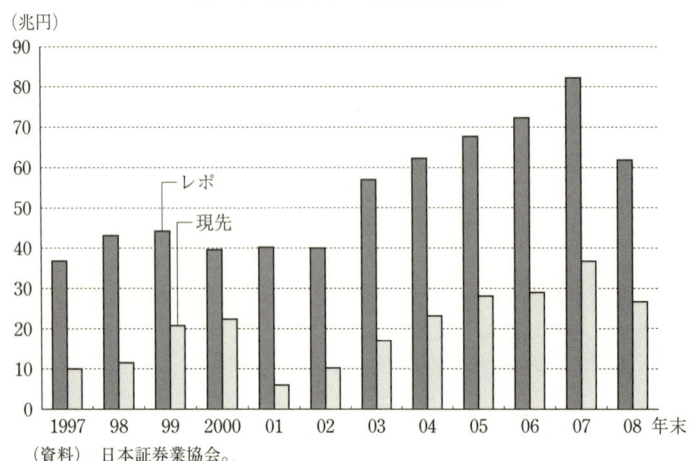

図4-1 債券レポ・現先残高の推移

(資料) 日本証券業協会。

とかなり古く，1949年の起債市場再開，60年代からの高度経済成長期の国債発行増にともない，金融機関の債券在庫の資金調達ツールとして自然発生的に拡大していった。

オープン市場の草分け商品ともいえるこの現先取引は，1976年3月の大蔵省通達によって法的位置づけや取引ルールが明文化されると短期金融商品としての地位を確立し，1980年11月には大蔵省資金運用部による余資の運用手段として買現先が開始されたほか，87年12月には日銀の金融調節手段として採用されるなど，さらに参加者の裾野を広げていった。なお基本的な取引ルールは，1992年の日本証券業協会の理事会決議である「債券等の条件付売買に関する取扱いについて」に引き継がれている。

このように年々市場規模を拡大させていった現先市場であるが，1980年代にはCD（譲渡性預金）や大口定期預金など，投資家の細かなニーズを満たす競合商品が次々と誕生して，それぞれ急速に残高を伸ばす一方，現先取引には有価証券取引税が課せられていたことや，取引期間中のさまざまなリスクについてその管理手法が必ず

図 4-2 短期金融市場残高比較

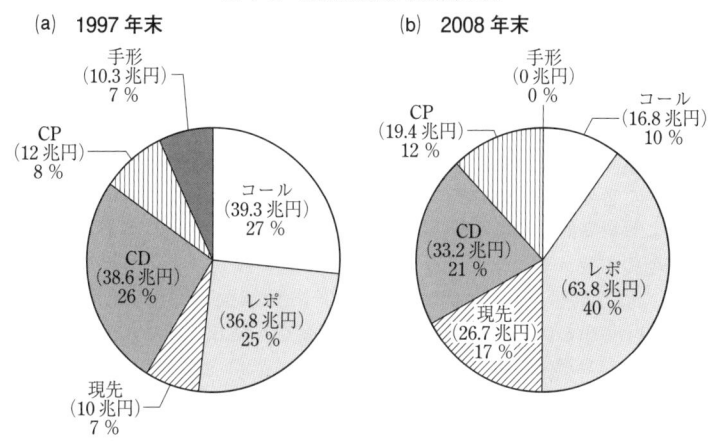

(a) 1997 年末

- 手形 (10.3 兆円) 7%
- CP (12 兆円) 8%
- CD (38.6 兆円) 26%
- 現先 (10 兆円) 7%
- レポ (36.8 兆円) 25%
- コール (39.3 兆円) 27%

(b) 2008 年末

- 手形 (0 兆円) 0%
- CP (19.4 兆円) 12%
- CD (33.2 兆円) 21%
- 現先 (26.7 兆円) 17%
- レポ (63.8 兆円) 40%
- コール (16.8 兆円) 10%

（資料） 日本銀行，日本証券業協会，証券保管振替機構。

しも万全ではなかったことから，金融商品としての競争力は相対的に薄れていき，短期金融市場での地位は徐々に低下していった。

さらに 1996 年 4 月に債券レポ市場が誕生すると，金融機関の保有債券のファンディングの場は現先市場から徐々にレポ市場へシフトしたため，現先市場は当時発行残高が増加し，なおかつ有価証券取引税のかからない TB や FB（当時）の取引が中心となっていった。

しかし，1998 年に始まる金融制度改革（日本版ビックバン）における「円の国際化」推進の過程で，現先取引の税制や取引慣行など，かねてより指摘されていた諸問題が改めてクローズアップされると，市場関係者の間からは非居住者との取引を念頭に置いた市場環境の整備を急速に行うべきとの声が強まっていった。

この流れを受け，1999 年度の税制改正で，長年にわたり現先取引の障害になっていた有価証券取引税の撤廃が決定されたのに加え，非居住者が保有する国債利子の非課税化などの措置が実施されると，1999 年 5 月には債券貸借取引等研究会が「新現先取引について」と題する提言を行った。提言ではそれまでの現先取引について，

> **BOX 4-3**　**債券現先取引等研究会（通称，レポ研）**
>
> 　債券現先取引など債券を媒体とした短期資金取引における市場の健全な発展と，市場参加者間の円滑な取引に資するため，取引にかかわる諸問題について検討を行うとともに，取引仕様の標準化等について必要な諸施策の提言等を行うことを目的とした，市場参加者による自発的な組織。債券レポ市場設立後の諸問題に対応するため，市場の主要メンバーによって1998年7月に設立（設立当初の名称は，債券貸借取引等研究会）され，各種法改正やY2K問題，RTGS化などに対して提言やルール制定を実施してきた。2008年9月時点での選出会員は以下の12社。
> 　　資産管理サービス信託銀行，信金中央金庫，セントラル短資，第一生命保険，大和証券SMBC，東京短資，日興シティーグループ証券，野村證券，みずほコーポレート銀行，みずほ証券，三菱東京UFJ銀行，三菱UFJ証券（50音順）。

「国債大量発行時代を迎え，流動性確保のためには非居住者の市場参加が不可欠だが，国際的に通用するものではない」，「バブル崩壊後大型企業倒産が相次ぐなか，金融システム不安が台頭しリスクに対する考え方も大きく変化してきていたが，リスク軽減の方策は織込まれていない」などとして現先市場の整備を訴えた。

　この提言を受け日本証券業協会は，同年に「現先売買取引等の整備・拡充に関するワーキング」を設置，2000年10月に，現先取引の基本的なルールである「債券等の条件付売買取引の取扱いについて」を約8年ぶりに全面改正した。

　このようにして2001年4月，レポ取引同様リスク・コントロール条項や一括清算条項などを盛り込み，グローバル・スタンダード，リスク・フリーを目指した新たな現先取引がスタートした（市場の混乱や非居住者との源泉徴収問題等もあり，1年間の移行期間が設けられ，実質的には2002年4月よりスタート）。なお2002年11月からは，

日銀によるオペレーションの1つとして行われていた「レポ・オペ」が現先の形態に変わり,「国債現先オペ」としてオファーされている。

第2節　債券レポの仕組み

1. 債券レポの商品性
① 法的形態

レポ取引の根幹となっている債券貸借取引は，当事者の一方（貸出者）が，他方（借入者）に債券を貸し出し，当事者間で合意された期間を経た後，借入者が貸出者に当該銘柄と同種，同量の債券を返済する民法上の「消費貸借契約」である。ただ消費貸借は，一般に物が実際に受け渡されてはじめて成立する要物契約であるが，レポ取引は双方の合意によって契約が成立することから，合意のみによって契約が成立する「諾成的消費貸借契約」となる。

また，受け渡される担保金については，債券返済請求権を担保するためであり，「消費寄託契約」となる。したがって，約定後には当事者間において，受渡日，決済日に債券，資金の受渡義務が双方に発生することになるが，これを「双務契約」という。

② 取引形態

約定後，取引スタート時に，貸し手は手持ちの債券を借り手に貸し出す一方，借り手から担保金を受け入れる。エンド時には逆の流れとなる。その際，担保金に対しては金利が，債券に対しては貸借料がかかり，金利－貸借料＝レポ・レート（％），という構造になっている。

③ 取引対象債券

「債券の空売り及び貸借取引の取扱いに関する規則」（日本証券業協会）により，以下の債券が取引対象債券として認められている。

　国債証券，地方債証券，特別の法律により法人の発行する債券，

図4-3 債券レポの取引形態

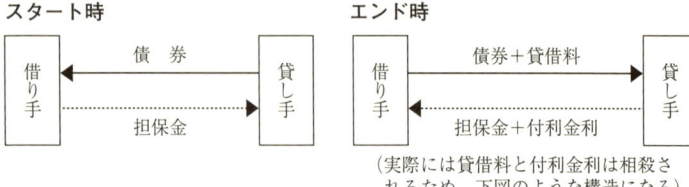

スタート時：借り手 ← 債券 ← 貸し手／借り手 → 担保金 → 貸し手

エンド時：借り手 ← 債券＋貸借料 ← 貸し手／借り手 → 担保金＋付利金利 → 貸し手

（実際には貸借料と付利金利は相殺されるため、下図のような構造になる）

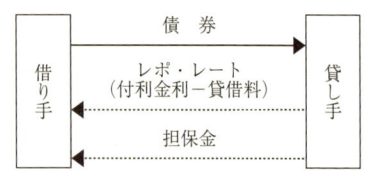

借り手 ← 債券 ← 貸し手／借り手 → レポ・レート（付利金利－貸借料） → 貸し手／借り手 → 担保金 → 貸し手

特定社債券，社債券，投資法人債券，外国又は外国の者の発行する債券。

4 取引参加者

オープン市場であるが，取引開始当時は源泉徴収問題があったこと，またリスク・コントロール条項等など，事業法人には事務的な負担も多く，参加者のほとんどが金融機関となっている。

2. 債券レポ取引の特徴

1 一括清算条項

一括清算とは，当事者の一方に債務不履行などの事由が発生した場合に，基本契約書に基づいてすべての取引を不履行時の時価に直し，一本の債権・債務にして一括して清算することである。この条項により，取引相手が債務不履行に陥った際の安全性が確保されるほか，当事者同士のリスクをグロスではなくネット・ベースで管理できるため，取引の効率化につながっている。

この一括清算が可能な金融取引は，「金融機関等が行う特定金融取引の一括清算に関する法律」の施行規則に定められており，レポ取引は，「有価証券の貸借取引及びその担保取引」として認められ

ている。

2 リスク・コントロール条項

債券レポ市場の創設にあたっては、当初からアメリカのレポ取引を参考に市場整備が進められたことから、アメリカのマスター・アグリーメントであったPSA[1]（当時）の「Master Repurchase Agreement」に沿った内容となっており、当時の現先取引には盛り込まれていなかったさまざまなリスク・コントロール条項が取り入れられた。以下でそれぞれについて見てみよう。

(1) ヘアカット（基準担保金率）

通常、約定後の受渡金額（基準担保金額）は、当該債券の時価総額となるが、この担保金額を調整することをヘアカットといい、その際に用いる数値を基準担保金率という。この基準担保金率は当事者間の合意により決められ、これにより、当該取引期間中の価格変動リスクや取引相手に対する信用リスクを軽減させることができる（100 − ヘアカット = 基準担保金率〔％〕）。

時価総額が100億円の債券で取引する場合、基準担保金率を95％とすると担保金額は95億円となるが、この場合、債券の借り手が貸し手へ5％のヘアカットをかけるという。また、ヘアカットを行った場合、付利金利はヘアカット後の担保金額にかかるのに対し、貸借料は時価総額にかかることに注意が必要である。

　例：時価総額100億円、基準担保金率95％の場合。

　　基準担保金額 = 100億円 × 0.95 = 95億円

つまり、時価総額の0.95倍が基準担保金額となる。また、付利金利は95億円に対して、貸借料は100億円に対してかかる。

(2) マージン・コール（値洗い）

債券価格は日々変動しているため、当然レポ取引で受け渡されて

---

[1] PSA（Public Securities Association）は、現在のTBMA（The Bond Market Association）である。

図 4-4 マージン・コールの行使（レポ取引）

例：取引期間が1月5日〜1月10日で7日にマージン・コールを行使する場合。

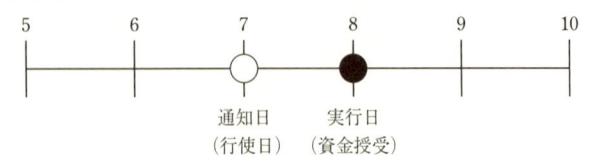

```
5        6        7        8        9        10
|--------|--------|--------|--------|--------|
                  ○        ●
                 通知日    実行日
                （行使日）（資金授受）
```

8日を基準日として値洗計算を行い、7日に通知する。

いる債券の時価総額も同様に変動する。そのためターム物で取引した場合など、スタート時に受け渡された担保金額と、その後の当該債券の時価総額に差額が生じてしまう。このように、日々の価格変動によって生じる当該債券の時価総額と担保金額の差額を算出することを「値洗い」という。また、値洗いにより算出された担保金の過不足額を取引相手に請求する権利を「マージン・コール」と呼び、これを適宜行うことで相手方への与信額を調整することができる。

債券の借り手から見た場合、借り入れた債券の時価が下落すると、債券の貸し手にすでに受け渡してある担保金が債券時価総額より多くなるため、純与信（エクスポージャー）が発生してしまう。これを解消するため、債券の借り手はマージン・コールを行使して、差し出している担保金と債券時価総額の差額を回収することで相手方への与信額を調整することができる。また、逆の場合（債券の時価が上昇した場合）は、受け渡されている担保金が債券時価総額に比べて少なくなることから、反対に債券の貸し手が相手方にマージン・コールをかけることによって、債券時価総額と担保金の差額を受け入れて調整を行うことになる。

マージン・コールの行使においては、契約書上スタート時の担保金額から当該債券の時価総額が2％以上増減した場合（2％型）と、スタート時の担保金額を下回れば（上回れば）可能とする（MC型）、2つの方法が存在しているが、現状はリスク管理の観点から後者の

ほうが主流となっている。

マージン・コール行使の方法は，行使を通知する翌営業日を基準日として値洗い計算を行い，正午までに相手方へ連絡することとなっている。そして算出された債券時価総額と担保金との差額を，翌営業日の15時までに現金で受払いする。

3 利便性向上のための項目——オープン・エンド

オープン・エンドとは文字通り，約定時に取引の期日（エンド）を定めない取引のことである。これにより，債券の貸し手は差し出した債券を，貸し出している最中であってもいつでも市場で売却することができ，債券の借り手も空売りした銘柄を市場で買い戻した段階で取引を終了することができるというメリットがある。しかし，事務的な煩雑さから，実際に行われることはほとんどないのが実情である。個別契約においてオープン・エンド取引を行うことに合意した場合，両当事者どちらかの通知（正午まで）で取引終了となる。その際，取引終了日は通常通知日から3営業日後となる。

4 利金の取扱い

取引期間中に利払日が到来した場合，利金はその時点での債券の保有者である借り手側に払われることになるが，債券の借り手は受け取った利金相当額を本来の所有者である貸し手へ利払日に受け渡す。

3. 決済について

1 通常決済

基本的に相対での日銀ネット国債系DVP決済である。なお，債券市場での決済効率化，フェイル抑制のため2003年10月に日本国債清算機関（JGBCC）が設立（清算業務開始は05年5月）されており，JGBCC参加者間の決済は，当事者の債権，債務を受け継いだJGBCCがその相手方となる。

> **BOX 4-4** 日本国債清算機関（JGBCC）
>
> 2001年1月のRTGS決済導入にともない，フェイルの発生や決済にかかる事務負担を軽減するため，市場参加者の間からは欧米並みの清算機関を設立すべきとの声が高まっていた。これを受けて2003年10月，国債市場の主要参加者である証券会社，銀行，短資会社などの共同出資により，証券取引法（当時，現在の金融商品取引法）に基づく証券取引清算機関として，日本国債清算機関（JGBCC）が設立され，05年5月より清算業務を開始した。当事者間の約定における債権，債務をJGBCCが引き受けることにより，決済相手がJGBCCに集約されるため，ネッティングにより決済の効率化が進み，決済時間の短縮，フェイルの防止等に役立っている。

図4-5 レポ取引の決済（債券が最終的にA社からD社へ移転される場合）

(a) **通常決済**

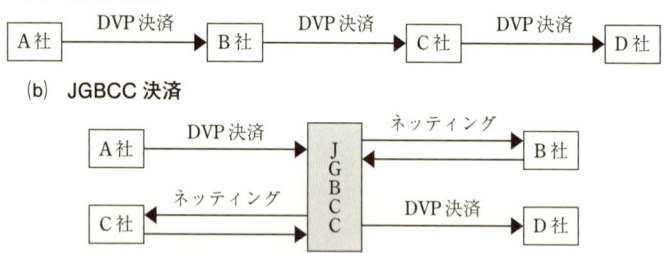

A社 →DVP決済→ B社 →DVP決済→ C社 →DVP決済→ D社

(b) **JGBCC決済**

A社 →DVP決済→ JGBCC ←ネッティング→ B社
C社 ←ネッティング→ JGBCC →DVP決済→ D社

2 フェイル

フェイル（fail to deliver）とは，国債の受け方がその渡し方から予定されていた決済日が経過したにもかかわらず，対象債券を受け渡されていないことである。2001年1月にスタートしたRTGS決済導入により，ループの発生や決済の延滞などで当該債券を受け渡すことのできない事態が予想されたが，契約書上ではこれが債務不履行と見なされかねず，市場の混乱が予想された。そのため日本証券業協会は，2000年12月に「フェイルに関するガイドライン」を

> **BOX 4-5** 決済照合システム (JASDEC 照合システム)
>
> 決済照合システム (JASDEC 照合システム) とは, 機関投資家, 証券会社, 信託銀行などの間の約定, 決済に関する照合を行うもので, 証券保管振替機構 (JASDEC) により運営されている。同システムは日本国債清算機関 (JGBCC) の約定照合に利用されており, この照合が行われた取引のみ, その債権, 債務を JGBCC が引き受けることになっている。

発表してフェイルに関するルールを取り決めるとともに,「フェイルに関する覚書」を発表し, フェイル発生時の権利義務関係を明確化した。また 2001 年 9 月には「『国債の即時グロス決済に関するガイドライン』に基づく決済についての Q&A」の中で, フェイルについて,「RTGS システムの下では, 取引の拡大や決済の円滑, 効率化のために海外市場で確立されているフェイル慣行を容認することが不可欠である」とし, 市場参加者のフェイル容認の必要性を訴えている。

(1) スタート・フェイル

取引スタート時にフェイルとなった場合, 当然資金決済は行われないが, 取引にかかわる金利・貸借料の計算はこの段階から始まる。フェイルが解消することなくエンドを迎えた場合, 両当事者は取引終了の合意を行ったと見なし, エンド時までの金利・貸借料の支払いのみが行われることになる。

またスタート・フェイル発生時から 21 営業日以上経過した場合には, 借り手が貸し手へ書面の通知を行うことによりいつでも取引を終了させることができる。この場合は, 取引終了日までの金利・貸借料が取引終了日に支払われることになる。

(2) エンド・フェイル

エンド時にフェイルとなった場合、金利・貸借料は当初の約定期間で計算し、原則としてフェイル解消日に支払う。

(3) フェイル期間中のマージン・コールについて

スタート・フェイル期間中でも両当事者はマージン・コール請求を通常通り行うことができるが、マージン・コールを通知した翌日の現金受渡日においても、フェイルが解消しなかった場合、このマージン・コール請求は無効となる。よって現金の受渡しはなくなる。

またエンド・フェイルが続いた場合であるが、基本契約書上、マージン・コールの行使はエンド日の2営業前までとされているため、エンド・フェイル中はマージン・コールの請求はできない。

4. 債券レポ取引を行う際に必要となる契約書類

1 債券貸借取引に関する基本契約書

レポ取引を開始するにあたっては、あらかじめ当事者間で「債券貸借取引に関する基本契約書」を取り交わす必要がある。

契約書の中では、各用語の定義や以下の事項が明記されている。

①個別の債券貸借取引契約の締結方法、②貸借料の支払方法、③債券の引渡方法、④取引担保金の受入れ、⑤外国通貨による場合はその支払方法、⑥権利の譲渡・質入れの禁止、⑦貸借取引対象債券の利金等の取扱い、⑧契約不履行が生じた場合の措置。

2 「債券貸借取引に関する基本契約書」付属覚書

付属覚書は個別取引に適用される条件として、両当事者が合意する事項を記載する書面のことで、基本契約書中の内容について実務面で具体的に規定を取り決めている。担保金の算出方法や、金利や貸借料の計算方法、担保調整(値洗い)の方法や基準担保金率、オープン・エンドの取引に関する取決めなどである。

3 「債券貸借取引に関する基本契約書」に係る合意書

約定後は，基本契約書に基づきその都度「個別取引契約書」を取り交わす必要があるが，この合意書を事前に交わすことで，個別取引明細書をもって個別取引契約書の代わりとすることができるようになる。

4 「債券貸借取引に関する基本契約書」に係る個別取引明細書の交付省略に係る合意書

上記の個別取引明細書の交付に代えて，当該個別取引明細書に記載すべき事項について電子情報処理組織などを利用する方法により提供することができ，この場合は個別取引明細書を交付したものと見なし，省略することができる。

5 その他の契約書類

以上の他に，代用有価証券を担保として取引を行った場合の取扱いを定める「『債券貸借取引に関する基本契約書』第5条第2項に係る合意書」，外貨を担保として取引を行った場合の取扱いを定める「『債券貸借取引に関する基本契約書』第16条に係る合意書」，フェイル発生時における取扱いを定める「フェイルに関する覚書」，取引当事者間でのネッティングについて，事前にその方法などについて確認した「国債のネッティングに係る事前確認書」などが必要になる。

5. 債券レポ取引の詳細

ここでは約定から受渡し，取引終了に至るまでのフローついて，具体的に約定事例を示しながら説明していくこととしたい。

1 取引の種類

(1) スペシャル取引（SC 取引，special collateral）

SC 取引とは特定の銘柄の債券を対象にした取引であり，債券ディーラーが空売りした債券を調達する際などに用いる取引である。

金融取引というよりは貸借取引の側面が強いといえる。正確な統計はないものの、市場残高全体の4割程度をこのSC取引が占めていると見られる。債券を借りる際にかかる貸借料がGC取引（後出）に比べ相対的に高くなるため、レポ・レートはGC取引に比べて低くなる。

貸借料と付利金利のレートの構成は、レポ・レート確定後（約定後）、付利金利を定め、貸借料率はそれに合わせて設定されることが多い。付利金利は一般的にGC取引の水準に設定される。

　例：レポ・レート0.05％でSC取引を約定した場合。

　　まず付利金利を定め、そこから貸借料率を導く。付利金利を0.15％と設定したとすると、

　　0.05％（レポ・レート）

　　＝0.15％（付利金利）－0.10％（貸借料率）

(2)　ジェネラル取引（GC取引、general collateral）

GC取引とは、債券の銘柄を指定せずに行う取引であり、実質的に債券を担保とした資金調達（運用）という金融取引の側面が強い。債券ディーラーのファンディング、投資家の短期の資金運用の場として日々活発に取引が行われており、市場残高の6割程度を占めていると見られる。

貸借料と付利金利のレート構成は、レポ・レート確定後（約定後）、貸借料率を定め、付利金利をそれに合わせて設定することが多い。貸借料は通常0.01％に設定する。

　例：レポ・レート0.15％でGC取引を約定した場合。

　　まず貸借料を定め、そこから付利金利を導く。貸借料率を0.01％と設定したとすると、

　　0.15％（レポ・レート）

　　＝0.16％（付利金利）－0.01％（貸借料率）

2 取引事例

それでは,実際のフローをもとに見ていくことにする。

例:以下の条件でGC取引を行った。

  約 定 日 2009年2月25日

  スタート 2009年3月2日

  エ ン ド 2009年3月31日

  日数 29日間

  レポ・レート 0.15 %

  付利金利 0.16 %

  貸 借 料 0.01 %

  銘柄 10年296回債(償還2018年9月20日,クーポン1.5 %,3・9月利払い)

  約定金額 100億円(額面)

  売買参考統計値 1.204 %(2月25日発表)

  基準担保金率 100 %

スタート代金である担保金額は以下から算出する。

担保金額=時価総額×基準担保金率(円未満切捨て)

時価総額=額面金額×時価÷100(円未満切捨て)

時価=債券単価(小数点以下第3位未満切捨て)

  +経過利子(小数点以下第7位未満切捨て)

時価の算出は基本契約書により定められており,日本証券業協会が発表している「売買参考統計値」の平均利回り(単利)[2]を用い,スタート日を基準日とした債券単価,経過利子を導き出す。

債券単価の算出方法は,以下の通りである(なお,10年296

---

[2] 公社債を店頭で売買する際の参考となる利回りで,日本証券業協会が指定報告協会員から報告を受けた気配の上下一定割合を除外して日々算出し,毎営業日公表している。

回債の3月2日時点の残存年数は,9.5534246年,経過利子は,0.6698630円)。

債券単価 = [(100 + クーポン × 残存年数)
　　　　　 ÷ (100 + 売買参考統計値 × 残存年数)] × 100
　　　　 = [(100 + 1.5 × 9.5534246)
　　　　　 ÷ (100 + 1.204 × 9.5534246)] × 100
　　　　 = 102.536 円

以上から,担保金額は以下の通りとなる。

時価 = 102.536 + 0.6698630 = 103.2058630
時価総額 = 10,000,000,000 × 103.2058630 ÷ 100
　　　　 = 10,320,586,300
担保金額 = 10,320,586,300 × 100 %
　　　　 = 10,320,586,300 円

以上がスタート代金である。では,この取引において,エンドまでマージン・コールの行使がなかった場合について見てみよう。エンド時の受払金額は,「当該担保金にかかる付利金利」(担保金利率)と「当該債券にかかる貸借料」(貸借料率)から導き出される。

金利 = 担保金額 × 担保金利率 × 貸借期間 ÷ 365（円未満切捨て）
貸借料 = 時価総額 × 貸借料率 × 貸借期間 ÷ 365（円未満切捨て）

以上から,

金利 = 10,320,586,300 × 0.16 % × 29 ÷ 365 = 1,311,986 円
貸借料 = 10,320,586,300 × 0.01 % × 29 ÷ 365 = 81,999 円

となり,エンド時には,債券の貸し手は担保金にかかる金利131万1986円を借り手に支払い,逆に債券時価総額にかかる貸借料8万1999円を受け取ることとなる。つまり,貸し手は担保金に加えて,131万1986円 − 8万1999円 = 122万9987円を支払う。通常,この金利と貸借料は差引きして支払われる。

よって，エンド時の受払金額は以下の通りとなる。

担保金 + 金利 − 貸借料 = 10,320,586,300 + 1,311,986 − 81,999
$$= 10,321,816,287 \text{ 円}$$

(1) ヘアカット

2％のヘアカットを行い基準担保金率を98％で約定した場合，担保金額は時価総額に98％を乗じた以下の金額となる。

担保金額 = 10,320,586,300 × 98％ = 10,114,174,574 円

金利は担保金額に，貸借料は時価総額に対してかかるため，この取引における金利，貸借料は以下の通りとなる。

金利 = 10,114,174,574 × 0.16％ × 29 ÷ 365 = 1,285,747 円

貸借料 = 10,320,586,300 × 0.01％ × 29 ÷ 365 = 81,999 円

よって，エンド時の受払金額は以下の通りとなる。

担保金 + 金利 − 貸借料 = 10,114,174,574 + 1,285,747 − 81,999
$$= 10,115,378,322 \text{ 円}$$

このように，ヘアカットをかけることによって金利は128万5747円へ減少する一方，貸借料率は変わらない。よって，実質的な利回りには変化が生じることとなる。

(2) マージン・コール

それでは，債券価格の大幅な変動があり，3月10日にマージン・コールが行使された場合を見てみることにする。

「3月10日発表」の売買参考統計値　　10年296回債，
1.30％

これをもとに値洗計算を行い，3月11日を基準日とした担保金額を導き出すと，

債券単価 = 101.695 円

経過利子 = 0.7068493 円

となるため，

時価 = 101.695 + 0.7068493 = 102.4018493

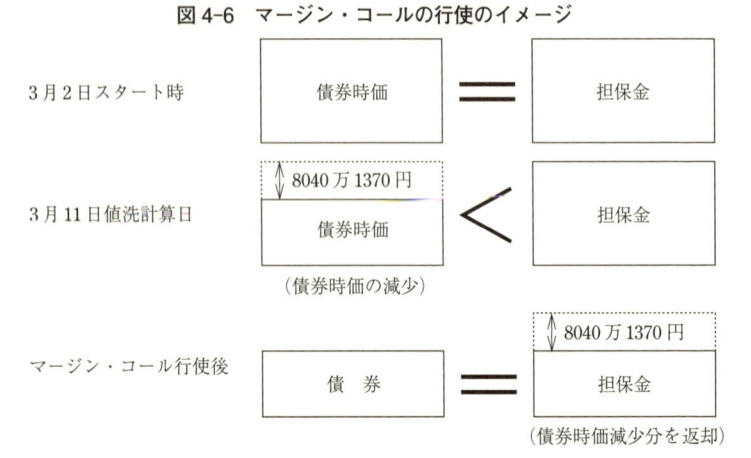

図 4-6　マージン・コールの行使のイメージ

3月2日スタート時：　債券時価　＝　担保金

3月11日値洗計算日：　債券時価（↕ 8040万1370円）　＜　担保金
（債券時価の減少）

マージン・コール行使後：　債　券　＝　担保金（↕ 8040万1370円）
（債券時価減少分を返却）

$$時価総額 = 10{,}000{,}000{,}000 \times 102.4018493 \div 100$$
$$= 10{,}240{,}184{,}930$$
$$担保金額 = 10{,}240{,}184{,}930 \times 100\%$$
$$= 10{,}240{,}184{,}930 \text{ 円}$$

となる。これは，すでに受け渡されている担保金額103億2058万6300円に比べ8040万1370円少なく，債券時価が減少したことを示している。そのため，債券の借り手は10日にマージン・コール行使を通知し，翌11日にこの与信額8040万1370円を受け取りエクスポージャーを解消する。

その後，マージン・コールが行使されず取引のエンドを迎えた場合の資金フローは，以下の通りである。

期間①（3月2日～3月11日）の金利，貸借料（9日間）は，

金利 $= 10{,}320{,}586{,}300 \times 0.16\% \times 9 \div 365 = 407{,}168$ 円

貸借料 $= 10{,}320{,}586{,}300 \times 0.01\% \times 9 \div 365 = 25{,}448$ 円

期間②（3月11日～3月31日）の金利，貸借料（20日間）は，

金利 $= 10{,}240{,}184{,}930 \times 0.16\% \times 20 \div 365 = 897{,}769$ 円

貸借料 $= 10{,}240{,}184{,}930 \times 0.01\% \times 20 \div 365 = 56{,}110$ 円

これらを合算した通期の金利，貸借料は以下の通りとなる。

金利 = 407,168 + 897,769 = 1,304,937 円

貸借料 = 25,448 + 56,110 = 81,558 円

よって，金利，貸借料の差額と，エンド時の担保金とを加えた以下の金額がエンド時に受け渡され，取引が終了する。

担保金 + 金利 − 貸借料 = 10,240,184,930 + 1,304,937 − 81,558
$$= 10,241,408,309 \text{ 円}$$

(3) オープン・エンド

次にこの契約が互いの合意のもとオープン・エンドとなっており，貸し手側から10日に通知があり，13日に取引を終了した場合について見てみよう。

この場合，約定期間が11日間と確定されるため，

金利 = 10,320,586,300 × 0.16 % × 11 ÷ 365 = 497,650 円

貸借料 = 10,320,586,300 × 0.01 % × 11 ÷ 365 = 31,103 円

となり，エンド日である13日には以下の金額が受け渡されて取引が終了する。

担保金 + 金利 − 貸借料 = 10,320,586,300 + 497,650 − 31,103
$$= 10,321,052,847 \text{ 円}$$

(4) 利金の発生時

最後に，取引期間中に利払日が到来した場合の資金の流れについて見てみる。

10年296回債は，取引期間中の3月23日（3月20日が休日のため）に利払いがあるため，額面100億円の利息である7500万円が一時的な所有者である債券の借り手側に支払われるが，この利金相当額は，本来の所有者である貸し手側へ23日に受け渡される。

第3節　債券現先の仕組み

1. 債券現先取引の商品性
1 法的形態
現先取引は、「売買の目的たる債券等と同種、同量の債券等を将来の所定期日に所定の価額で買い戻すこと、または売り戻すことを内容とする特約付きの債券等の売買」ということからわかる通り、民法上の「売買契約」であり、これはアメリカにおけるレポ取引と同じである。

2 取引形態
当事者は約定後、取引スタート時に、債券の売り手は手持ちの債券を買い手へ売却する一方、買い手からその代金を受け取る。エンド時には逆の動きとなる。レポとは異なり、利息は売り手が受け入れた代金にかかる金利（現先レート）のみである。

3 取引対象債券
「債券等の条件付売買取引の取扱いに関する規則」（日本証券業協会）により、以下の債券が取引対象債券として認められている。

　　国債証券、地方債証券、特別の法律により法人の発行する債券、特定社債券、社債券、外国又は外国法人の発行する債券、国内CP、海内CD、海外CP、外国貸付債権信託受益証券。

4 取引参加者
オープン市場である。金融機関に加え、事業法人等も、現先市場創設時から短期資金の運用者として取引を行っている。

2. 債券現先取引の特徴
1 一括清算条項（クロス・デフォルト条項を含む）
2001年4月以前の現先取引は、売りと買いを組み合わせた契約

図4-7 債券現先の取引形態

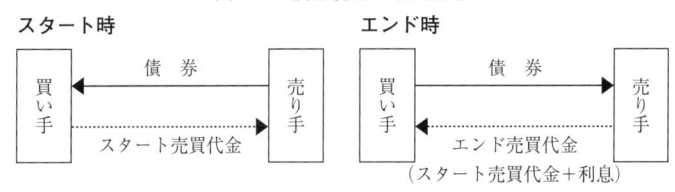

スタート時
買い手 ←債券― 売り手
―スタート売買代金→

エンド時
買い手 ―債券→ 売り手
←エンド売買代金―
（スタート売買代金＋利息）

であり，取引当事者が債務不履行に陥った場合の債権，債務の取決めについては必ずしも明確ではなかった。そのため，レポ取引同様に一括清算条項を盛り込んだほか，一括清算の開始事由においてクロス・デフォルト条項も盛り込んだ。クロス・デフォルトとは，取引相手が，第三者に対する債務など，当該契約以外で債務不履行（デフォルト）に陥った場合，取引相手に通知することによって当該取引についても一括清算を開始できることであり，特定の債権者のみが優位な立場に立つことを防ぐものである。

一括清算できる金融取引は，「金融機関等が行う特定金融取引の一括清算に関する法律」の施行規則に定められており，現先取引は，「有価証券の売買又は売戻条件付売買及びその担保取引」として認められている。

② リスク・コントロール条項

2001年4月以降に開始された現先取引では，クロス・ボーダー取引の実施を念頭に，欧米で一般的に用いられているTBMA（The Bond Market Association）・ISMA（International Securities Market Association）の「GMRA」（Global Master Repurchase Agreement）を参考にして策定されたため，レポ取引とは若干異なるリスク・コントロール条項が盛り込まれた。

(1) ヘアカット（売買金額算出比率）

現先取引におけるヘアカットは，概念自体は基本的にレポ取引におけるそれと同じであるが，スタート代金の算出方法が異なる。レ

ポ取引の場合は「債券時価総額」に「基準担保金率」を掛けてスタート代金（基準担保金額）を算出したが、現先取引においては「債券時価」を「売買金額算出比率」と呼ばれる値に1を足した数値で割ることでスタート売買単価を算出する。

つまり、「スタート売買単価の何倍が債券時価となるかを表すために用いられる数値」が「売買金額算出比率」であるのに対し、レポ取引で用いられる「基準担保金率」とは「債券時価総額の何倍がスタート代金（基準担保金額）になるかを表す数値」であり、それぞれで考え方が異なっている。

　　例：債券時価（利含み）が100円、売買金額算出比率が5％の
　　　　場合。

　　スタート売買単価
　　＝100円÷1.05
　　＝95.2380952円（少数点以下第7位未満切捨て）

　　つまり、スタート売買単価95.2380952円の1.05倍が100円（債券時価）となる。

(2) マージン・コール（値洗い）

　基本的な概念はレポと同じで、当該債券時価と受け渡された売買金額の乖離を調整することであるが、レポとは異なる点がいくつかあげられる。以下にその違いを見てみよう。

① 担保金額と売買金額の違い──レポ取引において値洗いを行う際に用いるのは「債券時価」と「担保金額」であり、担保金はマージン・コールがかけられるまでは不変である。しかし、現先取引に用いられるのは、「債券時価」と、「スタート時点で支払われた売買代金に値洗いを行う日までの約定レートにかかる利息を上乗せした金額」である。つまり値洗日をエンド取引日として見なした場合におけるエンド売買金額と債券時価との差額を求めることになる。

図 4-8 マージン・コールの行使（現先取引）

例：取引期間が 1 月 5 日～1 月 10 日で 7 日にマージン・コールを行使する場合。

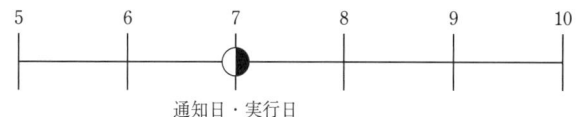

```
  5        6        7        8        9        10
  |────────|────────●────────|────────|────────|
                通知日・実行日
```

レポ取引とは異なり，マージン・コール通知日と実行日（値洗計算日）は同日。

② 個別取引ごとと全取引との違い──レポ取引において値洗いを行う際は，約定当事者と複数の取引がある場合でも取引ごとに値洗いを行うが，現先取引では約定当事者と複数の取引がある場合は，まずそれぞれの取引ごとに値洗いを行い，個別取引与信額を合計して純与信額（エクスポージャー）を算出する。マージン・コールはこの純与信額に対して行使する。

③ 用いられる担保の違い──レポ取引では，担保として差し入れるのは現金のみであったが，現先取引では現金のほか，当事者間で合意された有価証券等を用いることができる。なお，担保として現金を差し入れた場合は利息を付すことができ，有価証券を差し入れた場合には掛目を適用することができる。

④ 担保の取扱いの違い──レポ取引の場合は，マージン・コール時の担保は現金のみであり，その現金はすでに受け渡されている担保金に増減されて新たな担保金額となる。しかし現先取引においてはこれとは異なり，担保が現金で受け渡された場合でも担保はあくまで独立したものとして扱われ，すでに受け渡されている売買代金に加減されることはない。そのため現先取引においては，取引期間中にマージン・コールが発生した場合でも，エンド金額はあくまでスタート時に計算された金額と不変である。

⑤ 値洗実行日の違い──レポ取引において値洗計算は，マージン・コール行使を通知する翌営業日を基準日として行うが，現

先取引における値洗計算は，行使の通知日を基準日として行う。また行使通知は，「付属覚書」によって定められた時間（通常10時）までに相手方へ通知し，実行は現金で支払われる場合には15時までに，有価証券で受け渡される場合にはカットオフ・タイム[3]までと，行使から実行までの間が短縮されており，価格変動に対するリスクをより軽減できる仕組みとなっている。

(3) リプライシング（再評価取引）

リプライシングとは，マージン・コールをさらに発展させた与信管理形態であり，発生している与信リスクをいったん解消する手段である。これは当初の取引期間中に当該取引をいったん終了させ，終了させた時点での時価に基づいて当初の取引と同じ条件（エンド日，銘柄，額面金額，現先レート）で，再び取引をスタートさせる仕組みである。

先述したマージン・コールでは，純与信額の管理は取引相手ごとにしか行えず個別取引ごとの管理は不可能であったが，リプライシングを行えば個別の取引ごとの与信管理が可能となる。ただし事務的な負担も多く，リプライシングを行うには双方の合意が必要となっている。

3 利便性向上策

(1) サブスティテューション

現先取引では，レポ取引とは異なり，ターム物の取引をうながす施策として主に債券の売り方にとって利用しやすい仕組みが取り入れられている。これは，サブスティテューションと呼ばれ，債券の売り手が，取引期間中に受け渡している債券を差し替えることを可能とするものである。これにより，債券の売り手側にとってターム

---

[3] フェイル等の認識を行うために市場参加者間で策定した国債決済の締切時間。日銀ネット国債系稼動終了時刻の1時間前の時刻と定められており，通常時は15時30分，月末延長時は16時30分となる。

物の取引を行いやすくなるというメリットがある。ただし、買い手側にとっては事務負担も多い上、当該債券を売却している場合なども考えられるため、基本契約書ではこの請求を拒否することができると定められている（売り手は正午までに通知し、買い手は通知された日の営業終了時までに意思表示を行う）。

また、買い手側の合意後にサブスティテューションを行う場合、3営業日以内（通知日を含む、$T+2$ 以内）の合意した日に当該債券の差替えを行うが、その際は原則として1銘柄に対し1銘柄（1対1）の差替えとなること、また差替対象債券の時価総額に比べ、同等かそれ以上の時価総額となるよう差し入れる必要がある。

なお、サブスティテューションは当初約定における担保の変更と考えるため、エンド売買金額は当初の約定通りとなる。

(2) オープン・エンド

現先取引におけるオープン・エンド取引は、レポにおけるそれと同じ概念である。オープン・エンド取引を行う際には、エンド日を設けず取引をスタートさせ、取引当事者の一方が、通常 $T+3$ をエンド日とする旨を相手方へ通知（取引終了日の3営業日前の正午まで）し、同意されれば取引終了となる。なお、オープン・エンド取引を行う場合は、事前に「『債券等の現先取引に関する基本契約書』に係る合意書」（後出）を当事者間で締結しておく必要がある。これは、基本契約ではエンド日やエンド売買単価、金額を取引明細書に記載する必要があるとするので、これをこの「合意書」によって回避させるためである。

4 利金の取扱い

現先取引では、取引期間中に到来した利金の取扱いについて以下の2通りがある。

(1) 利含み現先の場合

利含み現先とは、グローバル・スタンダードな取引形態で、売買

単価を算出する際，債券の裸値と経過利子を合算してスタート利含み売買単価とし，エンド売買単価はスタート利含み売買単価に約定レートと期間（日数）を掛け合わせて算出される（エンド利含み売買単価）。

この利含み現先において取引期間中に利払日が到来した場合，利金は一時的に所有権を有する買い手に支払われるが，買い手はこの当該利金相当額を本来の所有者である売り方に，利払日に受け渡す。つまり資金フローはレポ取引と同じである。

また，利含み現先を行う場合，事前に「『債券等の現先取引に関する基本契約書』に係る合意書」を交わす必要がある。

(2) 利含み現先ではない場合

これは，旧現先の慣行を残したもので，上述した利含み現先とは異なり，スタート時，エンド時には，債券の売買単価（裸値）と経過利子を別々に算出する。エンド時の経過利子は当該債券のクーポンによって決まっているため，エンド売買金額はエンド売買単価（裸値）を調整して期間利回りを実現させる。

この取引において取引期間中に利払日が到来した場合，利含み現先とは異なり，買い手に支払われた利金はそのまま買い手が保有し，エンド時にエンド売買単価（裸値）を調整（利金分をマイナス）した金額を受け取ることとなる。「『債券等の現先取引に関する基本契約書』に係る合意書」を交わす必要はない。

3. 決済について

1 通常決済

レポと同様，基本的には日銀ネット国債系 DVP 決済であるが，事業法人など，非日銀ネット保有先との決済は，一般的に資金決済は市中銀行振込み，債券決済は口座管理機関である取引金融機関に開設した振替口座管理簿への記録・記帳により移転登録の設定が行

われる。

② フェイル

現先取引においてフェイルが発生した場合，契約書上は債務不履行として扱われることになるが，基本契約書第4条3項には「フェイルに関する市場慣行が存在する場合は，それに従うものとする」と記されているため，原則としてレポ取引同様の対応となる。

(1) スタート・フェイル

現先取引においては，取引スタート時にフェイルとなった場合，もしくはスタート・フェイルが継続している場合，買い手は売り手に対して書面による通知を行うことにより，その取引を終了させることができる。この場合，エンド日が直ちに到来したものと見なし，この取引におけるスタート売買金額とエンド売買金額の差額が売り手から買い手へ支払われる。ただし，通常は上述したようにレポ取引と同様，取引を終了させずにフェイル解消を待つこととなる。また，スタート・フェイルが継続したままエンドを迎えた場合も，買い手が売り手に対して書面で通知することにより取引を終了することができ，スタート受渡金額とエンド受渡金額の差額が買い手へ支払われる。

(2) エンド・フェイル

エンド時にフェイルとなった場合，スタート・フェイルとは逆に，売り手が買い手に対して書面による通知を行うことで取引を終了させることができる。この場合，取引終了にともなう精算金額がフェイルされた側によって算出され，当事者間でその差額のみが支払われ取引が終了する。ただし，スタート・フェイル同様，通常はフェイル解消を待つこととなり，フェイル解消日に当初の約定期間で計算されたエンド売買金額を原則としてフェイル解消日に支払う。

(3) フェイル期間中のマージン・コールについて

スタート・フェイル時に取引を終了させなかった場合，買い手は

フェイル解消を待つ間，当該取引における債券時価の変動に対しマージン・コールを行使することが可能である。反対にエンド・フェイル時に取引を終了させずフェイル解消を待つ場合，売り手が債券時価の変動に対しマージン・コールを行使することが可能である。

このように，レポ取引とは異なりフェイル期間中でもマージン・コールは通常通り行使することができるものの，行使できるのは常にフェイルされた側のみとなっている。

4. 債券現先取引を行う際に必要となる契約書類
1 債券等の現先取引に関する基本契約書

現先取引を開始するときは，あらかじめ顧客との間において「債券等の現先取引に関する基本契約書」を取り交わす必要がある。

基本契約書の中では各用語の定義や以下の事項が記載されている。

①個別取引明細書の交付，②権利移転の時期，③繰上償還があった場合の措置，④ヘアカット比率，⑤リプライシング，⑥サブスティテューション，⑦マージン・コール，⑧外国通貨による支払方法，⑨権利の譲渡・質入れの禁止，⑩債務不履行が生じた場合の一括清算に関する取扱い，等。

なお，④〜⑧の5項目（リスク・コントロール条項等）については，取扱いを予定していない場合，記載を要しない。

2 「債券等の現先取引に関する基本契約書」に係る合意書

利含み現先取引（オープン・エンド取引を含む）を行うにあたっては，当事者間で合意書を取り交わす必要がある。

合意書に盛り込まれている事項は以下の通り。

① 定義——エンド売買金額，エンド利含み売買単価，時価総額，スタート売買金額，スタート利含み売買単価，売買金額，売買金額算出比率，利含み時価，利含み売買単価について。

② 取引の開始，確認，取引の終了。

③　オープン・エンド取引の合意。

④　証券からの収益（利金の取扱い）——取引期間中に取引対象債券等から利子等が発生する場合には，当該利子に相当する金額が買い手から売り手に引き渡される旨が明記されている。

③　「債券等の現先取引に関する基本契約書」付属覚書

付属覚書で確認すべき事項は以下の通りである。

①端数処理，②時価の算定方法，③担保掛目，④ヘアカット率，⑤マージン・コール。

またこの付属覚書において，①の基本契約書にあるリスク・コントロール条項の④〜⑦を適用しないとの文言を入れることで，従来から行われていた形式での取引を行うことが可能となっている。これは，新現先取引導入にあたり投資家サイドの混乱や負担を極力抑えるためのものであり，国庫短期証券やCPにおける取引において結ばれることが多い。

④　「債券等の現先取引に関する基本契約書」に係る個別取引明細書の交付省略に係る合意書

個別現先取引の約定が成立したときは，基本契約書に基づき，その都度顧客に対して個別取引明細書を交付するものと定められているが，一定要件下での個別取引明細書の交付を省略できるとするものである。

5.　債券現先取引の詳細

レポ取引の例で示したのと同じ条件で，現先取引（利含み）を行った場合のフローについてみてみよう。

例：以下の条件で現先取引を行った。

　　約定日　　2009年2月25日
　　スタート　2009年3月2日
　　エンド　　2009年3月31日

日数　　29日間

現先レート　　0.15％

銘柄　　10年296回債（償還2018年9月20日，クーポン1.5％，3・9月利払い）

約定金額　　100億円（額面）

売買参考統計値　　1.204％（2月25日発表）

売買金額算出比率　　0％

スタート売買金額（利含み現先）は，以下によって算出する。

スタート売買金額＝取引数量×スタート利含み売買単価

スタート利含み売買単価
＝約定時点のスタート時における利含み時価
÷（1＋売買金額算出比率）

　時価の算出方法は，レポ取引とは異なり基本契約書で明確に定められているわけではないが，市場慣行として，レポ取引同様に日本証券業協会が公表している「売買参考統計値」の平均利回り（単利）を用い，スタート日を基準日として債券単価を導き出すのが一般的となっている。また，端数処理も同様である。よって，以下の通りとなる。

スタート利含み売買単価＝103.2058630÷（1＋0％）
　　　　　　　　　　＝103.2058630

スタート売買金額＝10,000,000,000×103.2058630÷100
　　　　　　　　＝10,320,586,300円

　このように，スタート時の受渡金額はレポ取引と同額となることがわかる。

　そしてこの取引において，エンド日までリスク・コントロール条項（リプライシング）が適用されなかった場合のエンド売買金額は，以下の通りとなる。

エンド売買金額＝取引数量×エンド利含み売買単価

エンド利含み売買単価
＝スタート利含み売買単価
　＋現先レート×スタート利含み売買単価×約定期間÷365
　　　　　（小数点以下第8位切上げ。第8位がゼロのとき
　　　　　は切り上げない「0捨1入」のケースもある）

以上から，エンド時の受渡額は以下の通りとなる。

エンド利含み売買単価＝103.2058630
　　　　　　　　　　＋0.15％×103.2058630×29÷365
　　　　　　　　　　＝103.2181629

エンド売買金額＝10,000,000,000×103.2181629÷100
　　　　　　　＝10,321,816,290円

　よって，スタート売買金額との差額である金利相当額は122万9990円となり，レポ取引の122万9987円（金利－貸借料）とは若干異なることがわかる。

(1) ヘアカット

　レポ同様，2％のヘアカットを行った場合，スタート金額は，
スタート利含み売買単価＝103.2058630÷(1＋2％)
　　　　　　　　　　　＝101.1822186

スタート売買金額＝10,000,000,000×101.1822186÷100
　　　　　　　　＝10,118,221,860円

となる。このように，同じ2％のヘアカットを行った場合でも，レポ取引と現先取引では，スタート金額が異なることがわかる。

　なお，エンド時の受渡金額は以下の通り。

エンド利含み売買単価＝101.1822186
　　　　　　　　　　＋0.15％×101.1822186×29÷365
　　　　　　　　　　＝101.1942774

エンド売買金額＝10,000,000,000×101.1942774÷100
　　　　　　　＝10,119,427,740円

(2) マージン・コール

現先取引におけるマージン・コールはレポ取引と異なり、当該取引先との全取引を合計した純与信額を調整するが、ここでは存在するのがこの取引のみとする。

またレポ取引では、値洗計算（時価と担保金額の差額の計算）をマージン・コール行使の翌営業日を基準日として行っていたが、現先取引では行使日を基準日として行う。

「3月10日発表」の売買参考統計値　10年296回債、
　　　　　　　　　　　　　　　　　　1.30％

これをもとに値洗いし、3月10日時点の時価総額を導き出すと、

債券単価 = 101.696 円

経過利子 = 0.7027397 円

となるため、

利含み売買単価 = 102.3987397

時価総額 = 10,000,000,000 × 102.3987397 ÷ 100

　　　　 = 10,239,873,970 円

となる。これに対し、3月10日を現先取引のエンド日（8日間）と見なして算出したエンド売買金額は、

エンド利含み売買単価 = 103.2058630
　　　　　　　　　　　　 + 0.15％ × 103.2058630 × 8 ÷ 365

　　　　　　　　　　 = 103.2092561

エンド売買金額 = 10,000,000,000 × 103.2092561 ÷ 100

　　　　　　　 = 10,320,925,610 円

となる。これは10日時点の時価総額に比べ8105万1640円多く、債券時価が減少していることがわかる。そのため債券の買い手は売り手に対し、8105万1640円の純与信額を有する形となり、行使日である10日に相手方へ通知し、債券の売り手は指定の

図4-9 純与信額の調整

買い手 ←―― 担 保 ――→ 売り手

債券価格下落時は、　　債券価格上昇時は、
売り手から買い手へ　　買い手から売り手へ

マージン・コールの行使によって担保のみ増減、移動が
発生し、現先取引におけるエンド売買代金に変化はない。

時間までに担保として8105万1640円以上の現金、または時価総額がこれを上回る有価証券を差し出し、純与信を解消させる。

通常はこのような値洗計算を日々行いマージン・コールを行使し、取引相手へ差し出した担保を増減させることで純与信額を調整する。そのため、エンド時は当初の約定通りのエンド売買金額で反対売買を行う一方、マージン・コールによって受け取った（受け渡した）現金、もしくは有価証券を返済（回収）し、取引は終了する。

(3) リプライシング（再評価取引）

次にマージン・コールではなく、3月10日にリプライシングが行われた場合について見てみよう。リプライシングとは、当該取引をいったん終了させ、新たにその時点の時価で、当初の条件（現先レート、エンド日、売買金額算出比率等）通りに約定し直すことであり、当該取引における与信を解消させることができる。この取引例においては、当初の約定（3月2日～3月31日）がリプライシングによって約定①（3月2日～3月10日）、約定②（3月10日～3月31日）の2つに分かれ、3月10日時点の利含み時価で新たな約定②を行うことになる。この際、10日にエンド金額とスタート金額の差額が受け渡されて与信は解消される（リプライシングは当事者の合意があって成立するため、互いに合意した場合のみ）。

当初の約定を3月10日エンド（8日間）に変更した場合、エ

ンド売買金額はマージン・コールの例で見た通り,

エンド利含み売買単価 = 103.2058630
$$+ 0.15\% \times 103.2058630 \times 8 \div 365$$
$$= 103.2092561$$

エンド売買金額 = $10,000,000,000 \times 103.2092561 \div 100$
$$= 10,320,925,610 \text{ 円}$$

となる。次に 3 月 10 日時点の利含み時価(売買参考統計値:10 年 296 回債, 1.30 %)は, 同じくマージン・コールの例で見た通り, 102.3987397 円となる。

したがって, 新たな約定②(3 月 10 日〜3 月 31 日, 21 日間)では, この利含み単価がスタート利含み売買単価となり, スタート売買金額とエンド売買金額はそれぞれ以下の通りとなる。

スタート売買金額 = $10,000,000,000 \times 102.3987397 \div 100$
$$= 10,239,873,970 \text{ 円}$$

エンド利含み売買単価 = 102.3987397
$$+ 0.15\% \times 102.3987397 \times 21 \div 365$$
$$= 102.4075769$$

エンド売買金額 = $10,000,000,000 \times 102.4075769 \div 100$
$$= 10,240,757,690 \text{ 円}$$

この際, 約定②の新たなスタート金額は, 約定①のエンド金額を下回っているため, 10 日にその差額である 8105 万 1640 円が債券の買い手へ受け渡され与信は解消, 新たな取引がスタートする(当初約定とエンド売買金額は異なることになる)。

(4) サブスティテューション

買い手が承諾してサブスティテューションが行われる場合, 売り手はすでに受け渡されている債券の時価総額を上回る新たな債券を差し出す必要があり, 実施に際してはいくつかのルールがある。

具体的には，すでに受け渡されている債券の通知日時点の時価総額を算出し，同様に通知日時点の時価総額がこれを上回る額面の債券（原則として1銘柄）を実行日に差し替える。また，サブスティテューションによって形式的に差替前と差替後で取引を分ける必要があるが，サブスティテューションはあくまで債券の差替え（担保の交換）と見なされることから，資金フローは当初の約定のまま変わらない。

そのため，差替前銘柄の取引におけるエンド金額と，差替後銘柄の取引におけるスタート金額，また当初の約定におけるエンド金額と差替後銘柄の取引におけるエンド金額は同額となる。

では，3月13日に通知し，17日に銘柄の差替え（10年296回債を10年280回債へ）を行う場合を見てみよう。

まずはじめに，通知日時点の時価総額から差替銘柄の額面金額を算出する。

「3月13日発表」の売買参考統計値　　10年296回債，
1.234 %

これをもとに3月13日時点の時価総額を導き出すと，
利含み単価 = 102.9810684
時価総額 = 10,000,000,000 × 102.9810684 ÷ 100
　　　　 = 10,298,106,840 円

次に，3月13日時点の10年280回債の利含み単価を算出する。

「3月13日発表」の売買参考統計値　　10年280回債，
0.777 %

これをもとに3月13日時点の利含み単価を導き出すと，
利含み単価 = 108.1600547

この単価から，10年296回債の時価総額（102億9810万6840円）を上回るには，逆算して額面96億円が必要となるこ

とがわかる。

$$10{,}298{,}106{,}840 \div 108.1600547 \times 100 = 9{,}521{,}173{,}846\cdots\cdots$$

$$\text{時価総額（10年280回債）} = 9{,}600{,}000{,}000 \times 108.1600547 \div 100$$
$$= 10{,}383{,}365{,}251 \text{ 円}$$

時価総額を比較すると，以下の通りである。

$$10{,}383{,}365{,}251 \text{ 円} \quad > \quad 10{,}298{,}106{,}840 \text{ 円}$$

（10年280回債，96億円）　（10年296回債，100億円）

次に，差替日となる3月17日（15日間）をエンド日とした，当初の約定（10年296回債）におけるエンド売買金額を算出する。

$$\text{エンド利含み売買単価} = 103.2058630$$
$$+ 0.15\% \times 103.2058630 \times 15 \div 365$$
$$= 103.2122251$$

$$\text{エンド売買金額} = 10{,}000{,}000{,}000 \times 103.2122251 \div 100$$
$$= 10{,}321{,}222{,}510 \text{ 円}$$

これが，差替前の銘柄における取引①（3月2日〜3月17日）のエンド金額となるが，新たな取引②（3月17日〜3月31日）のスタート売買金額もこれと同額となる。よって取引②のスタート利含み売買単価は，新たに差し入れる10年280回債の額面金額（96億円）から算出する（ただし，このスタート利含み売買単価は逆算して算出しているため，表示単価と額面金額から算出する金額と，スタート売買金額が必ずしも一致しないことがある）。

スタート利含み売買単価（取引②）
$$= 10{,}321{,}222{,}510 \div 9{,}600{,}000{,}000 \times 100$$
$$= 107.5127344 \text{（少数点第7位未満切捨て）}$$

次に取引②のエンド利含み売買単価であるが，先に説明したように取引②におけるエンド売買金額は，当初の約定におけるエンド売買金額と変わらない。そのためこのエンド売買金額と，

10年280回債の額面金額から，エンド利含み売買単価を算出する。

当初の取引（3月2日～3月31日）のエンド売買金額は，10,321,816,290円である。よって，取引②のエンド利含み売買単価は，以下の通りとなる（スタート利含み売買単価同様，エンド利含み売買単価も逆算して算出するため，表示単価と額面金額から算出する金額とエンド売買金額が必ずしも一致しないことがある）。

エンド利含み売買単価（取引②）
= 10,321,816,290 ÷ 9,600,000,000 × 100
= 107.5189197（少数点第8位切上げ）

よって，サブスティテューションを行った場合の取引明細書上のそれぞれの項目をまとめると，以下の通りとなる。

取引①（10年296回債，100億円：3月2日～3月17日）は，
スタート売買金額 = 10,320,586,300円
　（スタート利含み売買単価 103.2058630）
エンド売買金額 = 10,321,222,510円
　（エンド利含み売買単価 103.2122251）

取引②（10年280回債，96億円：3月17日～3月31日）は，
スタート売買金額 = 10,321,222,510円
　（スタート利含み売買単価 107.5127344）
エンド売買金額 = 10,321,816,290円
　（エンド利含み売買単価 107.5189197）

このように，サブスティテューションを行った場合でもキャッシュフローは，当初の約定と同じであることがわかる。

当初の約定（10年296回債：3月2日～3月31日）は，
スタート売買金額 = 10,320,586,300円
エンド売買金額 = 10,321,816,290円

(5) オープン・エンド

オープン・エンドは、当事者間で合意した日をエンド日として取引を終了させることであり、考え方はレポ取引と同じである。オープン・エンド取引を行う際には、エンド日を決めずに現先取引をスタートさせ、通常取引終了を希望する3営業日前までに相手方へ通知し、互いに合意すれば取引終了となる。

それでは、この取引が互いの合意のもと、オープン・エンドでの約定となっており、売り手側が10日に相手方へ通知し、13日に取引終了の合意をした場合についてみてみよう。なお、オープン・エンド取引を行うにあたっては、事前に「『債券等の現先取引に関する基本契約書』に係る合意書」を取り交わす必要がある。

取引期間が11日間と確定されるため、エンド売買金額は以下の通りとなる。

エンド利含み売買単価
= 103.2058630 + 0.15 % × 103.2058630 × 11 ÷ 365
= 103.2105285
エンド売買金額 = 10,000,000,000 × 103.2105285 ÷ 100
= 10,321,052,850 円

(6) 利金の発生時（利含み現先の場合）

取引期間中に利払日がある場合、レポ取引と同じように利払日に受け渡される。この取引の場合、10年296回債は、取引期間中の3月23日（3月20日が休日のため）に利払いが行われるため、額面100億円の利息である7500万円が一時的な債券の保有者である現先取引の買い手に支払われるが、この利金相当額は本来の所有者である債券の売り手へ受け渡される。

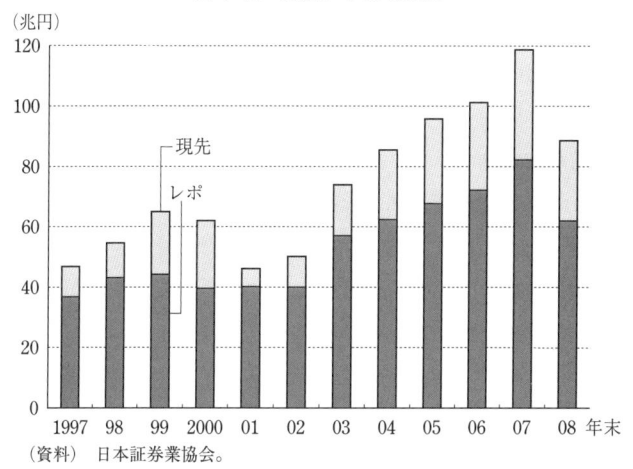

図4-10 広義レポ市場残高

(資料) 日本証券業協会。

第4節　債券レポ・債券現先市場動向

1. 市場規模

　1996年4月にスタートした債券レポ市場は，証券会社を中心とした資金調達の場として，それまでの債券現先市場に取って代わる一方，投資家サイドからも実質国債担保の安全な資金運用手段として認知され，急速にその残高を伸ばしていった。ここ数年は60～80兆円台（債券貸付ベース）で推移している。また期間別では，取引高の7～8割程度がオーバーナイト物となっている。

　一方で，2001年4月に再整備され新たにスタートした債券現先市場（新現先）は，誕生時にすでに債券レポ市場が短期金融市場での地位を確立していたことや，システム面での普及の遅れ，またレポ取引とは異なり金融取引の側面が強くスペシャル取引に相当する取引が少ないため，市場残高は30～40兆円台と，当初期待されたレポ市場からのシフトは限定的となっているのが現状である。

ただし,レポ・現先全体(広義のレポ市場)で見た場合,その残高は100兆円前後で推移しており,他の短期金融商品と比較して短期金融市場の中核となっていることがわかるであろう。

2. 市場参加者

レポ市場は残高が高水準で推移しているとはいえ,取引参加者は証券会社や都市銀行,信託銀行などが中心で,コール市場などと異なり業態,参加者数ともに裾野の広がりに欠けているのが現状である。とくに資金運用サイドの厚みに欠けていることから,資金不足日などにはレポ・レートが急上昇することが多く,また国債を担保とした信用力の高い取引にもかかわらず,同じオーバーナイト物レートで比べると無担保コール・レートを上回ることが多いなど,資金の出し手の拡大が市場創設来の課題となっている。

1 都市銀行

ジェネラル取引での主要な資金運用者。足元の余資運用を積極的に行っている。また,低利での資金調達としてスペシャル取引も活発に行っている。一方,商品勘定でも債券ディーラー同様,売買にともないスペシャル,ジェネラル両面で取引を行っている。

2 信託銀行

都市銀行と並びレポ市場の大口資金運用者。有価証券信託(レポ信託)などを中心にスペシャル取引での低利での資金調達と,ジェネラル取引での資金運用を組み合わせたスプレッド取引を積極的に行っている。

3 地方銀行

主にスペシャル取引で低利の資金調達を行うことが多いが,レポ取引自体を行っていない地方銀行も多く,コール市場などとは異なりレポ市場におけるシェアは小さい。資金運用サイドとして潜在的なニーズは高いと見られ,今後レポ市場への参入が増えることによ

ってスペシャル，ジェネラル両市場の厚みが増すことが期待されている。

④ 外 国 銀 行

ジェネラル取引を中心に裁定取引を行っている。ドル需要が高まり円転レートが低下したときなど，低利で調達した円を，オーバーナイト〜1週間程度の期間で運用することが多い。

⑤ 系統系金融機関

下部金融機関から集まった系統預金を，ジェネラル取引で一部運用している。また保有国債を使ったスペシャル取引も行っている。

⑥ 投 資 信 託

レポ市場，現先市場における大口の資金運用者。MRFやMMFなどの資金運用のため，以前から現先と併せ，取引を積極的に行っている。レポ市場創設時にはほとんど参入していなかったものの，市場の拡大とともに近年では多くの投資信託がレポ市場に参加するようになっている。

⑦ 生　　保

スペシャル取引における主要な債券の出し手。保有する債券の有効活用や一時的な資金調達として行っている。量的緩和政策解除後にはジェネラル取引での資金運用も目立ってきている。

⑧ 事 業 法 人

主に現先市場で短期の余資運用を行っている。システム面や事務手続きの煩雑さから，以前から行っていた国庫短期証券を使った現先（リスク・コントロール条項を適用しない形態）での取引が中心となっている。

⑨ 証 券 会 社

レポ市場のメインプレーヤー。店頭取引にともなう売却債券のショートカバーや，手持ちの在庫となった債券の資金調達手段としてスペシャル，ジェネラル両面での取引を活発に行っている。また，

> **BOX 4-6** アメリカ,リーマン・ブラザーズ破綻時のレポ市場

  2008年9月15日,アメリカの大手投資銀行であるリーマン・ブラザーズが連邦破産法第11条適用を申請,日本法人も同時に民事再生法適用を申請した。リーマン・ブラザーズは日本国内で債券売買を活発に行っており,債券レポの取扱いも多かったが,金融庁により業務停止命令,東京地裁により資産保全命令が出された16日以降は,それまでに約定済みや,受渡済みとなっていた取引に関しても,その後の決済を履行することができなくなった。そのためレポ市場では債券の受渡しが滞り,フェイルが多発するなど混乱を極めた。具体的に見てみると,9月のフェイル件数は,2008年1〜8月の月平均249件から1608件へ,金額ベースでも8114億円から5兆6619億円へと急増した(日本銀行ホームページ「国債決済関連係数」より)。

  リーマン・ブラザーズと相対で決済を行っていた金融機関は,フェイル解消,一括清算処理などで事務負担が急増したと見られ,これらの金融機関がレポ市場での取引を縮小させたことがその後のレポ市場の流動性低下につながったと考えられる。一方でJGBCC参加者のリーマン・ブラザーズとの決済は,JGBCC引受けの取引に関してはリーマン・ブラザーズが直接の相手とならなかったことから,フェイルに巻き込まれることこそあったものの一括清算処理を行う必要がなく,事務負担も比較的軽微だったと見られる。

  この一連のできごとにより,債券決済における清算機関の重要性が改めて認識されたといえ,今後は投資家など幅広い参加者のJGBCC参加を通し,国債市場の効率的な決済環境が確立されていくことが期待される。

債券先物と現物債券(チーペスト銘柄)との裁定取引によって引き起こされるレポ市場での需給に着目し,このチーペスト銘柄のレポ・ディーリングを行うことも多い。

10 短資会社

レポ市場における仲介業者。当事者の間に入り,直接の取引相手

として仲介を行うワンタッチ・スルーブラインドと呼ばれる形で取引を行っている。また日銀による現先オペのオファー先に選定されており，非選定先の金融機関は短資会社を通してオペレーションに参加することが可能である。現先市場においても，自己勘定で取引の仲介を行うほか，自らも国庫短期証券のディーリングを行っているため，証券会社や他の金融機関と同様に売現先で資金調達を行ったりもする。

ⅲ 仲介証券会社

日本相互証券がワンタッチ・スルーブラインドの形式で取引の仲介を行っており，レポ市場で唯一電子ブローキングを行っている。

3. 取引の流れ

では，具体的にレポ，現先市場の1日の取引の流れを見てみることにしよう。

1日の取引は，受渡日（スタート），取引期間（オーバーナイト，ターム）などによって，大きく3つの時間帯に分けられる。

まず，朝早い時間帯午前7時過ぎ～8時30分位までは，スポット・スタート（$T+2$，2営業日後）のジェネラル取引のオーバーナイト物（スポネ）が取引の中心となる。資金調達を行うのは主に証券会社などの債券ディーラー，資金運用を行うのは主に都市銀行や信託銀行，投資信託などである。

この取引が終了すると，その後午後2時過ぎ頃まで，レギュラー・スタート（$T+3$，3営業日後）のスペシャル，ジェネラル取引が，ターム物を中心に行われていく。日銀による国債買現先オペや共通担保オペなど，各種オペレーションがオファーされるのもこの時間帯で，ジェネラル取引におけるターム物のレート動向や債券市場の売買動向などを勘案しながら，各参加者がスペシャル取引のオファー，ビッドを入れ，取引が続いていく。やや長期的な観点から取引

を行っていく時間帯となる。

そして午後2時過ぎになり，債券ディーラーや投資家の $T+3$ 時点の大まかな資金繰り，債券の在庫状況が判明していくと，これらのポジションを一時的に調整するため，$T+3$ スタートのオーバーナイト物のスペシャル，ジェネラル取引が活発になっていく。この取引は夕方まで断続的に行われ，最終的な調整を翌日の早朝に行うことになる（上記に戻る，そのため，早朝は $T+2$ の取引が中心となる）。

大まかにはこのような流れとなるが，突発的に債券の在庫不足（ショート）が判明した場合や，資金調達が必要となった場合などは，$T+0$ や $T+1$ 時点でもその都度オファーやビッドを探していくことはいうまでもない。

なお，現先取引は資金取引が取引の大部分を占めるため，レポGC取引とほぼ同じ流れとなるが，現先取引の買い手（資金運用サイド）は投資信託や事業法人など，$T+1$〜$T+2$ 時点で余資が固まってくる参加者が多いため，トムネやスポネの取引の比重がやや高いといえる。

BOX 4-7 株券レポ取引

株券レポ取引は，「現金担保付株券貸借取引」とも呼ばれ，現金を担保として株券を貸し借りする取引のことである。

これは，現金に主眼を置けば，株券を担保として資金を貸し借りする取引と考えられる。このように「株券貸借取引」と「資金貸借取引」の両面性を持っていることが株券レポ取引の大きな特徴である。

日本における株券レポ取引は，1997年6月に公表された証券取引審議会の報告書において，既存の枠組みに収まらない貸株・借株の導入が提言され，98年11月，日本証券業協会の「株券の貸借取引の取扱いについて」（理事会決議）を経て，正式にスタートした。

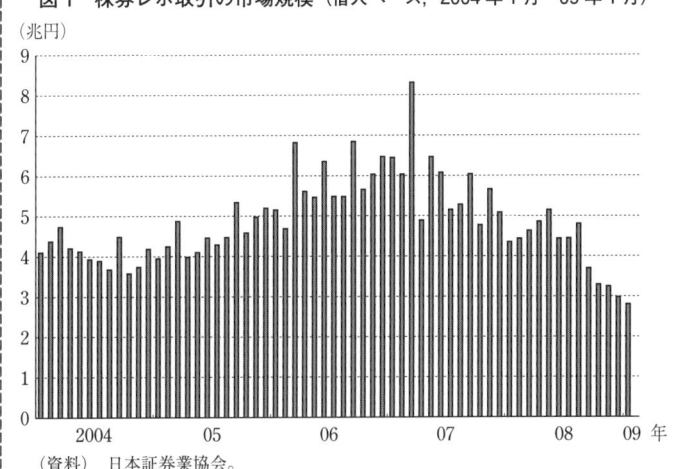

図1 株券レポ取引の市場規模（借入ベース，2004年1月〜09年1月）

(兆円)

(資料) 日本証券業協会。

1. 市場の規模と参加者

市場規模は年々増加傾向にあったが，2007年半ばから減少に転じ，08年9月のリーマン・ショック以降急速に縮小している。2009年1月末の残高は3兆円を下回り，過去数年間で最低の水準となっている。

主な市場参加者として証券会社，信託銀行，証券金融会社，銀行，事業法人等が取引を行っており，その顔ぶれは幅広いものがある。

2. 法的位置付けと契約書

株券レポ取引は，民法上の諾成的消費貸借契約にあたる。貸し手が借り手に株券を貸し出し，合意期間経過後，対象株券と同種・同量の株券を返済する取引である。

貸し手と借り手は事前に「株券等貸借取引に関する基本契約書」と「『株券等貸借取引に関する基本契約書』付属覚書」を締結し，取引の都度「株券等貸借取引に関する基本契約書に係る個別取引明細書」を交付する。

3. 取引の概要と流れ

株券レポ取引には，債券レポ取引と同様，SC取引とGC取引が

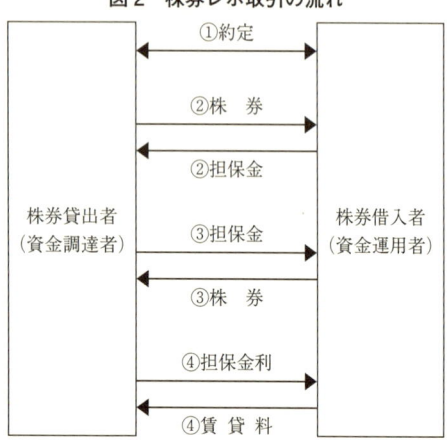

図2 株券レポ取引の流れ

```
┌─────────┐    ①約定       ┌─────────┐
│         │◄──────────────►│         │
│         │                │         │
│         │    ②株　券     │         │
│         │───────────────►│         │
│         │                │         │
│         │    ②担保金     │         │
│ 株券貸出者│◄───────────────│ 株券借入者│
│(資金調達者)│               │(資金運用者)│
│         │    ③担保金     │         │
│         │───────────────►│         │
│         │                │         │
│         │    ③株　券     │         │
│         │◄───────────────│         │
│         │                │         │
│         │    ④担保金利   │         │
│         │───────────────►│         │
│         │                │         │
│         │    ④賃　貸　料 │         │
│         │◄───────────────│         │
└─────────┘                └─────────┘
```

ある。取引の流れや概要,特徴は,以下のようなものである。

(1) 取引の流れ(図2参照)

① 約定——株券の貸出者と借入者間で条件を決定する。主な内容は,SC取引・GC取引の別,取引実行日,取引決済日,対象銘柄,基準担保金率,担保金利率,貸借料率である。

株券の担保として支払う担保金は以下のように計算する。

担保金額＝時価総額×基準担保金率

時価総額＝貸借数量×株券時価

株券の時価は,約定日の前営業日に当該株券が主として取引される証券取引所における終値を用いる。

② 取引実行日——取引実行日に,株券貸出者(資金調達者)は株券を差し出すと同時に担保金を受け入れる。反対に株券借入者(資金運用者)は株券を受け入れると同時に担保金を差し入れる。

③ 取引決済日——取引決済日に,株券貸出者(資金調達者)は株券の返済を受けると同時に担保金を返還する。反対に株券借入者(資金運用者)は株券を返済すると同時に担保金の返還を受ける。

④ 担保金利と貸借料——株券貸出者(資金調達者)は受け取った担保金に対し担保金利を,株券借入者(資金運用者)は対象

株券に対し貸借料をそれぞれ支払う。これらについては，毎月末締めで翌月に受払いが行われる。

(2) 取引の概要と特徴

① 取引決済日──SC取引では株券を期越えで調達したいというニーズが強いため，取引期間が長くなる傾向にある。

② 対象銘柄──株券レポ取引の取引対象は，株券，優先出資証券，ETF等の投資信託受益証券，上場新株予約権付社債である。

③ 基準担保金率──基準担保金率は担保に対する掛目であり，取引の種類，期間，株券の流動性，取引相手先の信用度等を反映して決定される。SC取引では105～110％，GC取引では70～95％程度で設定されることが一般的である。

④ 決済方法──証券保管振替機構により決済される。

⑤ 値洗いと担保金の調整──株券レポ取引では，対象株券の時価の変動により，時価総額と担保金額との間に過不足（エクスポージャー）が生じた場合，その差額を差入れまたは返還することで担保金を調整することができる。このように対象株券の時価を算出し，それをもとに過不足担保金額を算出することを値洗いと呼ぶ。値洗いにより担保金を調整することで，株券の価格変化により生じる取引相手方に対する信用リスクや株価変動リスクを軽減することができる。値洗いはレポ取引の大きな特徴といえる。

⑥ 銘柄差替え（サブスティテューション）──資金取引を目的としたGC取引においては，資金調達者（株券貸出者）側の請求により貸借対象銘柄の差替えを行うことが可能である。これにより取引期間中に対象銘柄が必要になった場合でも，新たに市場から調達する必要を避けることができる。ただし，実際には当事者間の合意が必要となる。

4. 留意点

(1) 株券レポ取引にかかわる権利関係

株券レポ取引では，原則として名義（実質株主）が貸出者から借入者に移動する。そのため貸出者は議決権を放棄することになる。一方で，貸借期間中に生じる配当金，株式分割等の権利は貸出者に帰属することから，いったん借入者が受け取った後，貸出者に返還

されることになる。

(2) 株券等の大量保有に関する制限

株券レポ取引を行うにあたって、株券借入者（資金運用者）は、法律上に規定される「株券等の保有制限」に注意する必要がある。

① 金融商品取引法上の5％ルール（株券等の大量保有の状況の開示に関する内閣府令）——上場企業の発行済み株式総数の5％超の株券等を保有する大量保有者は、保有することになった日から5日以内に所定の書式に従って「大量保有報告書」を内閣総理大臣に提出しなければならない。

② 独占禁止法上の5％ルール（私的独占の禁止及び公正取引の確保に関する法律）——独占禁止法では、金融機関（銀行、保険会社）による企業の支配を予防し、特定金融機関のもとに過度に企業が集中することを回避することを目的に、金融機関が企業の発行する総株式数の5％（保険会社の場合は10％）を超えて取得することを原則禁じている。

第5章

CP 市 場

　CPとは，コマーシャル・ペーパー（commercial paper）の略で，かつては一般に「企業が資金調達を行うために発行する短期の無担保の約束手形」と定義されてきた。「約束手形」とされたのは，日本のCPが1987年の創設当初に「手形」として位置づけられ[1]，2003年3月31日に短期社債振替制度が開始されるまで，手形CPが長らく唯一の形態であったためである。

　しかしながら，今日ではCPのほとんどがいわゆる「電子CP＝短期社債」による発行となっており，CPの定義も「約束手形」ではなく，「短期（期間1年未満）の社債」とするのが実態に即したものとなっている。

第1節　国内CP市場創設の経緯

1. 手形CPの誕生

　CPは，1920年代のアメリカにおいて市場が形成され，29年の大恐慌や，第二次世界大戦中に縮小したものの，60年代以降着実に拡大し，近年ではアメリカの短期金融市場の主力商品の1つとな

---

[1]　その後1992年に証券取引法上の有価証券にもなる。

っている。またヨーロッパにおいては，1980年代に入り，ユーロ市場においてユーロ CP の発行が開始され，短期間で急拡大し，数年の間にヨーロッパ各国において CP 市場が形成された。この結果，欧米においては，信用力のある企業が無担保で短期資金を市場から調達する慣行が定着した。

日本では 1980 年代から短期金融市場の自由化が急速に進展したが，この時期に産業界から国内 CP 導入の議論が高まってきた。すなわち金融の国際化，自由化の進展とともに，企業の短期資金の運用面についてはかなりの整備を見ていたものの，調達面では金融機関借入以外に見るべきものがなく，とくに海外子会社が海外において CP による資金調達を行っている企業は，国内においても同様の調達手段が必要であると唱えてきたのである。

1981 年 5 月，銀行法改正時に衆議院大蔵委員会において「国際化の進展に鑑み，金融商品の多様化を図る観点から，コマーシャル・ペーパー等についても前向きに法制面，実務面の検討を進めること」との付帯決議が行われた。翌年 9 月には，産業構造審議会の産業金融問題小委員会「今後の望ましい産業金融のあり方に関する報告」の中でも CP 導入の必要性が述べられ，1986 年 5 月の経済団体連合会の資本市場部会報告においても，CP 導入が緊急の課題である旨指摘された。さらに同年 12 月，証券取引審議会答申においても「CP の基本的性格，取扱業務，ディスクロージャー等を含め，CP をめぐる諸問題について，今後検討が進められていくことが望ましい」と言及された。

そして 1987 年に入り，大蔵省の証券・銀行両局長の主催する CP 懇談会において，大蔵省の国内 CP 市場の具体案が了承され，同年 5 月 20 日に証券取引審議会および金融制度調査会において同案が了承された。その後，行政当局と関係業界との間の実務的検討を経て，11 月 2 日に大蔵省通達が出され，11 月 20 日より国内 CP の取

扱いが開始されることとなった。産業界の市場資金調達の要請と，この取扱いをめぐる銀行・証券両業界の業際問題論争を経て，大蔵省の裁定により，国内CPの法的性格を有価証券取引税がかからない手形として扱い，流通取扱いはこのほか短資会社を加えることとし，市場創設後1年を経過した時点で市場の動向を踏まえ見直しを行うことで決着を見た。

2. 短期社債導入の経緯

CP市場には創設以来，発行企業，格付け，期間，発行金額等にさまざまな規制が存在したが，発行企業をはじめとする市場関係者による働きかけ等により，徐々に緩和されていった。そして1998年6月8日に，大蔵省の金融関係の通達が廃止されたことでCP発行にかかわる規制はほぼなくなり，発行残高は2000年以降16〜17兆円程度にまで拡大した。しかしながら，日本経済の低迷が長期化する中で短期金融市場は停滞し，CP発行残高も頭打ちで推移していた。

その間，政策当局においては，欧米に比べて立ち遅れていた証券決済システムの改革の必要性が認識されていたが，民間においても，「企業の資金調達の円滑化に関する協議会」（企業財務協議会）を中心とする発行企業などから制度改革への強い要望があった。そうした背景から，1999年3月30日に閣議決定された「規制緩和推進3か年計画（改定）」においてCPのペーパーレス化が盛り込まれ，CP決済制度改革へ向けた動きがスタートすることとなった。

具体的には，1999年4月に大蔵省・法務省による「CPのペーパーレス化に関する研究会」が立ち上げられ，続いて同年7月の自民党の金融問題調査会・債券問題小委員会の証券決済制度の提言を受

---

2) 参加企業は，産業金融に関する問題に関心を有する企業で，銀行・証券などの伝統的金融機関を除く多業種で構成されている。

け，金融審議第一部会に「証券決済システムの改革に関するワーキング・グループ」が設置された。通産省では，電子CP等を「産業・社会情報化基盤整備事業」として指定し，16億円の補正予算をもとに経団連と連携し，CP決済システムのパイロット・システムがつくられた。市場関係者側でも，日本証券業協会（以下，日証協という）に「証券受渡・決済制度改革懇談会」が設置された。また発行者側では，企業財務協議会を母体に，2000年5月に「日本CP協議会[3]」が設立され，2001年11月2日に「電子CP等の決済システムグランドデザイン」を公表するなど，電子CP実現・普及に向けて，関係各方面との折衝・調整を行った。

　こうして，官民等各方面でCPペーパーレス化実現に向けて議論が重ねられ，紆余曲折を経て2001年6月に「短期社債の振替に関する法律[4]」および「株券等の保管及び振替に関する法律の一部を改正する法律」が成立，2002年4月1日に施行された。またこれより前，証券保管振替機構（以下，単に「機構」という。BOX 5-1参照）は同年1月4日に株式会社となり，短期社債を取り扱える体制を整え，2003年3月末に初の短期社債が発行されたのであった。

---

3) 三菱商事，オリックス等10社でCP市場の秩序維持並びにその健全なる育成，普及促進を図り，もってCPによる企業並びに団体の資金調達および資金運用の円滑化を目指すことを目的として2000年5月に発足した。CP市場の自主的なルールを策定し，提案していくこと，CP登録機関設立に関連し，CP発行者および投資家等の市場参加者の意見を反映し，これをCP登録機関設立主体に提示の上，設立手続きおよび運用に関して助言をすること等を行った。2002年3月に日本資本市場協議会に改称。

4) 同法はその後「社債等の振替に関する法律」に改正，2003年1月6日に施行され，さらに株式なども含むすべての有価証券についてペーパーレス化を図る「社債，株式等の振替に関する法律」に改正され，2009年6月8日までには全面施行される予定となっている。

BOX 5-1　短期社債の振替機関について

　振替機関は，特別の法的効果をともなう口座簿の管理者としての適格性・信頼性を有し，かつ，振替業を安定的・継続的に遂行できる者である必要がある。このような観点から，振替機関の指定については，振替業を適正かつ確実に遂行するに足りる財産的基礎および人的構成を備える株式会社であること等の一定の水準に達していることなどが要件とされており，主務大臣の指定を受けなければならないとされている。

　日本では株式会社証券保管振替機構が，短期社債（を含む一般債・投資信託・株券等）の振替機関となっている。同機構の前身は1984年に発足した財団法人証券保管振替機構であるが，日本の証券決済システムは国際的に見て立ち遅れていたことから，その改革の必要性が指摘されていた。

　そうした中，日証協の「証券受渡・決済制度改革懇談会」はワーキング・グループを立ち上げ，2000年9月26日に報告書「証券保管振替機関の組織・運営のあり方について」を取りまとめ，①ガバナンス・ディスクロージャーの改善，②業務の効率化，③新規業務への対応，④競争の確保，⑤資金調達の多様化・円滑化等の観点から，同機構を株式会社化することが望ましいとの方向性が打ち出された。さらに2001年11月2日の「証券保管振替機関の株式会社化の具体的枠組みについて」において機構の株式会社化の具体的な内容について報告がまとめられ，「株券等の保管及び振替に関する法律」が改正され，02年4月から施行された。

　こうして，同機構は2002年1月4日に株式会社となり，短期社債を取り扱える体制を整えたのである。機構はその後，「社債等の振替に関する法律」に基づく指定振替機関として，CP以外の債券一般の取扱いを開始し，さらに2009年1月5日に「社債，株式等の振替に関する法律」のもと，株式の振替業務を開始した。

第2節　CP（短期社債）の商品性

1. 法的位置付け

　CPは，2002年4月に施行された「短期社債等の振替に関する法律」により，ペーパーレス化が実現され，振替制度（振替口座簿の電磁的記録）によって流通の保護が図られることとなった。これにより，ペーパーレス化されたCPは「短期社債」として位置づけられ，「金融商品取引法」（以下，金商法という）上の有価証券となった[5]（なお，手形CPも金商法上の有価証券であり制度上現在も存続しているが[6]，本章ではこれより以降，短期社債を中心に扱っていくこととする）。

　短期社債は「社債，株式等の振替に関する法律」（以下，振替法という）第66条第1号において，

　イ　各社債の金額が1億円を下回らないこと。
　ロ　元本の償還について，社債の総額の払込みのあった日から1年未満の日とする確定期限の定めがあり，かつ，分割払の定めがないこと。[7]
　ハ　利息の支払期限を，ロの元本の償還期限と同じ日とする旨の定めがあること。
　ニ　担保付社債信託法（明治38年法律第52号）の規定により担保が付されるものでないこと。

等の要件を満たす社債と位置づけられている。

　また，同法第67条第1項で，振替社債は社債券を発行すること

---

　　5)　第2条第1項第5号に定義される社債券。
　　6)　第2条第1項第15号「法人が事業に必要な資金を調達するために発行する約束手形のうち，内閣府令で定めるもの」。
　　7)　なお，手形CPについては発行期間に関する規制はない。

ができないとされている。[8] なお、振替機関たる機構は取り扱う短期社債等の範囲として、以下の条件を満たすものを対象としている。

・社債等に関する業務規定第8条第1項
(1) 振替法第66条第1号に規定する短期社債[9]
(2) 投資信託及び投資法人に関する法律第139条の12に規定する短期投資法人債[10]
(3) 保険業法第61条の10第1項に規定する短期社債
(4) 資産の流動化に関する法律第2条第8項に規定する特定短期社債[11]
(5) 信用金庫法第54条の4第1項に規定する短期債
(6) 農林中央金庫法第62条の2第1項に規定する短期農林債
(7) 一般振替機関の監督に関する命令第38条第2項に規定する短期外債[12]

・社債等に関する業務規定第8条第2項
(1) 割引の方法により発行されるもの
(2) 各社債の金額が、1億円以上100万円単位で、かつ、均一であるもの
(3) 国内で発行されるもの

短期社債は会社法上の社債であるが、CPとしての商品性に鑑みて機動的な発行を可能とするため、振替法第83条において、社債

---

[8] 短期社債は券面不発行のため、手形CPのように券面に具体的な情報が表象されていない。そこで振替法第87条および金商法第23条の8第2項（公募銘柄の発行残高）において、短期社債等の内容を公示すべき旨が規定されている。機構はそのホームページで「銘柄公示情報（短期社債等）」として、発行社名、銘柄名、保証の有無、保証人名、特約の有無、備考、ISINコード、社債の総額、各社債の金額、発行残高等の情報を公開している。
[9] 一般事業会社等が発行する短期社債。
[10] いわゆるREITCP。
[11] いわゆるABCP。
[12] いわゆるサムライCP。

原簿制度，社債管理会社制度，社債権者集会制度等の規定については適用除外としている。また発行決議については，社債（短期社債を含む）の発行に際して，定めるべき法定事項（会社法第676条）のうち，法務省令で定める事項（会社法施行規則第99条，募集社債の利率の上限，各募集社債の払込金額の下限など）を取締役会で決議すれば足り，その他は取締役に委任できるとされている（会社法第362条第4項第5号）。つまり，具体的な利率や，払込金額等の決定については取締役に委任されることとなり，状況に応じた機動的な社債発行が可能となっている（以上，企業財務協議会「新会社法におけるCP（短期社債）プログラムの取締役会決議について」を参照）。

2. 短期社債のメリット

短期社債には，手形CPと比べた場合に以下のようなメリットがある。

1 券面が不要

発行時の券面作成事務，手形の保管コスト等がかからず，移転・呈示も不要である。紛失・盗難等のデリバリー・リスクはなく，遠隔地との取引も容易である。手形CPでは，現先取引などのときに現物の授受をともなわず，売り手（ディーラー）が買い手に預り証を発行するのが市場慣行となっていて，投資家は当該ディーラーに対してCPを預託（寄託）するリスクを負っていたが，そうしたリスクはない。

また，同一銘柄（ISINコード[13]）について各社債の金額単位（均一）で小口化されての流通が可能となっており，投資家は券面に縛られ

---

13) 国際標準化機構が定めた規格ISO 6166に基づく国際証券コードのことであり，証券コード協議会により体系的に付番されている。全部で12桁あり，最初の2桁はアルファベットで国別を表し，次の9桁は証券コード，最後の1桁はチェック・コードとなっている。

ることなく,よりきめ細かな運用をすることが可能である。

② DVP 決済の実現

短期社債取引では,DVP(delivery versus payment)決済が可能となっている。すなわち「証券と現金が日中継続的に,同時的,最終的,かつ取消し不能で,即時に利用できるような形で交換されること」[14]で,取引にかかる受渡し・資金決済の確実性が手形 CP に比べて格段に向上した。[15]

③ 取引にかかる事務の軽減

機構では,売買成立後の約定照合から決済照合を行っており,約定から決済までの事務を軽減することが可能となっている。決済照合は DVP 決済を行う上で必須要件となっており,これにより,機関投資家取引にかかわる運用会社,証券会社,信託銀行,カストディ銀行,保険会社等の間についての注文から決済に至るすべてのプロセスの処理は,STP 化[16]により約定から取引までの期間を短縮することが可能となった。[17]

④ 発行時にかかるコストの軽減

現在では手形による CP 発行は,一般の約束手形・為替手形同様の印紙税(段階税率)が課せられている。[18]たとえば,券面 10 億円以上の手形では 1 枚につき 20 万円の印紙税が必要となり,発行にかかるコストを上昇させてしまうことになる。

---

14) 「証券決済制度に関する G 30 勧告」と「ISSA(International Securities Services Association)によるその修正勧告」。
15) なお 2008 年末現在,DVP 取引にかかる資金決済については次世代 RTGS の枠外となっている。
16) straight through processing=証券取引において注文から決済に至るすべてのプロセスの処理が人手を介さずにシームレスに処理される仕組み。
17) 短期社債設立当初は $T+0$ 取引の拡大が期待されていたが,照合等にかかる事務の制約もあり,事実上は $T+1$ 以降の取引が中心となっている。
18) 2005 年 3 月末までは租税特別措置法により券面 1 枚につき 5000 円であったが,短期社債制度への移行を促進させるため同措置は期限切れとなった。

一方,短期社債発行時にかかるコストは,新規記録手数料（引受額×0.19bp〔年率〕＋振替手数料〔DVP決済の場合1件につき100円〕）で,かつ前者には10万円のキャップ制が敷かれており（2008年12月末現在）,両者の差は歴然としている。

第3節　発　行　市　場

1. 発　行　要　領
1 発　行　方　法

CPの発行方法には引受発行と直接発行があるが,ほとんどが少人数私募形式である。

引受発行とは,引受業者＝ディーラー（銀行,証券会社,短資会社等）が発行企業からCPを引き受けて投資家に販売する方法で,CPの発行形態の大部分を占めている。発行企業は,あらかじめディーラーとの間でディーラー契約を締結しておく。通常,発行希望日の2営業日前にディーラーと発行金額,各社債の金額,期間,金利などの条件を決める。[19]

一方,直接発行とは,発行企業がディーラーを介さずに投資家に直接発行する方法で,ダイレクトCPともいわれている。[20] 発行金額,期間,金利などの条件は2者間で決められる。直接発行は,銀行,証券会社,一部の事業法人等が行っている。

2 発　行　期　間

発行期間は発行日から償還日まで1年未満とされている。[21] 実際に発行されているのは4カ月未満のものまでで全体の90％以上を占

---

19) 両者が合意すればこれに限らないとしているケースが多い。
20) 1998年4月の租税特別措置法の改正や同年6月の大蔵省の金融通達廃止で可能になった。
21) 手形CPは期間1年以上の発行も可。

図 5-1　CP の発行期間別内訳

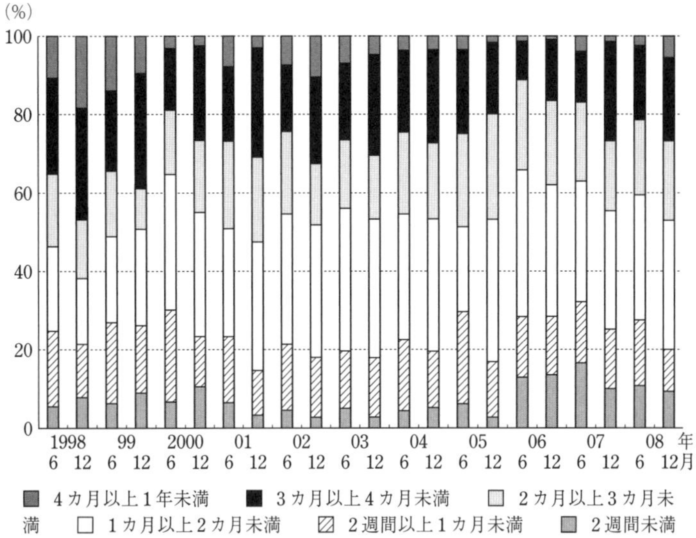

■ 4 カ月以上 1 年未満　■ 3 カ月以上 4 カ月未満　□ 2 カ月以上 3 カ月未満　□ 1 カ月以上 2 カ月未満　▨ 2 週間以上 1 カ月未満　▨ 2 週間未満

（資料）　日本証券業協会。

めている（図 5-1 参照）。

③　発 行 金 額

実際の取引では，1 回当たり 10 億円刻みで 10 億円～300 億円程度での発行が多い。1 企業の発行総額についての規制はないが，格付会社の CP 格付けは発行上限額を定めた上で付与されている。

④　バックアップ・ライン

バックアップ・ラインとは，何らかの要因により国内 CP マーケットが機能しえなくなり，継続発行によって CP の支払いにあてるべき資金の調達が困難になったときに，CP コストとは別にあらかじめ契約した金利で貸出しを受ける予約のことであり，CP 発行企業倒産時の支払保証とはまったく異なる（BOX 5-2 参照）。バックアップ・ラインの設定は任意であるが，現在では ABCP を除き，設定している発行体はほとんどない。[22]

> **BOX 5-2** 短期社債の保証について
>
> 　当該短期社債に保証が付されている場合は，機構の銘柄公示情報に，保証の種別（「全部連帯保証」と「全部連帯保証以外の保証」）および保証人名が表示されている（当該保証に関する情報は，発行者および保証人から届出された内容に従って表示されている）。なお，これらは日本国内の法律に基づく保証に限定されているため，外国の親会社等が本国法に基づいて保証する短期社債については，保証欄の記載はなく備考欄にその旨が英数字で記載されている。
>
> 　振替法第66条では，振替社債についての権利の帰属は，振替口座簿の記載または記録により定まるものとするとされているが，当該振替社債に保証債務が含まれるか否かについては，2008年12月末現在では同法上の明確な規定はない（この点手形CPは，手形法第30条，第32条で規定されている）。実務上，保証短期社債の中には，投資家が取扱ディーラー等に対して当該短期社債の「発行体に関する説明書」を請求して保証様式を確認するとともに，プログラム・アレンジャーの本店において保管されている保証状の原本を閲覧謄写することができるような体制を敷いているケースもあるが，保証債務についても振替口座簿の記載により権利の帰属が決定されるよう，法律上明確にされることが望まれている（以上，金融法委員会「保証社債の法的問題に関する中間論点整理」を参照）。

5　格付け

　CP市場発足当初，発行適格性には曖昧な部分があった。1990年には格付取得後の発行がすべての発行体に義務付けられた。現在では格付けに関する規制はないが，実際は発行されているCPにはほとんど格付けが付与されている。

　格付機関には判断のすべてが委ねられており，バックアップ・ライン設定率も任意から100％までの範囲内で定めることができる。

22）　欧米においてはバックアップ・ラインの設定は一般的である。

格付けは，発行企業の基本的な信用力をベースに加え，資金繰りの状況・取引金融機関との関係・代替流動性等を勘案し付与されているものと思われる。長期債格付けと短期債格付けは対応している場合が多く，たとえば，長期債格付においてA（シングルA）以上の格付けを取得していれば，短期債でもA-1以上の格付けを取得できる場合が多いようである。

また，同じ企業に対してであっても，格付機関によってそのポリシー，アプローチの方法，見解などが異なっているため，格付けが合致しない場合もある。

日本では金融庁が適格格付機関を定めており[23]，2008年12月末現在，格付投資情報センター（R&I），日本格付研究所（JCR），ムーディーズ・インベスターズ・サービス・インク，スタンダード・アンド・プアーズ・レーティングズ・サービシズ（S&P），フィッチ・レーティングス・リミテッド，の5つの格付機関を指定している。

6 ディスクロージャー

実務上は，CP発行のほとんどが少人数私募によるものであるため，金商法上の開示義務はないが，日証協の「国内CP等及び私募社債の売買取引等に係る勧誘等に関する規則」において，「発行者に関する説明等を取扱業者が顧客の求めに応じ，交付する等，情報の説明に努める」こととなっている。公募の場合は，金商法に規定されるディスクロージャーが必要となる。

2. 市場参加者
1 発行者
(1) 事業法人

CP発行残高に占める事業法人のシェアは最も大きく，6割以上

---

23) バーゼルⅡにおいてリスクを算出するにあたり利用可能な格付機関。

図 5-2　CP 発行者区分別残高状況

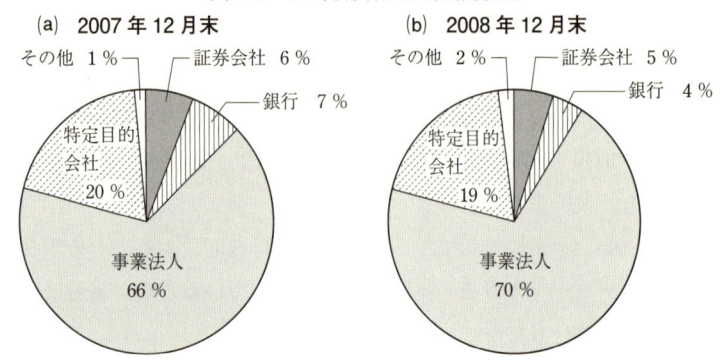

(a) 2007 年 12 月末
- その他　1 %
- 証券会社　6 %
- 銀行　7 %
- 特定目的会社　20 %
- 事業法人　66 %

(b) 2008 年 12 月末
- その他　2 %
- 証券会社　5 %
- 銀行　4 %
- 特定目的会社　19 %
- 事業法人　70 %

(出所)　証券保管振替機構「発行者区分別残高状況（月次）」。

となっている（図 5-2 参照）。短期社債制度が開始されて以来，徐々に増加し短期社債全体の残高を押し上げてきた。業種としては，その他金融[24]が圧倒的に多く，次いで電気・ガス，電気機器，石油・石炭，輸送用機器，鉄鋼，卸売業のほか，不動産，化学，建設等さまざまな業種にわたっている。

発行動機は個々の企業で事情が異なるが，経常的な運転資金の手当てや，賞与，配当，法人税の支払い等季節的な要因で発生するニーズのほか，発行時の経済・金融情勢（原材料費の高騰や在庫増加にともなう運転資金の増加，信用不安にともなう予備的動機の高まり）等がある。これらの調達ニーズに対して，銀行借入れなど他の調達手段とコストや機動性などを比較して CP を発行する。

近年では，キャッシュ・マネジメント・システム（CMS）[25]を導入する企業が増えており，より効率的・戦略的なキャッシュ・マネジ

---

24)　リース，信販，カード，消費者金融等。
25)　企業あるいは企業グループの資金を集中管理することにより，グループ間の資金決済にかかわる手数料の削減，不要な手持資金の削減を実現するシステムのこと。

メントを実践する上で，CP発行のニーズは高まっている。

また，資金繰りや借換えなどの実需による発行のみならず，CPで調達した資金を他の金融商品で運用するといった金利裁定取引も見られている。

(2) 銀　　行

発行は都市銀行（持株会社を含む），信託銀行の一部など大手銀行が中心で，市場動向を見極めつつ機動的な発行が行われている。発行残高は，2001年初頭のRTGS開始に備えた資金確保にともない6兆円を超えたのをピークに減少し，ここ数年は1～1.5兆円程度で推移しており，コールやCD等の調達手段と比べると残高は少ない。

(3) 証券会社等

発行は大手証券会社が中心で，市場動向を見極めつつ機動的な発行が行われている。残高は1兆円前後で推移している。

(4) 保 険 会 社

生命保険会社，損害保険会社ともに通常は資金運用サイドにあるが，資金繰り上の必要や金利裁定のため発行することがある。2008年末現在で，発行実績は数社にとどまっている。

(5) ABCP

ABCP (asset backed commercial paper) は資産を流動化するために設立される特定（特別）目的会社（SPC）が発行するCPで，SPCが国内法人（株式会社，あるいは資産の流動化に関する法律に基づく特定目的会社）によるものと，海外法人によるもの（海外の企業が日本国内で発行する円建てCP＝サムライCP）がある。

銀行の貸出余力が低下した2000年代前半には，売掛債権の早期資金化，資金調達手段の多様化とともに，バランスシートのスリム化を図る企業のニーズが高まり，発行残高はピーク時に7～8兆円程度に膨らんだと推定される。しかしながらその後は，銀行の貸出余力の回復，企業のバランスシートの改善などにより発行ニーズは

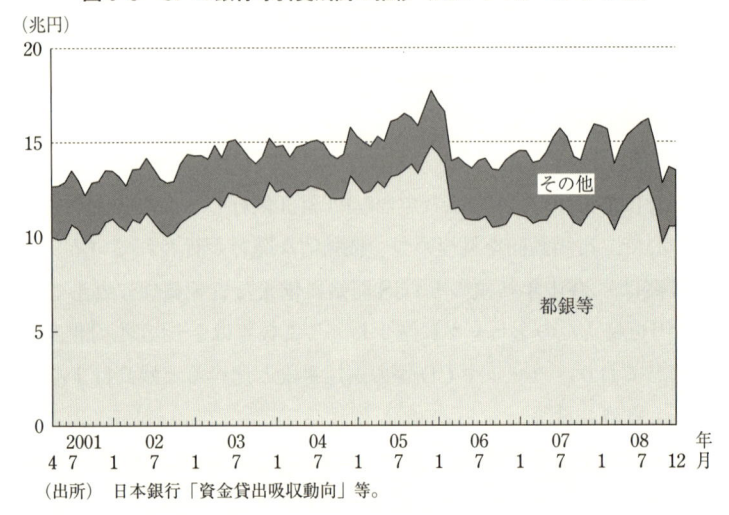

図 5-3 CP の銀行等引受残高の推移（2001 年 4 月～08 年 12 月）

(出所) 日本銀行「資金貸出吸収動向」等。

低下し，残高は縮小傾向となっている。

(6) 投 資 法 人

投資法人が発行するのは，短期投資法人債で 2007 年 9 月 30 日から取扱いが開始された。「投資信託及び投資法人に関する法律」第 139 条の 13 で発行要件が細かく定められている。取扱開始から日が浅いこと，REIT（不動産投資信託）市場の低迷などから発行実績も低迷している。

② 引受業者

引受業者＝ディーラーは，銀行，証券会社，短資会社である[26]。中でも都銀経由の割合が高い（図 5-3 参照）。

ディーラーは，最終投資家等の顧客の委託を受けて購入する場合と，ディーリング目的のため自己勘定で購入する場合がある。ディ

---

26) 登録金融機関等（銀行，協同組織金融機関，その他政令で定める金融機関）は，金商法第 33 条において，短期社債等の売買等・引受け・売出し・募集の取扱い・私募の取扱い等を行うことができることとされている。

ーラーが一定の範囲内でCPを保有し，アウトライトや現先取引を行うことで投資家のきめ細かいニーズに応じることが可能となり，市場全体の取引を円滑ならしめている。

③ 最終投資家

最終投資家としては，投資信託，保険会社，地銀，事業会社等がある。新発CPをディーラー経由あるいはダイレクト取引で，あるいは既発CPをディーラーから購入する。基本的には償還日まで保有するスタンスをとる場合が多い。

3. 発行レート決定要因

CPの発行の多くが少人数私募による引受発行であり，発行体とディーラーとの相対によって取引され[27]，両者の希望が一致したところでレートが決まる[28]。

発行時の経済・金融情勢が一定であると仮定した場合，一般的に以下のような要因等が複数絡み合って，発行レートが決定されると考えられる（図5-4参照）。

① 発行体の信用力・属性

発行体の信用力を最も簡潔かつ端的に表しているのは，格付機関が当該発行体に付与する格付けである。一般的には，格付けの高い銘柄から低いものになるにつれて，発行レートのスプレッドは開き，その度合いも大きくなる傾向がある。また，当該発行体の業種や，個々の業績，発行残高の規模，発行頻度の多寡もレートに作用する

---

27) この際あらかじめ投資家の運用希望を受けている場合もある。
28) CPのほとんどが私募債でありその件数は膨大で個別性が強く価格・レートは公表されていない。統計データとしては日銀の「国内コマーシャルペーパー発行平均金利」があるが，日銀と機構は，2009年1月26日に機構のデータを活用し同年秋を目処に「短期社債（電子CP）平均発行レート」の公表を開始することを発表した。これによりデータ公表区分の細分化や公表の日次化が行われ，統計の利便性向上が期待されている。

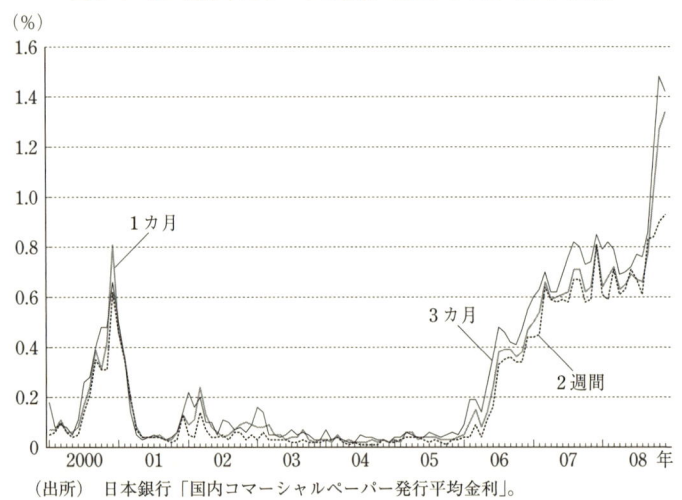

図5-4 CP発行平均レートの推移（2000年1月～08年12月）

(出所) 日本銀行「国内コマーシャルペーパー発行平均金利」。

場合がある。

② 発行期間・需給

一般的には，残存期間が長くなると経済・金融情勢や発行体の信用力の不確実性が高まるため，発行レートは高くなる傾向がある。

そうした原則のもと，当該発行案件の発行期間がマーケットの需給に影響を与えやすいか否かは，レート形成上の大きな要因となる。たとえば，本決算が集中する3月末やその他の四半期末（6, 9, 12月末）を越える案件は，運用サイドにおいて決算時のリスク・アセット等の調整の必要上から購入が控えられ，発行金利が上昇しやすくなる傾向がある。また6, 12月近辺は，発行サイドにおいて賞与・配当・法人税などの手当てのための資金調達ニーズが高まり，発行量が増加し市場の需給が緩むため，発行金利は上昇しやすくなる。逆に，発行企業が年始休み中の年明け直後や，夏休みとなる8月は発行案件が減って需給が締まり，レートは低下しやすくなる。

また日銀はCP等買現先オペを実施し，市場から一時的にCPを

吸い上げ需給の調整を行うことで、発行レートの上昇に歯止めをかけることがある。

③ 他の短期金融市場・短期金融商品との比較・裁定

CPの発行者（あるいは買い手）が、インターバンク市場参加者であれば、同期間の無担保コール、短期国債、円デポ等の金利水準が、発行（あるいは購入）レートの参考となる。

事業会社等は、発行サイドであれば、同期間の銀行借入れや各種流動化商品とのコストの比較となり、運用サイドであれば、同期間のCD、大口定期預金、債券現先、MMF、MRF、FFF等[29]のレートを比較し、信用度や流動性を勘案し購入の可否を決定する。

高格付けの発行体が、相対的に低金利でCPを発行し資金を調達し、より高利回りの大口定期預金やCD、CPを購入するといった金利裁定取引を行う場合は、当該運用商品がレート決定に影響を与えることになる。

4. 発行残高

CP市場創設以来、発行残高は発行条件の見直しによる発行適格企業の拡大にともなって順調に増加し、1990年12月には15兆円台に達した。その後はやや低迷し1997年頃までは10兆円を挟んだ動きとなった。1998年以降は、金融危機による貸し渋り対策で日銀がCP買現先オペを増額させたこと、低金利のメリットに着目した企業の発行が膨らんだこと、大蔵省の金融関係の通達廃止をはじめとする各種規制の撤廃[30]などにより残高は増え、2004年まで14〜

---

29) それぞれ、マネー・マネジメント・ファンド（money management fund）、マネー・リザーブ・ファンド（money reserve fund）、フリー・ファイナンシャル・ファンド（free financial fund）の略で、いずれも換金性が高い追加型公社債投資信託の一種である。

30) ダイレクトCPの解禁、銀行CPの解禁、貸金業者が発行するCPの資金使途規制の撤廃、BIS規制のCP保有にかかる自己資本比率の見直し等。

図 5-5 CP 発行残高

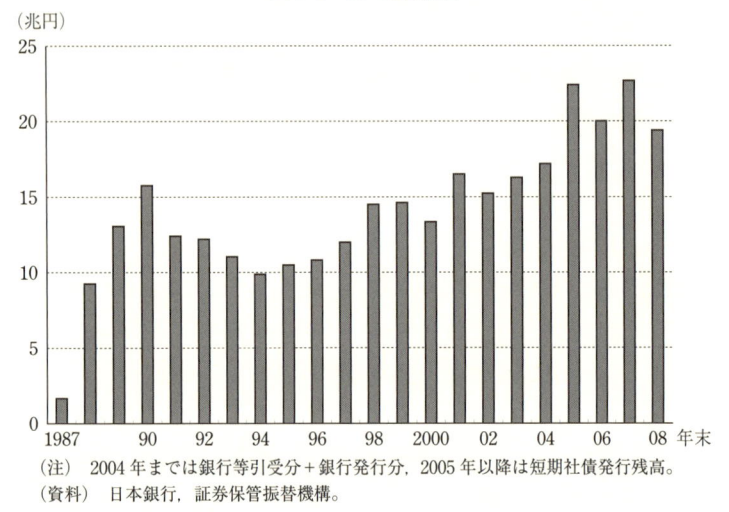

(兆円)

(注) 2004年までは銀行等引受分＋銀行発行分，2005年以降は短期社債発行残高。
(資料) 日本銀行，証券保管振替機構。

17兆円程度で推移した。

　手形CP発行時の印紙税にかかる租税特別措置法の期限が切れた2005年3月末以降は，急速に短期社債へのシフトが進み，同年12月末に22兆円を超えた。その後は18～20兆円程度と一進一退で推移したが，短期社債振替制度の利用者（BOX 5-3参照）は徐々に増え続け，2007年6月以降08年9月末までは20兆円の大台を維持して推移した（図5-5参照）。

第4節　流通市場

1. 取引種類と市場参加者

　ディーラーが発行（プライマリー）市場で購入したCPはその後，最終投資家や他のディーラー等に販売され流通段階へと入る。流通市場における取引には，現先市場およびアウトライト市場（売切り，買切り）がある。なお短期社債を購入するには，短期社債振替口座

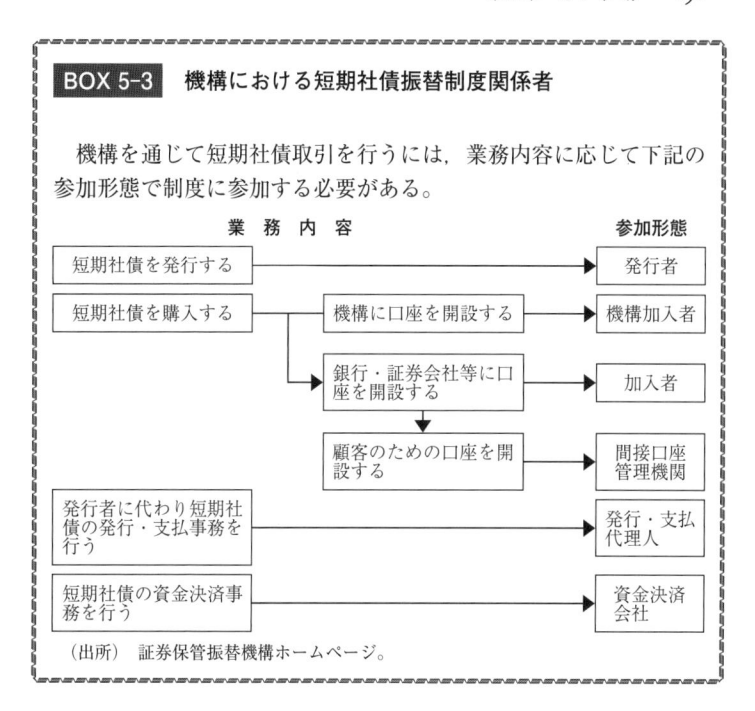

> **BOX 5-3** 機構における短期社債振替制度関係者
>
> 　機構を通じて短期社債取引を行うには，業務内容に応じて下記の参加形態で制度に参加する必要がある。
>
> | 業務内容 | | 参加形態 |
> |---|---|---|
> | 短期社債を発行する | | 発行者 |
> | 短期社債を購入する | 機構に口座を開設する | 機構加入者 |
> | | 銀行・証券会社等に口座を開設する | 加入者 |
> | | 顧客のための口座を開設する | 間接口座管理機関 |
> | 発行者に代わり短期社債の発行・支払事務を行う | | 発行・支払代理人 |
> | 短期社債の資金決済事務を行う | | 資金決済会社 |
>
> （出所）証券保管振替機構ホームページ。

の開設が必要である（BOX 5-3, 5-4参照）。

1 現先市場

　流通市場は，取扱高ベースで見た場合，現先取引がそのほとんどを占めており（図5-6参照），日本のCP市場の最大の特徴となっている。短期社債導入以前は95％以上が現先取引であったが，短期社債導入後はその比率は80％台後半から90％程度に低下しており，電子化により最終投資家がCPを保有しやすくなったともいえる。

　現先取引は，ディーラー・ファイナンスとしての売現先が中心となっている。取引期間は，トムネ，スポネなどのオーバーナイト物が多く，ターム物でも2〜3週間程度までの取引が中心である。また，投資家が資金繰り上の理由から，保有しているCPをディーラーに売現先する，いわゆる「逆現先」取引も稀に見られる。

> **BOX 5-4　短期社債振替口座の開設**
>
> 　短期社債の振替口座は，多段階の階層構造となっている。すなわち振替機関─口座管理機関─投資家という階層構造（口座管理機関の階層数に制限はない）のもとに投資家が権利を間接保有するという構成がとられている。
>
> 　投資家として短期社債を購入するには，機構に口座を開設する（＝「機構加入者」となる）か，機構に口座を開設している金融機関・証券会社等（または間接口座管理機関）に口座を開設する（＝「加入者」となる）かの手続きが必要となる。
>
> ```
>                    証券保管振替機構（振替機関）
>                         振替口座簿
>                    ▲                    ▲
>                    │                    │
>    機構加入者（直接口座管理機関）     機構加入者
>         振替口座簿
>     ┌─────┬─────┐              ┌─────┐
>     │自己口│顧客口│              │自己口│
>     └─────┴─────┘              └─────┘
>         ▲            ▲
>         │            │
>    間接口座管理機関  （加入者）
>     振替口座簿
>    ┌────┬────┐
>    │自己口│顧客口│
>    └────┴────┘
>         ▲
>         │
>      （加入者）
> ```
>
> （出所）　証券保管振替機構ホームページ。

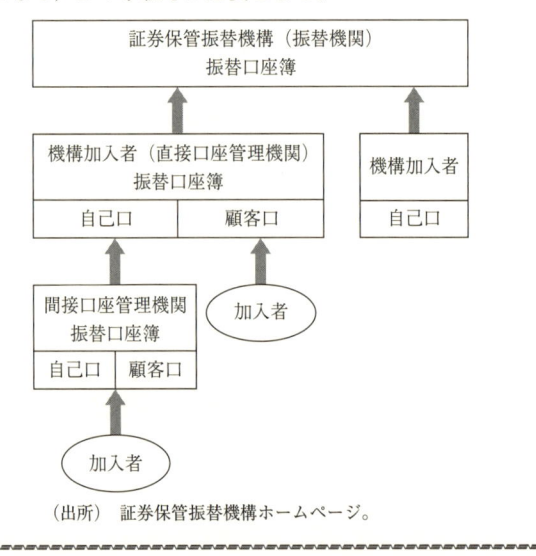

　運用者としては地銀，第二地銀等の金融機関，投資信託，保険会社，事業法人がある。事業法人が主な参加者の一角を占めていることは現先市場の特徴となっている。

　なお，CP現先取引を行うにあたっては，あらかじめ「債券等の現先取引に関する基本契約書」と「付属覚書」を締結しておく必要がある。

図 5-6 流通時における取扱高

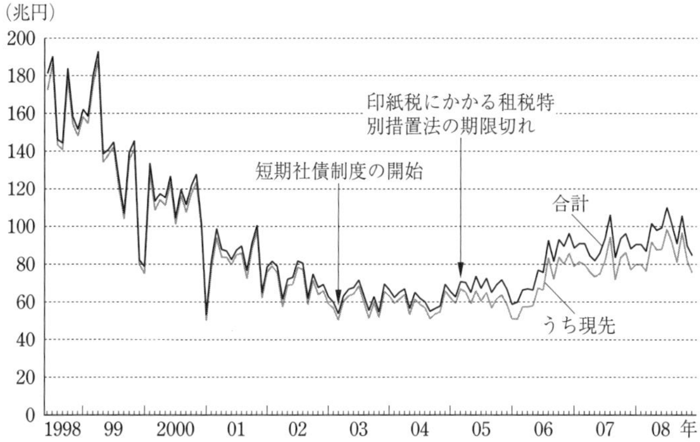

(兆円)

グラフ中の注記：
- 短期社債制度の開始
- 印紙税にかかる租税特別措置法の期限切れ
- 合計
- うち現先

(資料) 日本証券業協会。

2 アウトライト市場

ディーラーは新発CPを引き受けて自らのポジションに加えない場合は，それを市場で売却することになる。またディーラーは，先行きの相場観によるポジション整理や，新発CP引受けのためのライン確保等のため，自己が保有する既発CPを売却することもある。こうしたCPを買い切る投資家は主に投資信託，保険会社，地銀，第二地銀等の金融機関，事業会社，ディーラーである。

また，最終投資家も保有しているCPを償還日前に売却することがある。この場合は，資金繰りやクレジット・ライン上の必要性などが主な理由で，ディーラーに売却する場合が多い。

2. 流通レートの決定要因

流通段階においては，投資家とディーラーの相対によって取引されることが多く，両者の希望が一致したところでレートが決まる。

前述のように流通市場のほとんどが現先取引で，かつトムネ，スポネを中心とするごく短期間の取引期間のもので占められている。

したがって現先レートは、日銀の誘導金利水準という一定の制約のもと、同期間の無担保コール、債券レポのGCレート、日銀の各種供給オペ等の動向に強く影響される。また、ディーラーの在庫ファイナンスとしての性格が強いため、プライマリー市場において発行量が増加し、在庫玉が積み上がると、現先レートに上昇圧力がかかりやすくなる。

事業法人等は、同期間のCD、大口定期預金、債券現先、MMF、MRF、FFF等のレート、またはCMSにおける子会社等への貸付金利等を比較し、信用度や流動性を勘案して現先取引を行っている。

アウトライト取引のレート決定要因は、発行時と同様であるが、売却側の事情が強く作用する場合、同期間の市場の実勢レートや競合する他の金融商品より若干高めのレートで取引されることもある。

3. 流通取扱高

CPの取扱高（月間）は、1992年には200兆円を超えたこともあったが、90年代後半以降減少傾向をたどった。量的緩和政策導入後は、超低金利状態が長期化し多くの投資家がCPの運用を見合わせたこと、逆に大手銀行は膨大なキャッシュを運用するためCPを持ち切るケースが多くなったこと等で、セカンダリー市場での取引が細り取扱高は月間100兆円を割り、2006年半ば頃まで60～70兆円台で推移した。その後2006年7月の利上げ後は、90～100兆円台で推移している（図5-6参照）。

4. CP等買現先オペ
1 CP買現先オペの変遷

1989年5月、日本銀行は「機動的な金融市場調節を確保し、もって短期金融市場の一層円滑な運営に資する」ことを目的として、CP買現先オペをはじめて導入した[31)]このオペの導入の背景として

> **BOX 5-5　単価，決済金額の計算方式**
>
> 　機構における決済照合は DVP 決済を行う上で必須要件となっている。その際，スタート時，エンド時ともに単価の設定が必要となるが，短期金融市場取引活性化研究会では，決済照合システム入力時の単価について下記の計算方式を推奨事項としている。
>
> (1) 募集・売買
>
> $$単価 = \frac{100}{1 + \dfrac{利回り(\%)}{100} \times \dfrac{決済日〜償還日までの日数(片端)}{365}}$$
>
> （小数点以下 7 桁未満切捨て）
>
> $$決済金額 = \frac{単価 \times 額面}{100}$$ （円未満切捨て）
>
> (2) 現先取引
>
> 　単価を利用する場合は小数点以下 7 桁とし，利回り→単価→決済金額の順に計算する（当事者間の現先契約で定める計算方法，端数処理も可能。また，単価を計算，記載しないこととしている場合，単価にはダミー値〔= 0〕を設定する）。

は，金利自由化の流れの中でより短期のきめ細かい金融調節手段の確保が必要であったこと，また急拡大したオープン市場に対する影響力の強化があった。この方式による CP 買現先オペは 1991 年 11 月まで実施された。

　その後，CP 買現先オペは 1995 年 11 月に「年末に向けて資金不足の拡大が予想されることを踏まえ，今後とも金融市場において円滑な金融調節を行い，安定的な市場地合の形成を図ること」を目的

---

31) 買入先は短資会社とされ，短資会社は銀行・証券会社等よりオペ条件を満たす CP を買現先し，これを日本銀行に売現先した。買入対象は，買入先の裏書がある CP 本券で満期日が日銀買入日より 3 カ月以内に到来するものとされた。その際，オペ用の CP は事前に日銀の手形審査が必要であった。買入方式は，入札（利回入札）方式，および指値方式の 2 種類で，買入期間は 3 カ月以内とされた。

として再開された。同オペから買入先を短資会社のほか，日本銀行本店取引先の金融機関，証券会社に広げ，買入方式を原則として入札（利回入札）方式とした。再開の背景には，1995年9月8日の第9次公定歩合引下げで公定歩合が0.5％となるとともに，金利の低め誘導も行われ，短期金利が公定歩合以下になり，この結果貸出しが日銀信用供与の柱としての役割を担えないようになったため，信用供与手段の多様化を図る必要性があったといえる。

2 現行のCP等買現先オペ

その後，日銀は1998年12月に従来不明瞭であったオペ対象先の選定基準をはじめて公表し，あらためてオペ対象先の公募を行い，翌年1月には常時オファー先25先，輪番オファー先10先が発表された。2001年12月には，輪番オファー先に対しても常時オファーすることとなり，輪番オファー先はなくなり，2008年12月現在，オファー先は28先となっている。オペ対象先の見直しは原則として1年ごとに行われることとされた。[32]

3 オペ残高の推移

再開後のオペ残高の推移は図5-7の通りである。1997年末の山一證券・北海道拓殖銀行，98年末の日本長期信用銀行・日本債券信用銀行の破綻を契機とした信用不安，99年12月のいわゆるY2K問題に対応するため，オペを積極的にオファーした。

2001年12月19日には，金融市場の安定的な機能を確保し，金融面からの景気回復を支援する効果を確実なものとするため，金融市場調節手段の拡充を決定し，CPオペを積極的に活用していくこととなり2006年3月まで続けられた。その後は四半期に1回のペ

---

32) なお2001年12月公募分からは，オペ対象先選定においてシード権方式が導入された。すなわち「公募現在の対象先のうち，一定以上の落札実績を有する先については，対象先としての役割を遵守しており，かつ対象先としての必須基準を満たしている場合には，優先的に対象先として選定」されることになった。

図 5-7 CP 買現先オペ残高

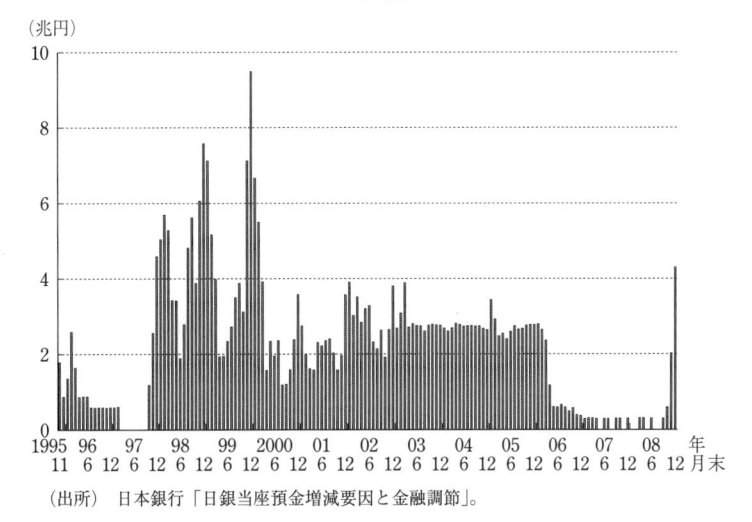

(出所) 日本銀行「日銀当座預金増減要因と金融調節」。

ースで実施されたが，リーマン・ショック後の世界的な金融市場の混乱にともなう企業の資金繰りを支援するため，オペが積極的にオファーされた[33]。

5. ABCP 等買入オペ

1 導入の経緯

日銀は，2003年4月8日に「資産担保証券の買入れの検討について」を公表し，中堅・中小企業関連資産を主たる裏付資産とする資産担保証券 (ABS および ABCP) を，時限的措置 (2005年度末まで)

---

[33] 日銀は，2008年10月14日に「金融市場の安定確保のための金融調節面での対応策について」を公表し，その中で，「現在，概ね四半期に一回実施しているCP現先オペについて，頻度・金額の面でより積極的活用を図る」「2009年4月末までの時限措置として，資産担保CP (ABCP) の適格要件を緩和し，担保およびCP現先オペの対象資産として，日本銀行取引先の保証するABCPを適格とする」とした。リーマン・ショック後の日銀の政策については，第1章も参照されたい。

として金融調節上の買入対象資産とすることについて、検討を進めることを表明した。

日銀は、それまでにも資産担保証券を含めた民間債務を金融調節上の担保や売戻条件付きの買入資産として活用してきたが、民間債務を買い切ることは、中央銀行としては異例の措置であった。当時は、いわゆる「貸し渋り」が増加、長期化するなど、日本の金融機関の信用仲介機能は著しく低下しており、実体経済に与える影響は甚大なものとなっていた。

そこで日銀は、発展途上にあった資産担保証券市場に自らが関与することで、中長期的な視野で市場の発展を支援するとともに、企業金融の円滑化を図り、金融緩和効果を強化することを目的として、同スキーム導入に踏み切ったのである。

以下本項では、資産担保CP買入れ＝ABCP等買入オペについて見ていくこととする。

2 導入当初のスキーム

買入対象資産は、円建てで、国内において発行または振出し等が行われたもので、日本法に準拠した資産担保CP（電子CP形態のものを含む）とされた。

裏付資産に関する要件としては、売掛債権および貸付債権に限定せず、中堅・中小企業金融の円滑化に資すると認められるものを幅広く対象とし、裏付資産に占める中堅・中小企業（＝資本金10億円未満の会社）関連資産の割合が金額ベースで5割以上であること、裏付資産が金融機関の貸付債権である場合には、その債務者が金融検査マニュアルに定める「正常先」に分類されているものであるこ

---

34) 買切り。売戻条件付売買ではない。
35) 日銀は2008年12月19日に、厳しさを増す企業金融に対応するため異例の措置としながらも、時限的にCPの買切りを行うことを表明した（第1章も参照）。

ととされた。

　信用度等に関する要件としては、複数の格付機関から、a-1格相当の格付けを取得していること、発行から償還までの期間が1年以内であること、日本銀行の取引先金融機関のフルサポート型についても適格とするとされた。

　買入方式は、金利入札によるオペレーション方式とされ[36]、買入対象先はCP買現先オペの対象先をベースに選定された。買入限度額（残高）については、資産担保証券と合わせて当面1兆円とされた。

　以上の要領で、2003年8月3日に最初のABCP等買入オペがオファーされた。

③　当初スキームの見直し

　その後2004年1月20日に、実際の買入れを通じて蓄積された経験を踏まえ、市場関係者からの意見も参考にして、買入基準の見直しが行われた。すなわち、中堅・中小企業関連債権比率要件について、5割の算出ベースを「金額または件数」に拡大し、かつ中堅・中小企業の定義を「資本金10億円未満または常用雇用者数999人以下」の会社に拡大し、正常先要件は撤廃、格付要件を単数の格付取得でも可とした[37]。

　ABCP等買入オペは、その時限（＝2005年度末）までに、延べ61回、5兆3500億円がオファーされ、3兆2877億円が落札された。

---

36)　買入対象先が売り渡す際に希望する利回りから、日銀が資産担保CP等の残存期間に応じて市場実勢等を勘案して定めた下限利回りを差し引いて得た値（利回較差）が入札に付された。

37)　このほか、選定頻度が随意（毎月1回の追加選定）とされた。

第6章

CD市場

　CD（譲渡性預金）とは，negotiable certificate of deposit（＝譲渡可能定期預金証書）の略で，日本ではCP（commercial paper）との発音上の混同を避けるためNCDとも略されている。

　CDは20世紀初頭からアメリカで主として個人を対象にして発行されていたが，1961年にFNCB（First National City Bank，現在のシティ・バンク）が大規模な発行を開始し，同時にニューヨークのTBディーラーが流通市場を形成するに至って急速に発展した。その後も発行残高は増大し，TBやCPと並んでマネー・マーケットの主力商品に成長した。アメリカでのCD発行が契機となって，1966年にはロンドンでドル建てCD，その2年後にはポンド建てCD（スターリングCD）が発行されるようになった。

　日本では，1960年代後半には海外のCDが紹介されていたものの，時期尚早として導入は見送られていたが，オイル・ショック後のマネー・フローの変化，金融市場の国際化・金利自由化の進展などにより資金運用・調達サイドの双方から新たな短期金融商品への期待が高まり，1979年5月にようやく発行解禁となった。

第1節　CDの商品性

1. 商　品　性

　CDの基本的な性質は一般の預金と変わりはないが，金融庁の監督指針「主要行等向けの総合的な監督指針」のⅡ-3-4(1)において，以下のように「譲渡性預金（外国で発行されるものを除く）」の取扱いの留意点が記されている。[1]

　「譲渡性預金とは，『払戻しについて期限の定めがある預金で，譲渡禁止特約のないもの』をいう。なお，こうした商品性にかんがみ，以下のような取扱いについて留意する必要がある。

　イ．期限前解約及び買取償却

　　　預入日に指定された満期日前の解約及び発行金融機関による買取償却は行われていないか。

　ロ．流通取扱

　　　金融機関は，自己の発行した譲渡性預金の売買を行っていないか。また，金融機関は，譲渡性預金発行の媒介等を行っていないか。

　ハ．個別の相対発行ではなく，均一の条件で不特定多数の者に対して，公募といった形で大量に発行されていないか」

　現在日本で発行されているCDは表6-1の通りである。発行期間，発行単位などの発行要件に関してはCD創設以来徐々に緩和されていったが，1998年6月8日の大蔵省「金融関係通達の見直しについて」によって「預金，定期積金の取扱いについて」（の通達）が廃止されたことなどから，現在ではそうした規制はない。

---

1) 「中小・地域金融機関向けの総合的な監督指針」のⅢ-4-3-1にも同様の留意点が記されている。

表6-1 日本で発行されているCDの概要

名　称	譲渡性預金
発行単位	規制なし（店頭では1000万円，あるいは5000万円以上としている金融機関が多い）
預入単位	規制なし（店頭では1円単位，あるいは1000万円単位としている金融機関が多い）
期　間	規制なし
金　利	自　由
発行限度	規制なし
発行方式	個別の相対発行
税区分	一般の預金と同様，満期日の利息支払時に20％の源泉税が徴収される 金融機関が預入日（または取得日）から満期日まで引き続き保有した期間に対応する利息については，源泉徴収不適用となる（非保有期間に対応する利子については課税扱い） 最終保持者が非課税法人の場合は，利子所得は全額非課税となる
発行者	銀行，信用金庫，信金中金，信用組合，同連合会，商工中金，信用農業協同組合連合会，農林中金，労働金庫，同連合会など
期限前解約	行わない
買取償還	行わない
準備預金制度	準備預金制度における準備率適用（定期性預金の準備率）
預金保険制度	預金保険対象外
譲渡方式	指名債権譲渡方式
流通取扱い	金融機関（自己発行分は除く），短資会社，証券会社等
届出および報告	発行および流通取扱いを行う場合には，所管行政庁に対し，あらかじめその内容を届け出るとともにその実績を報告する

2. 特徴と問題点

1 指名債権譲渡方式

　日本のCDの特徴であり，かつ問題点となっているのはその譲渡方式にあるといえる。すなわち欧米のように指図式または持参人払方式ではなく，指名債権譲渡方式になっていることである。これはCD発足に際し，CDが有価証券的色彩を帯びるのを防ぎ，あくまでも預金として銀行固有の商品としておこうとする趣旨が強く働いていたためである。このため譲渡に際してはその都度，発行金融機関へ通知しなければならず，さらにその通知が金融機関以外の第三

者に対抗するには公証人役場での確定日付が必要となり、流通取扱いの事務処理がかなり煩わしいものとなっているが、2008年12月末現在、譲渡方式は変更されていない。

② 税　制

CDは預金であるため、最終所持人が非課税法人の場合を除いて、全期間にわたって利子に対する税金が源泉徴収される。その後確定申告時に、受取利息は利益に算入して法人税額を算出し、これから源泉徴収納付額を控除して納付することとなる。このため譲渡の過程における所持人の利子所得を明確にする必要があり、譲渡人・譲受人は発行金融機関に住所、氏名、譲渡価格を告知し、発行金融機関はこれに基づいて通知書を作成し、所轄税務署に提出しなければならない。また、受取利息が源泉徴収の対象となるため、孫利息を考慮すると実質利回りは低くなってしまう。

これも発行者、資金運用者、流通取扱業者それぞれにとっても事務負担が大きいため簡略化が望まれているが、変更はない。

③ 実質調達コスト

CDは預金であるため準備預金制度の対象となっており、発行金融機関にとっての実質調達コストは準備預金率を考慮して計算する必要がある。

---

2) なお、CDを購入した場合の会計上の処理については、日本公認会計士協会の「金融商品会計に関するQ&A」Q67（2007年11月6日公表）に、「金融商品取引法第2条第1項の有価証券にはCDのうち海外CDしか含まれない（金融商品取引法施行令第1条）が、国内CDも実務指針（金融商品会計に関する実務指針：引用者注）で有価証券として取り扱う」とされ、1年以内に満期が到来するCDについては、「原則として流動資産に有価証券として表示されると考えられる」としている（それまでは預金として表示することも可能であった）。

3) 民法第467条［指名債権譲渡の対抗要件］①指名債権の譲渡は、譲渡人が債務者に通知をし、又は債務者が承諾をしなければ、債務者その他の第三者に対抗することができない。②前項の通知又は承諾は、確定日付のある証書によってしなければ、債務者以外の第三者に対抗することができない。

なお，CD は預金保険制度の対象外であるので預金保険料のコストはかからない。

第2節 CD発行市場

1. 発行残高

CD の発行残高の推移は，図 6-1 の通りである。2001 年度から預金保険制度の見直しによって，公金預金も預金保険制度の対象となり，預金保険料が徴収されることとなった。上述のように CD には預金保険料のコストはかからないため，金融機関が公金預金の大口定期預金から CD へのシフトをうながしたことなどもあり，2001 年 8 月にははじめて 50 兆円を突破した。その後はおおむね 30 兆円程度で推移している。

2. 発行者の構成とその動機

CD 発行金融機関のうち，最も発行残高が多い業態は都銀である（図 6-2 参照）。かつては都銀の多くが日銀に準備預金を積むために，コール・手形・日銀借入れ等の外部負債に依存していた中で，それ以外の調達手段として CD を積極的に発行した。そういう意味では，CD が外部負債性を強く帯びていたといえる。同時に各営業店の取引先企業に対する関係を緊密化する手段ともなっていて，この意味では定期預金的性格も併せ持っていた。その結果，都銀が発行する CD は市場残高の 7～8 割を占めることもあった。その後，インターバンク，オープン両市場の整備，定期預金金利の自由化等により，金利裁定や ALM（asset liability management）を意識した機動的な発行がなされるようになった。近年では合併によるメガ化で都銀の数が減り，また，マネー・マーケットに対する戦略の違いも見られており，シェアは 5～6 割程度で推移している。

図6-1 CD残高

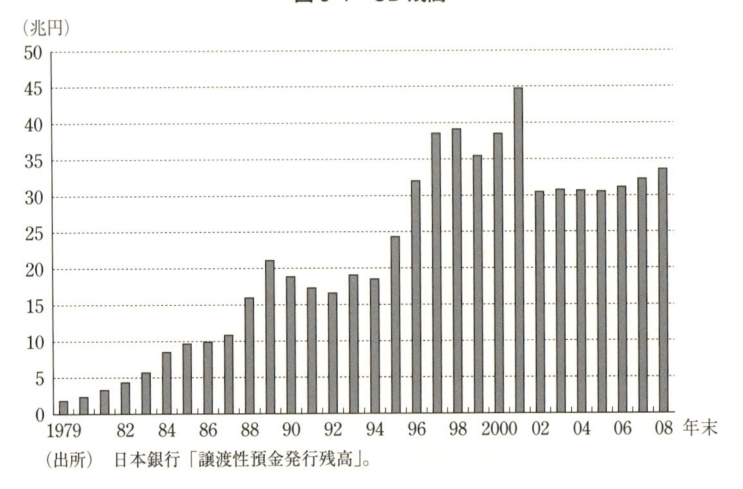

(出所) 日本銀行「譲渡性預金発行残高」。

図6-2 CD発行者別シェア

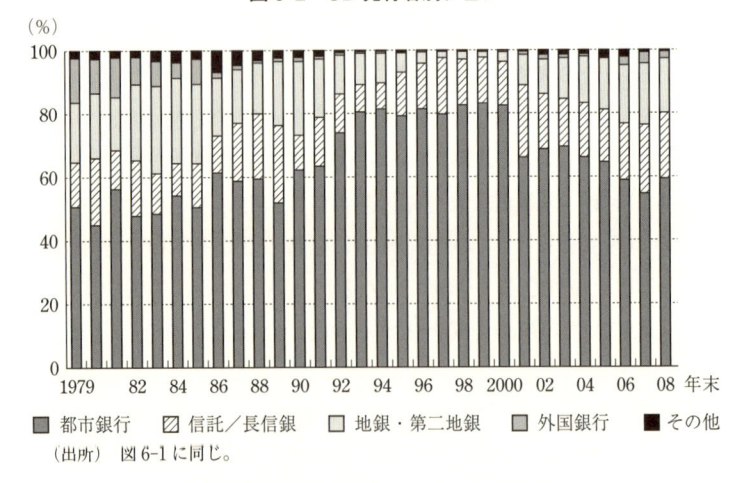

■ 都市銀行　▨ 信託／長信銀　□ 地銀・第二地銀　▩ 外国銀行　■ その他
(出所) 図6-1に同じ。

　地銀は，近年徐々に残高が増加している傾向にある。近年ではマネー・ポジションとなる銀行も増えていることや，取引先とのリレーションを保つ意味での発行動機がより強いためと考えられる。とくに地方公共団体等の資金は比較的ロットが大きい上に出入りも多

いため,金融機関にとっては資金繰り上もその動向は非常に重要なものとなっている。

外銀については,国内金融機関と比べてもともと絶対残高は低水準であったが,2007年以降円資産の増加にともない発行残高が増加し,08年7月末に過去最高水準となった(その後リーマン・ショック以降は減少に転じた)。国内金融機関と異なり,金利裁定に基づき機動的に発行する傾向が強い。

3. 購入者の構成とその動機

CDのおもな購入者は,事業法人,銀行,政府・地方公共団体等,年金基金,保険会社,公的金融機関,投資信託である[4]。

CD創設当初から事業法人が占める割合が高い。CD発足当時は,最低発行単位が5億円と大きかったため,事業法人のうちでも大企業が購入者としてほとんどであったが,現在では,最低発行単位を1000万円(あるいは5000万円)としている銀行が多く,大企業以外の購入者も多い。またこれら事業法人は発行銀行との関係から新発CDを購入するところも多く,その性格も定期預金の延長線上に考えられているケースもあると見られる。ゼロ金利政策実施以前は,他の競合商品との金利裁定や先行きの金利観でCDを購入する事業法人も多く,発行銀行との関係より金利が優先し,取引のない銀行のCDを短資会社などの流通取扱業者を経由して購入することがしばしば見られていた。しかしながら近年では,CDディーリング業務を行っている業者はほとんどいなくなっており,そうした取引はきわめて少なくなってきている。

政府・地方公共団体等は,もともと指定金融機関との関係から当該金融機関への預金残高は多かったが,金融機関が大口定期預金か

---

4) 個人も購入することが可能である。

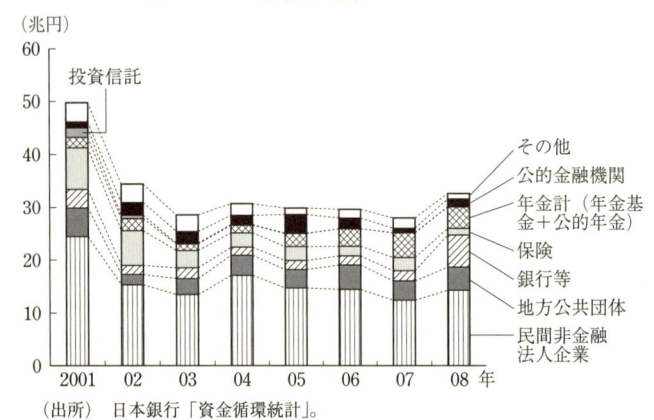

図 6-3　CD保有者別内訳（各年3月時点）

（兆円）

凡例：投資信託／その他／公的金融機関／年金計（年金基金＋公的年金）／保険／銀行等／地方公共団体／民間非金融法人企業

（出所）　日本銀行「資金循環統計」。

らのシフトをうながしたこともあり，近年増加傾向にある。

　銀行，保険会社，投資信託は，ゼロ金利政策導入以前はコールやその他金融商品とレート比較をしつつ，ダイレクト取引および取扱業者経由で，積極的に運用資産として組み入れていたが，近年では一部の機関投資家を除いてその存在感は低下している。一方年金基金については，近年徐々に残高が増えている（図 6-3 参照）。

　当然のことながら，購入者は少しでも金利が高い商品を志向するが，CD は預金保険料のコストはかからない分大口定期預金等よりも高い金利となるケースが多く，預入期間1カ月未満については CD が選好されやすい理由となっている。

4. 発行レートの決定要因

　CD は個別の相対発行によって取引されるため，発行者たる金融機関と運用者たる購入者の希望が一致したところでレートが決まる。

　発行金融機関は，たとえばコール，円デポ，レポ，日銀の各種供給オペ・レート等の市場金利を勘案し発行レートを提示する。その際，購入者との取引関係上の濃淡で金利が上乗せされることもある。

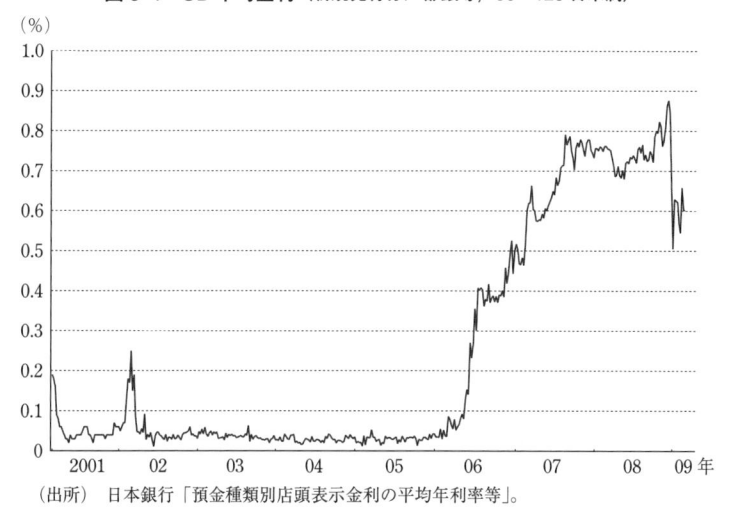

図 6-4　CD 平均金利（新規発行分／都銀等，90〜120 日未満）

(出所)　日本銀行「預金種類別店頭表示金利の平均年利率等」。

　一方，購入者サイドは自身がインターバンク市場参加者であれば，同期間のコール，円デポ，CP（新発，現先），短期国債等のレートと，事業法人（あるいは地方公共団体等）であれば，大口定期預金，通知預金，CP（新発，現先），債券現先，MMF 等のレートとを比較し，信用度や流動性を勘案して希望運用レートを提示することになる。

　また，保険会社等が債券レポ取引で資金を低利で調達し同期間の CD を購入，あるいは高格付けの事業会社が自ら CP を発行して低利で調達した資金で同期間の CD を購入するといった金利裁定取引も見られており，発行レートに影響を及ぼすこともある。

　近年では，いわゆる護送船団方式下における横並び状態が崩壊したことで，発行レートについても各金融機関の戦略の違いや格付けで格差が見られている。また 1990 年代後半頃まではマーケットで出合った CD 3 カ月物のレート（図 6-4）は，短期金融市場の指標レートの 1 つであったが，現在ではその指標性は低下している。

第3節　CD流通市場

1. 流通市場の発生

1979年の大蔵省通達[5]に基づきCDの流通を取り扱う機関として，短資会社，金融機関および金融機関の関連会社が指定された（その後1985年には証券会社が指定された[6]）。このようにCD発足時から流通を取り扱う機関が指定されていたが，その本格的な市場が形成されるには，CD登場後1年余りを待たねばならなかった。

当初，CD発行金融機関および預金者としての一般事業法人，団体などはいずれもCDを特利預金としてとらえていた面が少なくなかった。すなわち大手金融機関では，自行取引先の一般事業法人などが余資として運用している債券現先市場からの資金の呼び戻し，さらにはこれら大口預金の防衛と積極的な預金の獲得手段として，また地方銀行にあっては地方公共団体の預金確保ならびに他行への流出防止のための手段として，である。一方，事業法人なども，金融機関との取引関係からいったん買ったCDは満期日まで保有するのが一般的であり，たまに転売が起こっても発行金融機関の関連会社を通してグループ内で処理されていた。

このような事情から流通市場の発生が遅れていたが，オイル・ショック以後の低成長経済への移行を余儀なくされていた事業法人は，財務体質の強化，金融収支の改善のためにきめ細かい余資の運用を志向していた。すなわち1週間から2カ月程度の短期の余資を高利回りで運用できる新商品の出現を待ち望んでいた。また一方では，流通取扱機関として指定されていた短資会社は，それまでインターバンク市場が活躍の場であり，一般事業法人との取引は皆無であっ

---

5) 1979年3月30日蔵銀第650号。
6) 1985年4月8日大蔵省通達蔵証第436号。

たが，金利自由化の進展にともない，将来的にも短期金融市場の担い手となるためにはオープン市場とのかかわりを持つ必要があると考え，一般事業法人へのアプローチがなされた。

こうして1980年5月以降，第三者的立場の短資会社が流通市場に登場し，一般事業法人との取引が徐々に始まっていった。短資会社は取引にあたっていち早くCDの条件付売買（いわゆるCD現先）を行った。短資会社はこの現先取引手法を駆使して，単に売りと買いをつなぐのみならず，ディーラーとして機能することにより，事業法人等の希望する期間の余資運用または資金調達を可能とし，流通市場は急拡大していった。その後，銀行・証券会社も流通取扱いに参入し，流通市場は一層厚みを増していった。

2. 流通市場における取引種類と取扱業者
1 流通市場における取引種類
CD流通市場でCD取扱業者が事業法人等と取引する場合，以下の3つの基本型がある。

(1) 新発CDの売買

取扱業者は発行金融機関と買い手との間に立って，両者の希望する期間とレートの調整を行って取引を成立させる。実際には，取扱業者が当初預金者として銀行よりCDを買い取り，それを即日売り切るという方法で行われる。

(2) 既発CDの売切り（買切り）

既発のCDを満期日までに売り切る（買い切る）もので，これも売り（買い）オファーに対して買い（売り）手を探して，取扱業者が調整を行い，取引を成立させる。

(3) CD現先取引

一定期間後にCDを売り戻す（または買い戻す）という約束で取引する条件付売買である。資金運用の場合あらかじめ運用期間，利

回り，買入価格，売戻し価格を決めておく取引で，債券現先の基本的な取引手法と同じことからCD現先と呼ばれている。

この取引も前述と同様に取扱業者は，売りと買いのオファーを受けて，買い手，売り手を探し取引を成立させることとなる。

② 流通取扱業者とその役割

上記の基本型はそれぞれ単独に成立することは少なく，これらが組み合わさることにより流通市場が成り立っている。流通市場の取引を円滑ならしめているのは，取扱業者が一定の範囲内でCDの保有を行っているからである。

たとえば事業法人等が金利裁定取引を行うためや，一時的な資金ショートのために手持ちのCDを売り切る，あるいは逆現先[7]で資金を調達しようとした場合を考えてみる。取扱業者は自己資金でこうしたCDを買い入れて自己のポジションに加えておき，その後，別の投資家からの買引合いに応じることとなる。手持ちの支配玉で引合いに応じきれない場合には，新発CDを仕込むあるいは既発CDの買切り，または現先による買いを行うことでそうしたニーズに応じることとなる。

このようにして取扱業者は，マーケットにおけるさまざまな期間，金額，レートのCDについて自ら売り手や買い手となり，先行きの金利の動向，売買需要を予測してポジションの増減を行い流通市場の円滑化に一役買っているわけである。

③ 取引の実際

CD流通市場はテレフォン・マーケットであり，取扱業者と顧客との電話による相対交渉で取引が成立している（図6-5参照）。なお現先取引では，取引の都度，個別取引契約書が交わされる形となる。[8]

---

7) 買戻条件付で売却すること，つまり売現先。

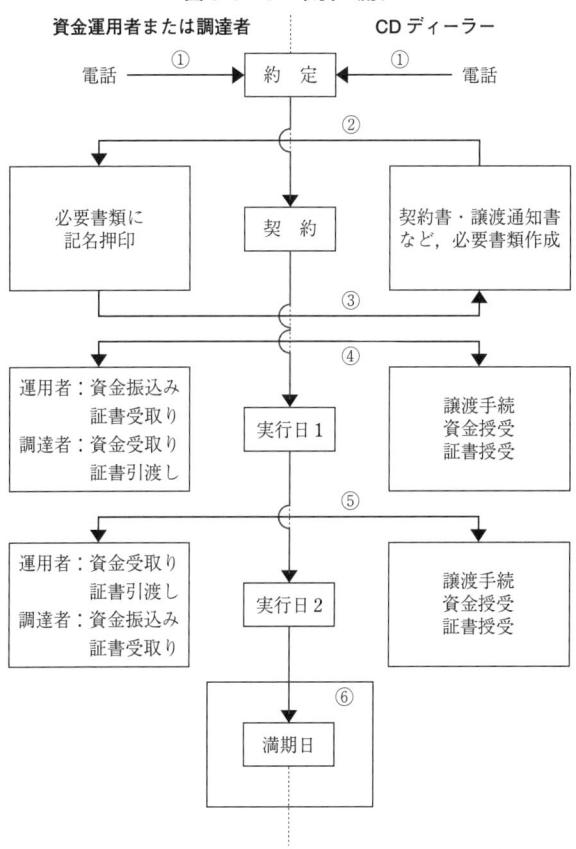

図6-5 CD取引の流れ

資金運用者または調達者 　　　　　　**CDディーラー**

```
電話 ──①──→ [約　定] ←──①── 電話
                │
                ②
    ┌───────────┼───────────┐
    ↓           ↓           ↓
┌─────────┐ ┌─────┐ ┌──────────────┐
│必要書類に│ │契　約│ │契約書・譲渡通知書│
│記名押印 │ │     │ │など，必要書類作成│
└─────────┘ └─────┘ └──────────────┘
                │③
                │④
    ┌───────────┼───────────┐
    ↓           ↓           ↓
┌──────────────┐ ┌──────┐ ┌──────────┐
│運用者：資金振込み│ │実行日1│ │譲渡手続  │
│　　　　証書受取り│ │      │ │資金授受  │
│調達者：資金受取り│ │      │ │証書授受  │
│　　　　証書引渡し│ │      │ │          │
└──────────────┘ └──────┘ └──────────┘
                │⑤
    ┌───────────┼───────────┐
    ↓           ↓           ↓
┌──────────────┐ ┌──────┐ ┌──────────┐
│運用者：資金受取り│ │実行日2│ │譲渡手続  │
│　　　　証書引渡し│ │      │ │資金授受  │
│調達者：資金振込み│ │      │ │証書授受  │
│　　　　証書受取り│ │      │ │          │
└──────────────┘ └──────┘ └──────────┘
                │⑥
                ↓
             [満期日]
```

① 電話にて金額，期間，レートを決め取引成立。

② 取扱業者は，契約書，譲渡通知書，計算書（取引成立後すぐにFAX等で事前に内容を通知）を作成し顧客に送付。

③ 顧客は契約書，譲渡通知書に記名押印して取扱業者に送付。

---

8) 海外CDについては，金融商品取引法第2条第1項で有価証券とされているため，あらかじめ「債券等の現先取引に関する基本契約書」の締結が必要となる。

④ 取引実行日1には取扱業者は③であらかじめ受け取っておいた譲渡通知書を公証人役場に持ち込み，確定日付を押してもらう。

このとき顧客が資金運用者の場合は，取扱業者は証書と譲渡通知書を発行銀行に持ち込み，預金証書の名義を書き換えてもらい，運用者に証書を届ける。一方，運用者は買入代金を取扱業者に銀行振込みなどで支払う。また顧客が資金調達者の場合は，取扱業者は顧客の指定する銀行口座等にスタート代金を振り込むなどして証書を受け取り，この証書と譲渡通知書を発行銀行に持ち込み，取扱業者名義に書き換えてもらう。

⑤ 取引実行日2が発生するのは現先取引の場合のみで，顧客，取扱業者は④の反対取引を行う。

⑥ CDの満期日には最終所持者が発行銀行に預金証書を呈示し，元利合計金を受け取る。

④ CD売買の計算

CD現先の計算方式としては，CDの預入日から運用者のスタート日の間を発行レートで計算し，これを経過利息として元金に加えスタート金額単価とする方式が多い。[9]

また，CD売切り時は，当該CDの満期時元利合計金をエンド金額とし，そこから約定利回りを用いて逆算してスタート金額を求める。

3. 流通レート決定の要因

前述のようにCD流通市場はテレフォン・マーケットで，流通業者と運用者たる購入者の希望が一致したところでレートが決まる。その要因としては，市場の需給や，新発CD，コール，CP，債券現

---

9) このほか，買戻価格を次の運用者のスタート金額とする方式，いわゆる戻り単価方式も見られる。

図 6-6　CDの流通取扱高（1985年1月～2008年12月）

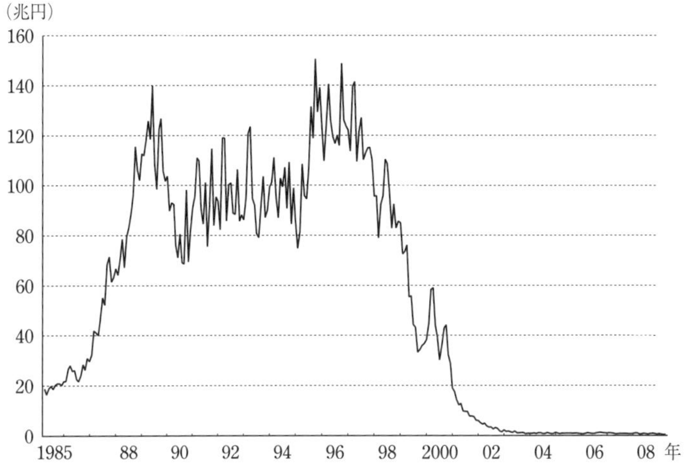

（兆円）

（出所）　日本銀行「譲渡性預金発行残高」。

先, 円デポ, MMF, 大口定期預金等のレート, 先行きの金利動向の予測等, 基本的には CD 発行時と同様のメカニズムで決定される。

4. 流通取扱高の推移と市場の衰退

CD の流通取扱高（月間, 図6-6）は市場創設後1980年代後半まで一貫して増加した後, 100兆円を挟んで推移していた。しかし1998年以降急低下し, 近年ではピーク時の1％にも満たない水準となっている。このことは, 投資家等が購入したCDは満期まで持ち切ることがほとんどであることを示しており, もはや流通「市場」としての存在感は大きく低下してしまった。その原因としては以下の点が考えられる。

① CDの発行期間の制限撤廃

CD の発行期間は1998年4月まで2週間以上5年以内に制限されていたが, その制限は撤廃された。したがって2週間未満の比較的短い期間の新発CDの発行が可能となり, 同期間のCD現先と競

合するようになった。その結果，インターバンク市場のコール取引で見られたように，運用者と調達者が直接取引を行う動きが増加し[10]，取扱業者のプレゼンスは著しく低下した。

② 高い確定日付料と煩雑な事務

第1節 *2.* ① の通り，CD は譲渡の都度，公証人役場で確定日付を得なければならない。その確定日付にかかる費用（現在 CD の証書1通につき 700 円）は取扱業者がすべて負担している。現先取引の場合では取扱業者自身の分と顧客分のスタート時・エンド時の双方を負担することになるから，CD 証書1通で $700 \times 2 \times 2 = 2800$（円）がかかってしまう。これはたとえば金額 10 億円（証書1枚），期間 10 日間の現先取引だとすると金利換算しておよそ 0.01％強となってしまう。またそうした金銭的なコストに加え，譲渡手続きにかかる事務は煩雑であり人的なコストもかかる。こうした問題は CD 市場創設当初から指摘されていたが，変更されることはなかった。

こうして，新発 CD との競合の激化や，金融緩和政策が長引き利鞘が得られなくなったことに加え，リスク管理上も CD 創設当初のようなポジションを取れなくなったこともあり，取扱業者のほとんどは，CD 流通取扱業務からの撤退を余儀なくされた。また発行金融機関も，これまで流通市場で運用していた事業会社等の余裕資金を積極的に取り込んでいった。その結果，流通市場における取扱いは激減するに至った。

流通市場の厚みが失われた今日では，たとえば，CD を保有している投資家が自らの資金的な事情によりそれを売却（あるいは逆現先）したいと思っても，機動的に取引が成立しない，あるいは売却（逆現先）時に割高な価格での取引を余儀なくされるケースも見られている。

---

10) いわゆるダイレクト・ディーリング＝DD。

第7章

外国為替市場

第1節 外国為替市場の変遷

1. 金本位制における外国為替

19世紀前半にイギリスで金を本位貨幣とする金本位制が確立され,19世紀後半までに他の国々も追随して金本位制を採用するようになった。こうして20世紀前半までは金と紙幣の交換を保証する制度(金兌換制度)が各国で採用され,外国為替は各国の金交換レートにより決定される仕組みとなっていた。しかし金本位制を維持していくには各国が十分な金の保有を必要とするため,通貨の切下げ競争や貿易通商面で保護主義に走るなどの弊害が目立ち始めた。結果として各国は金本位制を維持していくことが困難な状況となり,同制度を廃止する国が相次いだ。

2. ブレトンウッズ体制への移行

1946年に国際通貨基金(IMF)が設立され,金とドルを基軸とした通貨体制が発足した。この取決めが1944年,アメリカのニューハンプシャー州にあるブレトンウッズで締結されたため,後にブレトンウッズ体制と呼ばれるようになる。まず,金1オンスと米ドル

35ドルの兌換が保証され，各国通貨はドルに対して固定される貨幣制度（固定相場制）が確立された。円は，1949年に1ドル＝360円の固定レートが定められ，日本も同体制に組み込まれていくこととなった。

3. 変動相場制への移行

1960年代に入ると，アメリカの対外債務が増加し始め，金とドルの兌換に支障が出てくるのではないかとの懸念が浮上してきた。このような懸念を払拭するために，1961年10月には金プール協定が発足し，金とドルの安定化を図る対策が欧米主要各国で行われた。しかし金価格の上昇，ヴェトナム戦争によるアメリカの疲弊等にともなってドル不信が高まり，ブレトンウッズ体制への信頼は徐々に揺らいでいった。1971年8月にアメリカのニクソン大統領がドルと金との兌換を停止する措置を発表し（ニクソン・ショック），ブレトンウッズ体制は崩壊することとなった。

その後，1971年12月にスミソニアン会議が開かれ，円に関しては1ドル＝360円から308円に基準相場が変わり，固定相場制は一時的に維持されることとなった。これに対し固定相場制の崩壊を見越した為替投機筋に，各国通貨当局は介入で抵抗したものの，結局押さえ込むことは無理であった。1972年6月にまずイギリスが変動相場制に移行し，日本は73年2月に，EC（欧州共同体）諸国は同年3月にそれぞれ変動相場制に移行することとなり，スミソニアン合意は短期間で終わりを迎えた。

4. 変動相場制移行後の主なできごと
1　オイル・ショック

各国が固定相場制から変動相場制に移行して間もない時期である1973年10月に，第四次中東戦争が勃発した。これを受けて，石油

輸出国機構（OPEC）に加盟している一部の産油国が原油価格の引上げを発表し，いわゆる第一次オイル・ショックが起きる事態へ発展していった。この結果，日本では原油価格上昇にともなって商品価格が値上がりし始め，トイレットペーパーや洗剤などの買占め騒動が起きるなど，国内の物価情勢は急激な悪化を示すようになった。こうして変動相場制移行後に，260円近辺で推移していたドル・円相場は，一時300円程度まで円安が進行した。

1978年にはイラン革命で同国からの原油供給が途絶え，再び世界的に原油価格が上昇する第二次オイル・ショックが勃発した。

② プラザ合意以降

1980年代初めのアメリカ経済は，財政赤字が増大しているものの，景気拡大のもとで長期金利が上昇し，市場ではドル高が進行した。ついには，過度なドル高是正に向け，1985年9月ニューヨークのプラザ・ホテルでG5（先進5カ国財務相・中央銀行総裁会議）が開催され，対外不均衡の解消を目的とした合意が発表された（プラザ合意）。その後，アメリカが金融緩和に踏み切ってドルの金利面での魅力が低下したことや，日米の間でドル高・円安是正に向けて介入が行われたことにより，ドルは下落し始め，1987年1月には1ドル＝150円近辺までドル売り・円買いが進行した。しかし，プラザ合意が発表されてから100円近くもドル安・円高が進行したことで，今度は逆に急速なドル安を警戒する向きが広がった。1987年2月にG7（先進7カ国財務相・中央銀行総裁会議）はルーブル合意を発表し，そこでは過度なドル安進行に対して懸念が示され，各国で協力して当時の水準前後で為替相場の安定を図るように行動していくとの姿勢が打ち出された。しかしドル安の流れに歯止めをかけることはできず，その後も1987年10月にブラック・マンデーが起きて株価が暴落するなど，アメリカ経済の不安定な状況が続いたこともあり，90年代前半まではドル安傾向が続くこととなった。とく

に円高の流れは止まらず，1995年には1ドル80円を割る水準まで円が買われることとなった。

③ 1990年代の新興国での経済通貨危機

1995年のメキシコ通貨危機が一段落した97年に，それまで著しい経済成長を見せていたタイで通貨危機が勃発した。かげりの見え始めた同国の経済事情を背景にヘッジ・ファンドがタイ・バーツ売り／ドル買いを集中的に行った。これに対してタイ政府は，自国通貨防衛に努めたものの，市場では急激なタイ・バーツ安となった。このタイ・バーツ安が，韓国やインドネシアなど他のアジア各国にも飛び火し，アジア通貨危機と総称されることとなった。またこのアジア通貨危機は，アジア以外の新興国でも金融危機を引き起こす引き金ともなった。

1998年にはロシアで経済危機が起こり，ルーブルの価値が著しく低下し，さらにロシア株式などが急落した。ロシアからの資本の流出が進み，ついに債務不履行（デフォルト）に追い込まれ，ロシア経済は大きく混乱した。アメリカのヘッジ・ファンドはロシア株式やルーブルに巨額な投資をしていたが，一部のヘッジ・ファンドの損失額は大きく膨らみ，大手ファンドLTCM（Long Term Capital Management）は破綻に追い込まれた。

このように，アジア諸国，ロシア，その後のブラジル等，新興国が引き起こした経済危機や金融危機は，先進各国の金融市場の混乱も招く結果となった。

④ ヨーロッパ単一通貨，ユーロの誕生

ヨーロッパの単一通貨ユーロは，当時のEU（ヨーロッパ連合）加盟国のうちイギリス，デンマーク，スウェーデン，ギリシャを除く11カ国で導入された。1999年1月4日，1ユーロ＝1.17ドル台で取引を開始したユーロは下落を続けた。ユーロが通貨として実際に市場で流通すれば，ユーロ高が進むと予想する向きが多く，この

ためユーロ高を見込んでいた市場参加者は、発足以前にドイツ・マルクなどの通貨を積極的に買い集めるなど、先回り的にユーロ買いのポジションを構築していた。ところが実際にユーロは発足したものの、ユーロは売られ続け、ユーロ高を見込んでいた市場参加者の失望売りを誘ったことが、一段のユーロ安につながっていたものと見られる。2000年9月には日米欧の通貨当局がユーロ買いの協調介入に踏み切ったが下げ止まらず、同年10月26日にユーロ・ドルは1ユーロ＝0.82ドル台前半の史上最安値をつけた。当時はアメリカ経済が比較的好調だったことや、ユーロ圏内の経済格差が大きく、EUとしての経済政策の取りまとめが困難視されていたことなどがユーロ安・ドル高の根本に存在していた。

しかし、ユーロの対ドル相場は2000年10月を境に大きな転換を迎えた。低迷していたユーロ圏の景気が右肩上がりに回復し始め、ITバブル崩壊でアメリカの経済が失速し始めると、ユーロは持ち直しを見せて、市場の信頼を得るようになってきた。2005年末からECB（ヨーロッパ中央銀行）の政策金利は利上げサイクルに入り、対ドルにおいてユーロ高が加速した。1999年の誕生から10年目に入ったヨーロッパ単一通貨ユーロは、2008年2月に節目と見られた1ユーロ＝1.50ドルを突破し、4月には一時1ユーロ＝1.60ドル台をつけるなど、市場では急速なユーロ高・ドル安が進行した。さらに、サブプライム・ローン問題などアメリカ金融市場の混乱を受けてFRB（連邦準備理事会）が金融緩和に踏み切り、政策金利であるFF金利（Federal Fund Rate）を断続的に引き下げたため、欧米の金利差が拡大した流れを受けてユーロ買い・ドル売りが進行した。

しかしその後の世界的金融経済危機に巻き込まれてヨーロッパの景気も悪化し、ECBも大幅に政策金利を引き下げたため、ユーロは対ドル、対円での急落を余儀なくされた。

ただ、すでにユーロは各国における外貨準備高で米ドルに続く地

位を占めている上に、新興国を含む各国は外貨準備をドル一辺倒で保有することのリスクを感じており、長期的に見れば第2の基軸通貨としての存在感は、今後高まっていくものと思われる。

5 ヘッジ・ファンドの隆盛とキャリー・トレード

1990年代からマーケットで存在感が高まってきたのが、ヘッジ・ファンドである。ヘッジ・ファンドとは、富裕層や機関投資家などから資金を調達し、その資金を幅広い商品（為替、株式、債券、商品市況、デリバティブ金融商品など）に運用して収益をあげる投資会社等を指す。ヘッジ・ファンドは顧客から集めた資金をあらゆる市場で効率的に運用し、手数料や報酬を差し引いて、顧客に返還するシステムをとっている。ヘッジ・ファンドの有利な点は、一般的に私募によって資金を調達しているため、政府などによる規制や監督が緩いことである。

1990年代の為替市場では、ヘッジ・ファンドは後述のキャリー・トレードに加えて、経済の弱い国の通貨を狙い撃ちして売り浴びせる手法を得意としており、為替市場に対する影響力は大きかった。その後1998年にはアメリカの大手ヘッジ・ファンド、LTCMの破綻により、一時的にヘッジ・ファンドの勢いが削がれる場面もあったが、ファンド・オブ・ファンズ等のリスク分散手法が導入されるようになったこともあり、再びヘッジ・ファンドはその勢いを取り戻してきた。

日銀の1999年のゼロ金利政策、2001年の量的緩和策導入で、円を調達したキャリー・トレードが容易になり、ヘッジ・ファンドの活動が目立ってきた。キャリー・トレードとは、金利の低い通貨を調達し、それを売って金利の高い通貨や金利の高い金融商品に投資し、その利鞘を稼ぐ方法をいう。たとえば、低金利である円を売り、金利が高いオセアニア通貨のオーストラリア・ドルやニュージーランド・ドルを購入して運用する取引などがあげられる。古くは

1980年代の前半から国内の生保各社が,円投でアメリカ国債など を購入し運用してきたが,これも一種のキャリー・トレードである。 1990年代から最近まで,ヘッジ・ファンドだけでなく機関投資家 はこうしたキャリー・トレードを活用し,高金利通貨との金利差や 為替差益を目的として活発に取引を行ってきた。

　最近では個人の外為証拠金取引が増加しているため,ヘッジ・ファンドや機関投資家以外にも,円キャリー・トレードの主体として,個人投資家の存在感が高まってきた。市場が円安方向で推移している局面では為替益や金利差で儲けることができるが,円売りポジションが累積されて大きく膨れ上がり,これがはじけると,市場は急速に円高へと移行することがある。これを市場関係者は一般的に「円キャリー・トレードの巻戻し」と呼んでおり,今まで円を売って外貨を買っていた市場参加者が,損失を大きく拡大する可能性も小さくない。2008年秋に端を発した世界的金融経済危機で,とくに対ユーロ,対高金利通貨で円の為替レートが急騰したのは,円キャリー・トレードの巻戻しで,その振幅を広げた面があると思われる。

第2節　外国為替の取引内容と相場

1. 外国為替とは

　遠隔の2地点における債権や債務などの決済は,時間のロスやリスクを考慮すると,非効率的である。このような不便な状況を回避するため,金融機関が媒体として仲介に入り,債権や債務の決済を行う仕組みが可能となった。このような状況が国内で行われる場合は内国為替と定義される。また遠隔の2地点である一方が海外の場合には,こうした決済や取引が国境を越えて行われるため,外国為替という定義が生まれた。そして外国為替において必要なことは,

使用する通貨は国によって異なるため、異種通貨を交換しなければならないことである。このように異なる通貨の取引を交換するための市場を外国為替市場と呼ぶ。外国為替市場では、異なる通貨同士の交換（外国為替の売買）をスムーズに行うために、交換比率が設定される。これが外国為替相場である。

外国為替の売買は、外国とのさまざまな取引の結果生じるものである。それは貿易であったり、証券投資であったり、故国への送金であったりする。また、実需をともなわない投機的取引（スペキュレーション）もあり、これらのすべての取引から生じる為替売買が外国為替市場に集約され、その需給関係で外国為替相場が決まるのである。

また外国為替市場は、株式市場のように立会場があるわけではなく、電話を使ったテレフォン・マーケットと定義づけることができる。ただ最近は、銀行のディーリング・ルーム内にある通信機器や専用回線、あるいは電子ブローキング・システムなどを使用して取引が行われることが増加しているため、テレフォン・マーケットという言い方はあまりされなくなってきた。

2. 外国為替における通貨
1 為替における通貨の種類

東京外国為替市場では主に次のような通貨が、対顧客相場、対銀行相場において取引されている。USD（米ドル）、EUR（ユーロ）、YEN（日本円）、GBP（英ポンド）、CHF（スイス・フラン）、CAD（カナダ・ドル）、AUD（オーストラリア・ドル）、NZD（ニュージーランド・ドル）、THB（タイ・バーツ）、HKD（香港ドル）、SGD（シンガポール・ドル）、KRW（韓国ウォン）、ZAR（南アフリカ・ランド）などがあるが、これ以外にも、他のアジア諸国の通貨や北欧通貨など多くの種類が取引されている。

表7-1 世界の外国為替市場における通貨ペア別の取引高
(各年4月の1営業日平均)

(単位:億ドル相当)

	2001年		2004年		2007年	
	取引高	シェア(%)	取引高	シェア(%)	取引高	シェア(%)
ドル/ユーロ	3,540	30	5,030	28	8,400	27
ドル/円	2,310	20	2,980	17	3,970	13
ドル/ポンド	1,250	11	2,480	14	3,610	12
ドル/オーストラリア・ドル	470	4	980	5	1,750	6
ドル/スイス・フラン	570	5	780	4	1,430	5
ドル/カナダ・ドル	500	4	710	4	1,150	4
ドル/スウェーデン・クローネ	—	—	—	—	560	2
ドル/その他	1,950	17	2,950	16	5,720	19
ユーロ/円	300	3	510	3	700	2
ユーロ/ポンド	240	2	430	2	640	2
ユーロ/スイス・フラン	120	1	260	1	540	2
ユーロ/その他	210	2	390	2	1,120	4
その他の通貨ペア	260	2	420	2	1,220	4
合　計	11,730	100	17,940	100	30,810	100

(注) 四捨五入の関係等で,各項目を加算しても合計と一致しない場合がある。
(出所) BIS, "Triennial Central Bank Survey 2007."

また外国為替市場で交換される互いの2通貨は,通貨ペアと呼ばれ,たとえばUSD/YEN,EUR/USD,EUR/YENなどといった具合に表示される。

2 基軸通貨としての米ドルの存在

世界の外国為替市場において,取引の中心となる通貨を基軸通貨といい,米ドルがその役割を担っている。表7-1にある通り,ほとんどの取引がドル対価で行われている。なお,ドル/円の取引量は,ユーロ/ドルに次いで大きい。

3 外国為替の表示方法

(1) 自国通貨建てと外国通貨建て

たとえば,ある日のニュースで,東京外国為替市場の午前の取引で1ドル=93円00銭まで上昇しましたという報道が流れた場合,

このように外貨1単位に対しての自国通貨の金額を表記するやり方を、日本から見て、自国通貨建てという。またその逆の場合、自国通貨1単位に対しての外貨の金額を表記するやり方を、外国通貨建てという。

(2) コンチネンタル・タームとニューヨーク・ターム

世界中の市場で外国為替売買はほとんどドルを対価として行われており、1ドルに対し他通貨の金額を表示するのを、コンチネンタル・タームといい、他通貨1単位に対しドル金額を表示するのをニューヨーク・タームという。どちらで取引されるかは、通貨ごとに市場慣行で決まっている。

  例：コンチネンタル・ターム　　1ドル　97円40銭
            1ドル　1.1720 スイス・フラン
    ニューヨーク・ターム　　1ユーロ　1.2610 ドル
            1ポンド　1.3828 ドル

3. 外国為替の構成と需給

1 為替市場の構成

外国為替市場とはどのような市場参加者から成り立っているのだろうか。大きく分けて銀行、顧客、中央銀行、為替ブローカーなどで構成されている。

(1) 銀　　行

銀行は為替市場において最も中心的な存在であり、銀行同士で積極的な売り買いを手がけ、さらに自分の顧客に対して為替レートを建値（クォート、後述）し、マーケット・メーカーとしての機能を果たしている。インターバンクのディーラーは基本的に短期的な売り買いが中心で、顧客の為替取引のカバーなどを経て、市場に流動性を供給している。

(2) 顧　　客

　顧客として為替市場に参加している者は多く見られ，一般事業法人（商社やメーカーなど），機関投資家（保険会社，投資信託など），証券会社，などがあげられる。外為証拠金取引を通じ，個人もその存在感を増している。

　また最近ではヘッジ・ファンドや投資銀行等のように大きな金額で投機的な取引を市場で活発に行うプレーヤーがいる。市場参加者が幅広く為替市場で取引を行っているため，市場規模は増加傾向にある。

(3) 中　央　銀　行

　中央銀行は通常においては取引に参加せず，相場が急激に変動し，明らかに行き過ぎた状況のときに介入することによって，市場の安定化を図り，相場を適正な水準に誘導する役割を果たしている。

(4) 為替ブローカー

　為替ブローカーは銀行間の売り買いを仲介することで，為替市場に参加し，銀行にマーケットの流れを随時報告する。銀行のディーラーはブローカーのレート・クォート（quote，建値）や電子ブローキングの画面や音声を参考にして，他の銀行や顧客に建値を提供する。またディーラーはカバー取引を行うときに，為替ブローカーを通じて取引を行えば，瞬時にプライスを得ることができ，電子ブローキング・システムと併用して為替ブローカーを利用する銀行が多い。

② 外為法の規制緩和

　1998年まで国内におけるすべての為替取引は，外国為替公認銀行を通じて行われるなど，厳しい規制のもとに置かれていた。しかしこのような状況（為銀主義）ではあまりにも不都合が多く，非効率的だったことから1998年に新外為法（外国為替及び外国貿易法）が施行され，たとえば企業内あるいはその関連会社との間で，外国

為替の売買を相殺すること（マリー）ができるようになった。また，外国為替公認銀行制度が廃止され，その他の金融機関や一般企業での為替取引が可能となった。一部の証券会社や商品取引業者の中には，個人の外為証拠金取引を手がけるものが出てくるなど，国内における外国為替市場の裾野が広がるきっかけとなった。

③ ドル・円相場の日々の変動要因

外国為替相場とはどのような要因で変動するのか，ドル・円相場を例にあげると次のような要因で動くケースが考えられる。

① 日米の株価動向——日経平均株価とNYダウ平均の上げ下げの変動幅が大きいときは，為替相場の値が振れやすい傾向にある。

② 日米の金融政策——政策金利の引上げや引下げなどによるもの。

③ 中央銀行の介入などによる通貨政策——予想外のタイミングで介入が実施される，あるいは協調介入など通貨防衛に対して強い姿勢を見せれば，相場は大きく動く可能性がある。

④ 日本の経済指標——日本の場合に注目されているのは，日銀短観，GDP（国内総生産），全国消費者物価指数（CPI），機械受注統計など。

⑤ アメリカの経済指標——アメリカの場合に注目されているのは，雇用統計，ISM（供給管理協会）が発表する製造業と非製造業の景況感指数，GDP（国内総生産），小売売上高，新規失業保険申請件数など。

⑥ 日米の要人発言——たとえば日本の場合は日銀総裁や財務・金融担当相など，アメリカにおいてはFRB議長や財務長官の発言による影響力が大きい。

⑦ G8（先進8カ国財務相・中央銀行総裁会議）など世界的な会合の結果など——相場の急激な変動に対して主要各国が強い協

調姿勢を打ち出せば，相場が反転する可能性がある。
⑧ テロや戦争の勃発——これらのできごとが起きた場合，経済的な打撃や地政学リスクが高まることから，当事国や関連国の通貨は売られやすくなる。
⑨ 他の通貨による影響——ドル・円相場においては，ユーロ・ドル，ユーロ・円，ポンド・ドル，などの主要通貨に際立った動きがあると，その流れにつられて動意付く（変動し始める）場合がある。たとえば，ユーロ・ドルでユーロが大きく買われドルが売られると，ドル・円もドル売り地合いになって下落してしまうなどの現象が起こることがある。
⑩ 原油先物相場の上げ下げ——とくにNY原油先物相場であるWTI（ウェスト・テキサス・インターミディエート）が，急騰あるいは急落するときには，経済活動への影響が強まるため，為替相場の動向に影響を及ぼす場合がある。

4 外国為替の変動を説明する主要な説

① 国際収支説——為替相場は国際収支による影響が大きく，需給を反映して相場が動いていると考える説。
② 購買力平価説——ある商品を手に入れようとする場合に，国によって通貨が異なることから，それぞれいくら支払わなければならないのかを比較する説（たとえば，日本で400円するコーヒーがアメリカで4ドルするならば，1ドル＝100円である）。この例は単純化されたものであるが，2国の購買力の比較で為替レートが決定されるというのが購買力平価説であり，為替の基礎理論である。
③ アセット・アプローチ説——為替レートは金融資産（アセット）に対する需給関係によって大きく左右される。このため金利の変化や為替相場の変動を予測しながら，短期的な資本が移動し，為替相場に影響を及ぼしているという説。

④ 為替心理説——外国為替相場は，市場に参加している人々の思惑が動かしており，心理的な要因による影響が大きく，他のいろいろな要因と複合して為替レートは変動しているととらえている説。

5 相場を形成する需給

(1) 実　需

為替相場は外貨（邦貨）の需給によって変動するため，その要因となる売り買いを考察するためには，国際収支の項目から判断するとわかりやすい。国際収支とは2つの種類に分かれて構成され，経常収支，資本収支と呼ばれている。

① 経常収支は主に3つの項目で構成され，貿易収支（商品の輸出・輸入），サービス収支（サービスへの対価の受払い），所得収支（利子，配当等の受払い）である。
② 資本収支は主に直接投資と証券投資で構成されており，短期資本収支と長期資本収支に分けることもできる。

一般的には，貿易収支や資本収支の黒字は，その国の通貨高を引き起こしやすいといわれている。しかし実際の為替相場は複雑な要因が絡み合って形成されており，経常収支や資本収支の金額が必ずしも反映されるとは限らない。ただ中長期的な相場のトレンドを判断していく上では，国際収支の数字は重要な指標である。

こうした国際収支に反映される個々の取引に起因する外国為替取引は，実需に基づくものであるとの解説が一般的ではあるが，後述するように実需と投機は簡単に分別されるものではなく，判然としないのが実情である。

(2) 投　機

現在為替相場においては，投機による取引が全体の主要な部分を占めており，投機による活発な売買で市場の流動性が確保されている。投機とは，将来の為替相場の変動を予想し，利得を目指してポ

ジションを持つことである。短期的な投機を積極的に手がけている者に，銀行ディーラーがいる。短期的なポジションを保有している市場参加者は，ある程度の利益（損失）が確定するレベルに到達すれば，利食い（損切り）を行い，ポジションはスクエア（ポジションがゼロの状態）にすることが多い。銀行のインターバンク・ディーラーも，1日の間に売り買いを多く手がけた後，最終的にはポジションをスクエアにする場合が多い。なお銀行のディーラーは，顧客などの実需取引の動向を意識してポジションを構築していく場合が多く，相場の形成要因として重要な役割を果たしている。

銀行以外で大きな為替ポジションを持っているのがヘッジ・ファンドと内外機関投資家である。最近は個人が外為証拠金取引を通じ大きなポジション・テイカーとなっている。こうした取引のうち，内外証券の売買をともなうものは前述の実需である資本収支に影響するものの，実質的には投機的取引といえよう。また輸出業者が為替ヘッジとして輸出予約を入れたり，為替動向を見ながらその量を増減（リーズ・アンド・ラグズ）させたりするのは実需と投機の中間に位置付けられる。為替リスクを考慮せずに工場の海外移転は決められない。海外が近くなった現在では，実需と投機を分離することの意味が小さくなってきているのかもしれない。

6 為替平衡操作

為替平衡操作とは，変動相場制において為替レートに急激な変動が見られ，実体経済に悪影響を及ぼす可能性が出たときに，通貨当局（中央銀行）が市場に参入して為替の売り買いを行い，過度な動きを牽制して，為替レートを正常な水準に戻すように努めることである。このような中央銀行の売り買いを市場介入（介入）と呼び，他国の中央銀行に介入を依頼して実施する委託介入や，過度な為替レートの変動を是正するために，複数の中央銀行が協調介入を実施する場合がある。日本においての外国為替平衡操作は，財務省がそ

の権限を持っており、日本銀行経由で市場介入が実施されることになる。

日本で介入が実施される場合には、日銀が銀行に連絡して売り買いを手がける場合と、外国為替ブローカー経由で行われる場合の2種類がある。

また介入が実施される場合に使用される通貨は、日本では米ドルが最も多くなっている。日本の場合、市場介入により必要とされる円貨・外貨は、財務省による国庫短期証券（T-Bill）の発行、アメリカ国債の売却などによって賄われている。なお日本では、2004年4月以降、当局からの口先介入はあるものの、実際の介入実績はゼロとなっている。

介入の効果とはいったいどのようなものだろうか。あげてみると、次のようなものになる。

① 介入によるアナウンスメント効果により、警戒感を強めて市場参加者が保有しているポジションや相場観の修正をする効果。
② 実際の介入における金額も巨額な場合が多く、為替相場の需給関係に作用して、為替レートを調節して適正な水準に誘導する効果。
③ 為替相場が極端に一方向に傾いていた場合に、介入によってその積み上がっているポジションが巻き戻されて、それまでのトレンドとは逆方向に大きく動き出す効果。

7 為替のリスク

変動相場制のもとで、為替レートは常時変動しているため、海外と取引のある者は常に為替リスクにさらされている。たとえば国内の輸出業者は、商品などをアメリカへ輸出した場合に、数カ月後にその代金をドルで受け取ることになる。その数カ月の間で、ドル・円相場が大きく変動すると、受け取る金額が大きく異なってくる。為替リスクの簡単な例である。このようなリスクをヘッジするため

に，先物でドルを売って円を買う取引が必要になる（第8章参照）。

　こうした為替リスク以外に，為替取引においては次のようなリスクが存在する。

（1）信用リスク

　取引相手の金融機関の倒産などによって，決済ができなくなるリスクである。カバーの売買を行う際に為替差損が発生するリスクがともなう。最近では，経営状況が悪化している金融機関に対するクレジット・ラインのチェックは厳しくなっている。

（2）流動性の低下リスク

　為替リスクの一種であるが，たとえば週末におけるNY市場の終盤などは，市場参加者が非常に少なくなり，流動性が低下する。この結果，ポジションを保有しているプレーヤーは，提示されるプライスのスプレッドが拡大して，希望するレートで取引できず，損失を被るおそれがある。また市場が薄くなっていることで，まとまった買い注文（売り注文）が入ると，相場が大きく振れるリスクが存在する。

（3）カントリー・リスク

　取引相手の国で政変や戦争などが起きて，資本流出や資本流入が規制される場合が考えられる。このような事態が生じた場合は，為替取引が円滑に行われないリスクが存在する。

（4）災害リスク

　地震等災害により物理的に金融機関が決済できなくなるリスクが存在する。

第3節　市場における為替取引

1. 取引の種類
1　直物取引（スポット取引, spot transaction）

　直物取引とは，異なった2国の通貨の一方を売却し，同時にもう一方の通貨を購入する，外国為替の基本的な取引である。通常直物為替取引の決済日は2営業日後となり，たとえば，ドル・円において12月1日（月）に取引を行ったとすると，資金の受渡し（delivery）は翌々日の12月3日（水）となる。12月5日（金）にドル円の取引を行った場合は，週末をまたぐため決済日は12月9日（火）となる。そして各通貨の受渡しは通常それぞれの通貨国で行われることになる。

2　アウトライト取引（outright transaction）

　アウトライト取引とは，先日付の2国通貨の売買を指す。直物取引を先日付で行ったと考えてもよい。顧客との取引では頻繁に見られるが，インターバンク市場ではこのカバーは直物取引とスワップ取引の合成で行われるため，アウトライト取引そのものが市場で見られるのは稀である。

3　フォワード取引（スワップ取引, forward / swap transaction）

　フォワード（スワップ）取引とは直物を売ると同時に先物を買う（あるいはその逆の取引）など，受渡日が異なる売り買いを同時に行うことを意味する（第8章参照）。

2. 市場での取引単位

　東京インターバンク市場で行われる為替取引においては，慣行として最小取引の金額が決められ，通常は100万ドルが最低の金額とされている（ただ，実際には20万ドルや50万ドルといった小口の取

引も行われている)。ドル・円相場は,現状,300万ドル,500万ドル,1000万ドル,2000万ドル,といった金額の取引を中心に行われている。

フォワード取引はより大きな単位で行われることが多い。

3. 公表相場,仲値制度

外国為替市場においては,インターバンク市場の実勢レートを基準に,それぞれの銀行独自の対顧客レートが算出される。この顧客レートは東京市場の午前10時頃に取引されているレートを基準として銀行ごとに算出され,決定される。これは仲値と呼ばれ,この仲値を基準として,顧客に対する電信売り相場(TTS)と,顧客に対する電信買い相場(TTB)が発表される。たとえば,ドル・円の仲値が92円50銭だった場合に,電信売り相場(TTS)93円50銭,電信買い相場(TTB)は91円50銭になる。

以前は市場実勢がドル・円相場の仲値よりも1円以上の円高・あるいは円安に振れた場合には市場連動制となり,2円以上動いた場合は新たな公表相場を取り決める等の銀行統一ルールが存在した。しかし現在では相場が大きく動いた場合の公表レートの取扱いは各金融機関の裁量に任されており,まちまちとなっている。

4. 東京外国為替市場の特徴

日本の外国為替は,大部分が東京市場で取引されている。東京外国為替市場の特徴としてあげられるのは,顧客が市場に影響を与えやすいということである。他の欧米市場に比べると,顧客による為替取引の割合が高く,銀行など金融機関のディーラーは,彼らの動向を参考に自分の相場観を決めることが多くなっている。

また,東京外国為替市場における通貨別取引量を見ると,ドル・円取引が最も多く,全体の約6割近くを占めている。他の通貨では

ユーロ・ドルとユーロ・円が主に取引されており，英ポンドやスイス・フランなど他の主要通貨に絡んだ取引は，欧米市場と比較すると少ないことが特徴となっている。最近のドル・円相場の傾向としては，東京市場では比較的狭い値幅の中で推移し，ロンドン市場やニューヨーク市場で値動きが活発になるケースが多く見られる。これは日本の経済指標や株価動向が為替相場に与える影響は限定的で，欧米における経済指標，株価動向，要人発言を手がかりに為替相場が動意付くことが多いことが要因として考えられる。

また一時期，税制上のメリットや東京市場の低迷を背景に，東京からシンガポールに拠点を移す欧米の銀行も見られた。しかし，ここ10年来，円関連取引の中心としての東京が見直され，再び拠点を東京市場に回帰させるケースが出てきている。

5. 取引時間と海外市場

現在の東京外国為替市場における銀行間取引は，とくに取引時間の制限は行われていない。以前は東京株式市場と同じように，前場と後場に分けられて，取引の時間帯が区切られていた。しかしIB取引（インターナショナル・ブローキング取引）が認可され，海外との取引が増加し始めたことから，取引時間の制限がなくなった。

1日の相場の流れとしては，まず早朝にニュージーランド市場が開き，続いてオーストラリア市場がスタートする。そして東京市場へとバトンタッチされ，次いでシンガポールと香港が参入してくる。そして夕方の早い時間帯にはヨーロッパでスイス市場やフランクフルト市場などが開き，そしてロンドン市場が始まる。ロンドン市場の昼頃になると，ニューヨーク市場が開き，NY市場の終わりになるとニュージーランド市場がスタートするなど，1日中どこかで為替市場が開いていることになっている。このように週末以外，為替取引は24時間中行われているため，ポジションを持っている市場

参加者にとっては，いつでも反対売買が可能であることから，安心してポジションを管理することができるのである。

6. 市場取引の実際

　外国為替市場では，為替レートを建値（クォート）するマーケット・メーカーが存在し，主に主要銀行がその役割を果たしている。一方でマーケット・メーカーに対して，プライスを求め，それによって為替相場の売り買いを手がける市場参加者をマーケット・ユーザーと呼び，一般の企業や機関投資家，個人投資家などがあげられる。また銀行はマーケット・メーカーの顔を持つ反面で，マーケット・ユーザーでもあり，他の銀行に為替レートの建値を求めるケースも多く存在する。なお最近の東京市場においては，メガバンクなど顧客の注文が集まりやすい銀行が，マーケット・メーカーとして機能していることが多い。

　メガバンクなどのマーケット・メーカーは積極的に為替相場に参加して，多くの顧客獲得を目指し，存在感を高めている。

　また外国為替ブローカーは担当銀行から出てくるオーダー（売り注文・買い注文）を，より速く，より正確に他のブローカーに伝える。そしてブローカーは銀行に市場の売り買いのプライスをクォートし，取引を成立させる媒介機能を果たしている。

　外国為替ブローカーは単純に銀行から出てくる売り買いを結びつけているだけで，自己資金でのポジションは保有しておらず，ブローカレッジ（手数料）を双方の銀行から受け取ることによって，商売が成り立っている。

□　主な市場取引用語

　為替市場において使用されている取引用語では次のようなものがあげられる。

　マイン（Mine）＝買った（フォワード取引では期先のドル買い）。

スリー・マイン（Three〔3百万ドル〕，Mine），テン・マイン（Ten〔10百万ドル〕，Mine）などのように金額を先に明示する。マインのみ発声された場合は，その相場の売り金額全額に対する買いを意味する。ユアーズ（Yours）＝売った（フォワード取引では期先のドル売り）。マインの場合と同様，金額を頭につけて明示する。スリー・ユアーズ（Three, Yours），テン・ユアーズ（Ten, Yours）などと発声する。Mine, Yours は俗にいうと，そのドルは「俺のものだ」，その値段で「お前にドルをあげる」との意味合いで，ディーラー，ブローカーの仲間うちでは仕事以外にもよく使われる言葉である。

なお昔は買った，売ったという日本語が使われていたが，最初の発声が途切れたときに間違いやすいので使用されなくなった。相場は，ビッド（Bid）＝買いレート，オファー（Offer）＝売りレート，で表示される。また，オフ（Off）は，すでに出していたオーダーを取り消すことをいう。

② 相場のクォート

まず，インターバンク市場における直物相場の建て方を見ると，通常ビッド（買値）とオファー（売値）の双方が提示される。たとえばドル・円相場において，クォートを依頼された銀行のビッド（買値）が93円30銭，オファーが93円35銭とすると，「93円30-35銭」と表される。93円の大台を市場参加者は認識しているので通常は省略され，口頭では「サンマル，サンゴー」（30銭と35銭の意味）と下2桁が棒読みされる。このようにドル・円の場合，ビッド，オファーの順にクォートされる。これを相手方の銀行から見れば，ドルを買いたいときには1ドルにつき93円35銭を支払い，売りたいときは93円30銭を受け取ることになる。相手方銀行にとっては，買う相場は低いほど，売る相場は高いほど収益が上がることとなり，たとえば前の相場で売り相場が93円33銭とクォートされると，93円35銭で買う銀行はいなくなり，買い相場が93円32銭でクォー

トされると，93円30銭で売る銀行はいなくなる。このようにインターバンク市場では，売り買い取引を行う市場参加者にとって最も有利な相場（ベスト・プライス）が瞬時に表示されるシステムとなっている。

③ ブローカー取引

　銀行のディーリング・ルームとブローカーとの間はホット・ライン（専用回線）でつながっており，ボタン1つですぐに取引ができる便利なシステムが採用されている。また刻々と変わる市場のレートを伝えるブローカーの声を流すスピーカーがあり，銀行のディーラー席にセットされている。ディーラーはブローカーを呼び出すことなく市場の状況を把握することができる。一方，ブローカーは銀行から出たオーダー（売り注文・買い注文）を集め，取引を成立させていく。ブローカーはまず集めた注文の中から一番安い売りオーダーと一番高い買いオーダーを選択し，マーケットでクォートする。

　直物取引における銀行ディーラーとブローカーの間のやりとりは，次のようにして行われる。

　　銀行：Spot Yen いくら？
　　ブローカー：75-80（ナナゴハチマル）です。（たとえば92円75-80銭の場合，一刻の時間の無駄を省くため，92円の大台を省略して銭単位の部分のみを伝える）
　　銀行：Ten Yours.（92円75銭で1000万ドルを売りたいとの意味）
　　ブローカー：75で10本（1000万ドル）できます。
　　銀行：OK，10本 Done（取引の成約を告げる言葉）。どこですか？
　　ブローカー：××銀行東京へ5本，××銀行香港へ5本，75で売りました。

　このケースでは，買いが10本以上あったので，即座に「Ten

Done」となったが、この相場で買いが 5 本しかなければ、ブローカーが「Five Done です」と返事することでこの取引は終わる。

前述の 93 円 30 銭で買い注文を出していた銀行も、ブローカーが「Done」と言ってくる前であれば、「オフ」とコールしてオーダーをキャンセルすることができる。

なお、買い相場がヒット (hit) され、取引が成立した場合、ドルが売られたという意味でギブン (given) されたといい、逆にドルが買われた場合はテイクン (taken) されたという。

また、取引を終えて一段落すると、銀行側からブローカー側に対して次のような確認作業が行われる。

 銀行：コンファーム（確認）したいのですが、よろしいでしょうか。

 ブローカー：お願いします。

 銀行：××銀行東京に 92 円 75 銭で 500 万ドル売りました。次に××銀行香港に 92 円 75 銭で 500 万ドル売りました。以上 2 件です。

 ブローカー：はい、そのようになります。どうもありがとうございました。またよろしくお願い致します。

このような形で銀行側とブローカーの間で、取引相手のネームと売り買いや取引の金額に間違いがないかのやりとりが行われている。万が一売り買いの金額や取引の金額に間違いが生じても、すぐに気付けば、即座にポジションや金額を突き合わせて、実際に行った取引と同じようにカバーすることが可能となる。このため、ブローカー、ポジションを多く取り扱っているメガバンクや欧米の大手金融機関などは、コンファーム（確認作業）を早めに行うことでミスの軽減を図っている。

④ 確認と資金の受渡し

取引が成立した銀行間では、そのディール（個別取引）に対して、

互いの条件（通貨の種類，金額，レート，受渡しする場所）などが記載されている確認書（コンファメーション・スリップ）が互いに発行され，ディールの内容に間違いがないかを確認する作業が，各銀行内のバックオフィスで行われている。ブローカーを通じて取引が成立した場合は，それに加えて，ブローカー側が双方の銀行に対して確認書を発行し，確認作業が行われる。たとえばA銀行がB銀行からドル・円相場において92円55銭で1000万ドルを買った場合は，取引が成立した2営業日後に受渡しが行われ，A銀行はB銀行に対して9億2550万円を支払い，B銀行はA銀行のニューヨークにある口座に1000万ドルを振り込むことにより，取引が完了することになる。また銀行間の外貨資金受渡しは現在「スイフト・システム」が導入されており，資金の決済が円滑に行われている。

第4節 市場の構造

1. 外国為替ブローカー

外国為替ブローカーは銀行同士の為替取引を仲介する役割を果たしており，銀行はブローカーに対して売り買いの注文を出す。銀行のディーラーは通貨の種類，金額，希望するレートを伝えることにより，ブローカーは取引先の金融機関の中から条件に合った相手先を探し出して，売り買いを結びつけ取引を行う。ディーラーが自分の希望に合った取引条件を独力で探すのは労力と時間を必要とし，非効率的な作業になるため，ブローカーに仲介を依頼して取引を円滑に済ませることができる。為替レートは常に変動しているため，リスクを考慮すると，銀行ディーラー側から見てもより早く取引が成立したほうが，自分の仕事をスムーズに進めていく上では有利となる。

日本のブローカー会社の歴史を振り返ってみると，終戦後1952

BOX 7-1　為替ブローカーの1日

　為替ブローカーの1日は，通常朝7時から8時の間に出社して始まり，まず銀行の売り買い注文を待つことになる。マーケットの状況によっては朝7時半過ぎから注文が出始めることもあるが，通常取引が活発になるのは，午前8時以降である。その間は，前日の欧米市場におけるレンジのチェックや，新聞の為替関連の記事に目を通し，為替相場のイメージを頭に浮かべて，ブローキングの準備をする。その後，徐々に銀行からの引合いが多くなる。そして仲値の決まる午前10時前後には，銀行サイドに顧客からの注文が多く集まり，売り買いの需要が高まることになる。この結果，ディーラーからのオーダーが入りやすく，仲値にかけての取引は連続して売り買いが成立することが多いので，為替ブローカーはアマウントの相違や，売り買いが合わないなどのミスをしないように，集中して臨んでいく。

　また昼の12時から1時半までの間に，為替ブローカーは交代で昼食をとっているが，市場は昼でも開いており，レートは変動していることから，ディーラーからの注文が入ることも多く，基本的に為替ブローカーは，席を外せない状況となる。

　東京市場の為替ブローカーは，各自担当銀行を数行任されており，忙しい人間は1人で多くのブローキングを手がけることになる。市場が荒れているときなどは，ディーラーのオーダーやヒットが重なって，わかりづらい状況が起きることがある。このような場合は，周りの為替ブローカーがアシストして，銀行の売り買い状況やアマウントを計算し，ブローカーあるいは銀行に不測のロスが発生しないように対処して，マーケットの流れが滞らないように努めている。

　また，為替ブローカーの中には，リンク・マンと呼ばれ，海外のライン（香港やシンガポールの銀行）に，東京市場の売り買いをクォートしている人間が存在する。リンク・マンは夕方になると，ロンドンにある同業の提携会社に電話をつないで，東京市場とロンドン市場のプライスを互いに流し，中継する役割を果たしている。

　東京市場の夕方6時を過ぎると，銀行のディーラーもポジションを縮小する，あるいはスクエアにする傾向にあるため，為替ブロー

> カーへの注文が少なくなってくる。徐々に為替ブローカーは銀行に帰る挨拶を済ませ，午後6時半から午後7時ぐらいに退社し，為替ブローカーの1日が終了する。

年に東京外国為替市場が再開され，一部の短資会社が東京と大阪でドル直物の仲介を始めるようになった。再開後の市場は徐々に発達し，需要と供給はともに高まり，市場参加者も増加してきた。このような流れを受けて，東京市場ではブローカー会社の参入が相次ぎ，1978年には10社を数えることとなった。しかし同業社との競争激化による収益の悪化や，短資会社の合併による影響を受けて，体力が低下したブローカー会社の一部は業務を停止する事態に至った。

また近年では電子ブローキングの台頭により，ボイス・ブローキングのシェアが縮小し，ブローカー会社は生き残りを賭けて，人員の削減に踏み切り，さらに新しいシステムを導入して，経営の効率化，海外ブローカーとの提携，顧客へのサービス拡充などの企業努力を行っている。

2008年12月現在，実際に市場で営業を行っているボイス・ブローカー会社は次の通りである。それぞれ為替，外貨資金，デリバティブなど得意分野で特徴のある営業を行っている。

トウキョウフォレックス・上田ハーロー，東短キャピタルマーケッツ，上田ハーロー，日短キャピタルグループ，日短エフエックス，日短マネーマーケッツ，山根タレットプレボン，タレット・プレボン・ジャパン，メイタン・トラディション，TFS ICAP，BGCキャピタルマーケッツ（ジャパン）。

なお，電子ブローカーは次の2社である。

イービーエス（EBS）ディーリング リソーシーズ ジャパン，トムソン・ロイター・ジャパン

2. 電子ブローキング

　電子ブローキングとは，ディーラーが自分の希望する金額，レートなどを入力すると，コンピュータが作動して，ディーラーの希望に合った売り買い注文を他の金融機関に提示し，希望に合った条件で売り買いを結びつけるシステムをいう。日本ではロイターが1992年，マイネックスが93年，そしてEBS（エレクトニック・ブローキング・サービス，当時）が同じく93年に，電子ブローキング・システムを導入した（なお，マイネックスは96年，EBSに営業譲渡した）。電子ブローキングが稼動し始めると，使い勝手のよさもあって急速にシェアを伸ばし，現在では直物為替の約9割を占めるいわばマーケットの中心的存在になった。現在電子ブローキングにおいて圧倒的な強さを誇っているのが，EBSであり，急成長の背後には出資している欧米の銀行によるサポートにより，プライスが集まりやすくなっていることが影響している。電子ブローキングがここまで急成長して市場に活用されるようになった理由は次のような点が考えられている。

① 仲介手数料が人間の仲介するボイス・ブローカーよりも安いこと。

② 音声のほかに，映し出される画面にレートと金額が表示されるため，マーケットのイメージがわかりやすく把握できて，ミスが少なくなること。

③ 事務処理が簡単で，さらにコスト削減にもつながっていること。

④ 人間と違ってコンピュータは疲れを知らず，何時間でも一定のリズムでレートをクォートできること。

⑤ 電子ブローキングで提示されている価格をヒットすると，2社の金融機関がほぼ同時にヒットした場合は，0.1秒でも早いほうがその価格で取引できる。このような公正さがコンピュー

タにより確保されていること。

このように電子ブローキング・システムはメリットが多いことから，現状において金融機関のディーラーにとっては欠かせない存在になっている。こうした電子ブローキング・システムの台頭により，従来銀行のディーラーにとって大きな役割を果たしていたボイス・ブローキングは，マーケット・シェアが大きく低下している。しかし，電子ブローキングのコンピュータ・システムにトラブルが生じた場合には，銀行のディーラーは人間が仲介しているブローカー会社に頼らざるをえず，電子ブローキングのみへ依存することはリスクが高いとの見方が強くなってきた。このため最近では，ボイス・ブローキングが銀行などのサポートを得て，持ち直す状況も出てきている。

3. 海外主要市場との規模比較

日本と海外主要市場の外国為替取引の規模を比較してみよう（表7-2，表7-3）。国際決済銀行（BIS）サーベイ対象の54カ国中，G7諸国市場の取引規模が65％を占めている。中でもイギリス（ロンドン）の規模が大きく，アメリカ（ニューヨーク）が2番目となっている。3番目は日本（東京）とシンガポールが争っており，他のアジア地区では香港での取引が多くなっている。近年，世界的に取引高が伸展している中で，東京市場の停滞が目立っている。

表7-2 3大外為市場の総取引高比較（各年4月の1営業日平均）

(単位：億ドル)

	東　京		ロンドン		ニューヨーク		全世界
2001年	1,470	9.1 %	5,040	31.2 %	2,540	15.7 %	16,160
04	1,990	8.2	7,530	31.0	4,610	19.2	24,290
07	2,380	6.0	13,590	34.1	6,640	16.6	39,880

（出所）　BIS, "Triennial Central Bank Survey 2007."

表7-3 世界の外国為替取引高推移(各年4月の1営業日平均)

(単位:億ドル)

年	1992	1995	1998	2001	2004	2007
スポット(直物)	3,940	4,940	5,680	3,870	6,310	10,050
先物アウトライト	580	970	1,280	1,310	2,090	3,620
為替スワップ	3,240	5,460	7,340	6,560	9,540	17,140
(推計誤差)	440	530	600	260	1,060	1,290
外為取引合計	8,200	11,900	14,900	12,000	19,000	32,100

(出所) BIS, "Triennial Central Bank Survey 2007."

# 第8章

フォワード市場

第1節 フォワード取引の概要

1. フォワード取引とは

フォワード（為替スワップ）取引とは，直物（スポット）為替を売る（買う）ことと，将来の先物為替を買う（売る）約定を同時に行う，インターバンク市場取引の1つである。たとえば，A銀行はB銀行にスポット応答日（期近）にドル（ドル・円の場合）を売り，6カ月先の受渡日（期先）にそれと逆の取引，すなわちB銀行からドルを買い戻す，といった2度の取引を1つの取引として約定することである。

取引される通貨もさまざまで，ドルと円，ユーロとドル，ユーロと円，オーストラリア・ドルと米ドルといった通貨の取引が行われている。それ以外でも，アジア通貨，北欧通貨などが取引されることも少なくない。インターバンク取引ではレギュラー・タームと呼ばれる定型の期間物で取引されることが多く，オーバーナイト（約定日当日〜翌営業日），トムネ（翌営業日〜2営業日後），スポネ（2営業日後〜3営業日後），そしてターム物として1〜3週間，1カ月〜1年物などがある。

以前，フォワード取引はスワップ取引とも呼ばれていたが，デリバティブ取引の拡大にともない，金利スワップ取引がスワップ取引と呼ばれるのが一般的になってきた。それ以降，市場の慣行として，為替スワップ取引はフォワード取引と呼ばれ，区別されるようになった。

2. フォワード市場の構成者

フォワード取引はスポット取引と同様にインターバンク市場で行われ，多様な顧客を有する邦銀および外銀といった金融機関，その取引の仲介をしているブローカーで構成されており，銀行間直接取引，対顧客取引，そしてブローカー経由での取引が行われている。

取引方法にはボイス・ブローキングと電子ブローキングがある。フォワード市場でも電子ブローキングが普及してきている。トムソン・ロイター社が開発・展開しているスクリーンビジネスが先行し，ICAPグループによる電子取引も展開しつつある。両者の出来高は表8-1のように推移している。

とくに資金繰りに使われる短期物などでは，ボイス・ブローカーを通じて行うよりも，スクリーンを介しての取引のほうが効率がよく，手数料も割安となっているため利用頻度が高い。ディーラーはスクリーン上でプライスの確認，ヒット，締結を自分一人でこなすことができる。さらにコンファームと呼ばれる取引明細の確認も瞬時に行われ，ディーラー自身の持高の把握，また他行に対しての信用枠の更新なども行われることから有用なシステムである。ただし，フォワード市場においては，取引の繁雑性などから，スポット市場ほど電子化は進んでいない。

表8-1　東京市場のフォワード取引におけるボイス・ブローキングと電子ブローキングの出来高推移

(単位：100万米ドル)

年	ドル／円取引			ユーロ／ドル取引		
	全社計	ボイス・ブローキング	電子ブローキング	全社計	ボイス・ブローキング	電子ブローキング
2000	3,981,249	2,899,553	1,081,696	920,175	704,071	216,104
01	4,567,739	3,447,720	1,120,019	1,147,229	545,044	602,185
02	5,332,248	3,944,894	1,387,354	1,337,839	588,786	749,053
03	5,961,994	4,411,968	1,550,026	1,626,091	733,960	892,131
04	6,490,145	5,157,957	1,332,188	1,738,708	1,076,918	661,790
05	6,431,159	5,563,386	867,773	1,639,367	1,079,489	559,878
06	7,334,704	6,443,603	891,101	1,606,791	1,218,303	388,488
07	8,835,314	7,649,277	1,186,037	1,646,158	1,150,655	495,503

(資料)　マネー・ブローカーズ・アソシエイション。

第2節　フォワード取引の実務

1. 実際の取引例

それでは，ここで実際に取引されている事例を紹介しよう。前節で述べたように従来の専用回線と呼ばれるマイク・スピーカー，もしくは電話を用いた取引が主流だが，最近ではコンピュータ上での会話（メッセージ機能と呼ばれるもの）を使った取引も増えてきている。ブローカーと顧客の間では，たとえば，以下のようなやりとりがなされている。

　　ZZZ銀行：ドル・円の6マンス（6カ月物）は今いくら。
　　ブローカー：（ビッド）235-（オファー）230です。[1]
　　ZZZ銀行：では230を100本マイン（＝期近でドルの売り／期先でドル買い）。
　　ブローカー：AAA銀行です，チェックをお願いします。

ＺＺＺ銀行：クレジット・ライン（与信枠）問題なし，OK。
　　ブローカー：AAA銀行からも Agree されました，100本ダンです。
　　　　　　　スタート・レートは115円ちょうど（00銭）でいいですか。[2]
　　ＺＺＺ銀行：OK。

また，クレジット・ライン（与信枠）に余裕がない場合は，チェックの依頼があった後のやりとりが以下のようになる。

　　ＺＺＺ銀行：クレジット・ラインがタイトな（きつい）ので，できない。
　　ブローカー：ナッシング・ダンです。

このようなやりとりの結果，以下のような取引が行われることに

---

1) 「ビッド」「オファー」を声に出して言うことは少なく，数字だけをクォートすることが多い。なお，今でこそ使われなくなったが，以前はビッド・サイド（＝ドルを売って買い戻す）を「とり」，オファー・サイドを「はらい」と呼んでいたこともあった。「とり」は為替差益を取ることを，「はらい」は為替差損を払うことを意味していた（ただしプレミアム体系では逆なので，意味合いも逆となるため混同されることを避けて使用されなくなった）。

　また，この例でのビッド／オファーは期先のドルに対しての表示であり，ビッド・サイドは期近のドル売り／期先のドル買いを行いたい銀行で，スプレッド幅（後出）が拡大したほうが為替差益を得られるように提示（-235）している。逆にオファー・サイドは期近のドル買い／期先のドル売りを行いたい銀行で，スプレッド幅が縮小したほうが為替差損を抑えられるように提示（-230）している。

　なお，ここでの為替損益は見かけ上のもので，金利裁定が働いている水準であれば互いに損得のない取引となる（本節 **6.** 参照）。

2) スタート・レートについては特段の取決めがない限り，ヒットしたときのスポット・レートをベースに取り決めることが定められている（東京外国為替市場委員会〔銀行，証券，ブローカー，日本銀行の実務家で構成される〕が定めた Code of Conduct〔行動規範〕による）。

　このような取決めが行われるのは，スプレッド（後出）に対して基準となる期近の為替レートをいくらにするか決定する必要があるためで，この事例ではスポット・レートが適用されるが，スポット市場の状況で大きな変動があった場合，このレートが合意されずナッシング・ダンとなることも稀にある。

なる。

　　ドル・円6カ月物の100万ドル取引
　　スポット応答日　　1月22日
　　期近受渡日　　1月22日
　　100万ドルの売り，為替レート＝115円00銭
　　期先受渡日　　7月22日
　　100万ドルの買い，為替レート＝112円70銭
　　為替の差額＝2円30銭

　上記の例では6カ月物をディスカウント2円30銭で取引している。これは−230（マイナス230）という表記の仕方をすることもある。直物為替レート（スポット・レート）が115円00銭だとすれば，6カ月後に取引される為替レートは115円00銭−2円30銭＝112円70銭となる。

　ここで発生している差額が「直先スプレッド」と呼ばれ，フォワード取引で取引されるレートとなり，ドル（基軸通貨）と円（相対通貨）の金利差から算出される数字とほぼ等しくなる。通常，基軸通貨の金利のほうが相対通貨の金利よりも高い場合は「ディスカウント」（−〔マイナス〕表示）となり，その逆に相対通貨の金利のほうが基軸通貨の金利よりも高い場合は「プレミアム」（+〔プラス〕表示）となる。

2. 決済方法について

　近年，外国為替の決済リスクを削減するため，決済方法が従来のものからCLSによる決済（BOX 8-1参照）へ移行しつつある。このことから，決済方法によっては，市場においてビッドおよびオファーのレートが同一にもかかわらず約定に至らないといった現象（マーケット・アイザー）も発生するようになった。したがって，ブローカーは，レートをディーラーにクォートする際，あらかじめ決

> **BOX 8-1** CLSによる決済
>
> 　CLS（continuous linked settlement）とは，外国為替の決済時が取引関係諸国間で異なっているという従来の問題を，外為決済の専門銀行（CLS銀行）を設立し，参加銀行間の売買通貨（円を含む）の決済を，世界同時時間帯に連続して行うことにより克服しようとするシステムである。同専門銀行は各国中央銀行に口座を保有し，参加行との決済資金の受払いは各国決済システム（日本は外為円決済システム・日銀ネット，アメリカはFedwireなど）を利用し中央銀行口座を通じて行われる。
>
> 　外為市場への影響として，決済リスクの削減効果から参加銀行に対しては基本的に為替取引の促進効果があると見られている。ただ，非参加行との決済リスクに相違があるため，売買相場のスプレッドに格差が生じる可能性が指摘されている。また，バックオフィス事務処理時間の大幅な短縮が要求されるため，一段と電子ブローキングが有用視されることも予想するに難くない。

済方法を明示することが求められるようになってきている。

3. 直先スプレッドの算出方法

　直先スプレッドの算出式は，以下のように表される（正確な算出式はBOX 8-2を参照。なお，本章では簡便化のため，円金利も1年＝360日ベースで算出している）。

$$直先スプレッド = 先物為替レート - 直物為替レート$$
$$= (相対通貨金利 - 基軸通貨金利)$$
$$\times \frac{日数}{360} \times 直物為替レート$$

　例：ドル金利　　5％

　　　円　金　利　　1％

　　　直物為替レート　　115円00銭

BOX 8-2　直先スプレッドの算出式

直先スプレッドの算出式を詳しく表記すると，以下のようになる。

$$\text{先物相場} = \text{直物相場} \times \frac{1 + \frac{\text{円金利}}{100} \times \frac{\text{日数}}{365}}{1 + \frac{\text{ドル金利}}{100} \times \frac{\text{日数}}{360}}$$

$$\text{直先スプレッド} = \text{直物相場} \times \frac{\frac{\text{円金利}}{100} \times \frac{\text{日数}}{365} - \frac{\text{ドル金利}}{100} \times \frac{\text{日数}}{360}}{1 + \frac{\text{ドル金利}}{100} \times \frac{\text{日数}}{360}}$$

（金利，利回りは％表示）

　　6カ月物　　180日間

この条件を上記の算出式に代入すると，

$$\frac{(1-5)}{100} \times \frac{180}{360} \times 115.00 = -2.30 \text{円}（-230\text{銭}）$$

となる。この-2.30円（-230銭）が直先スプレッドであり，マイナスはディスカウントを意味している。

4. フォワード取引の目的

1　為替変動のリスク・ヘッジ

フォワード取引によって，将来の為替変動リスクをヘッジすることができる（為替予約）。たとえば，円高を予想する輸出業者が手取額の目減りを防ぐために将来の円買い・ドル売りの為替レートを予約する，あるいは円安を予想する輸入業者が支払額の増加を防ぐために将来の円売り・ドル買いの為替レートを予約するなど，顧客との外為取引のヘッジとして利用されている。またこれに付随して，外国為替公認銀行が貿易業者との間に結んだ為替予約の延長に対し

ても用いられている。

仮に、現在の為替相場が1ドル=105円、ドル金利5%、円金利1%のときに、100万円持っていたとする。その100万円を半年間(180日間)円預金すると、半年後には100万5000円となって戻ってくる。一方、ドルで預金すると、約9761.90ドルとなって戻ってくる。しかし、ドル預金した場合は、6カ月後の為替相場が決定するまでは、円換算した手取金額は確定できない。したがって、どちらで預金した場合でも、最終的に同額が残るような為替レート(理論値α)を算出する必要がある。つまり、

円預金した場合の半年後の残高:

$$1{,}000{,}000 \times 0.01 \times \frac{180}{360} + 1{,}000{,}000 = 1{,}005{,}000$$

ドル預金した場合の半年後の残高:

$$\frac{1{,}000{,}000}{105} \times 0.05 \times \frac{180}{360} + \frac{1{,}000{,}000}{105} = 9{,}761.90$$

この両者は以下の通り同額でなければならないことから、為替レート(理論値α)が求まる。

ドル預金した場合×為替レート(理論値α)

=円預金した場合

$9{,}761.90 \times \alpha = 1{,}005{,}000$

為替レート(理論値α)=102.95

この理論値こそ、先物為替レートである。

なお、先物為替(アウトライト)取引は、約定後の一定の日に一定の相場で約定した金額の受渡しを約束する取引である。通常は順月確定日渡し(約定日における直物為替の受渡日を起算日とする各月の応答日が受渡日)であり、また先物為替(アウトライト)取引に適用される相場が先物為替相場(アウトライト相場)である。

先物為替(アウトライト)取引は、種々の受渡日があるため、イ

ンターバンク市場では直物為替取引に比べて売買注文の出合いはつきにくい。銀行は通常，こうした事態を避け為替ポジションにも影響が出ないように，先物為替（アウトライト）の売買は直物為替取引とフォワード取引を抱き合わせて行う。たとえば，銀行が企業から1カ月先のドル買い予約の注文を受けた場合，まず銀行は為替残高をスクエア（ゼロ）にするため，ドルの直物為替買い・先物為替売りのフォワード取引を行い，同時に直物為替の買持ちをスポット市場における直物為替売りで相殺する（これによって資金調整も解決する）。

輸出業者との対顧客取引では，スポット市場におけるドル売り・円買い取引に加えて，フォワード市場において期近のドル買い・期先のドル売りを行う。期間としては3カ月物あたりまでの短いものが多い。一方，輸入業者との対顧客取引では，スポット市場におけるドル買い・円売りの取引に加えて，フォワード市場において期近のドル売り・期先のドル買いを行う。この際は6カ月さらには1年物までが多い。

② 一定期間での資金繰り

フォワード取引は，銀行が自行の外国為替の持高を調整するためにも使用される。短期間の外貨の資金繰り調整の手段として，T/N（トムネ）やO/N（オーバーナイト）のフォワード取引が行われている。24時間絶え間なく取引が行われている現在，外貨ポジションに過不足が発生することも少なくなく，決済日を前に調整をする必要が出てくる場合にも用いられる（ミスマッチの解消）。また，流動性の確保などのためにも用いられ，年末年始や期末期初といった季節要因で外貨ニーズが増加する場合には調達手段として利用される。1990年代後半，邦銀は信用力が低下してドル金利市場で資金を調達することが難しくなり，フォワード市場で直物買い・先物売りの取引を積極的に行ってドル資金を確保していたことも，この一例で

> **BOX 8-3** ジャパン・プレミアム
>
> ジャパン・プレミアムとは,日本の金融機関が海外市場における資金調達を円滑に遂行できず,以前の調達金利あるいは海外の金融機関の調達金利に比べてリスクに見合って上乗せされている金利をいう。日本では,1995年秋から年末にかけて中小金融機関の経営破綻や大手銀行の不祥事の発覚が相次いだ後,97年末には大手銀行・証券・中堅保険会社の破綻が重なり,深刻な金融システム不安が発生した。1995年,97年いずれの場合にも一時,1%ものジャパン・プレミアムがつく局面も見られ,大幅なプレミアムは98年末頃まで続いた。フォワード市場でも,ドル市場から直接調達が困難となった邦銀を中心に,期近買い・期先売りの動きが強まり直先スプレッドは拡大(この背景には,外為決済にともなって邦銀の破綻リスクを踏まえたリスクが考慮され,主な取引相手となった外銀が慎重な姿勢を取ったこともあった),一部では外銀向けプライスと邦銀向けプライスの両方が存在する現象も見られた。

ある(ジャパン・プレミアム,BOX 8-3参照)。

③ 利益獲得を目的とした持高の構築

顧客から派生した先物(フォワード)持高を市場で手当てすることなく,そのまま保有し利益獲得を狙うことや,金融政策の変更を見極めようとする動きに付随して,該当する期間の持高を一方向に傾けるといった場合にも,フォワード取引が用いられる。たとえば,ドル金利の先安感が先行している市場で,期近ドル買い・期先ドル売りへフォワード持高を意識的に大きく傾けておくと,経済指標などの要因を受けてドル金利が逆に上昇した場合には為替売買益を獲得できることになる。

④ フォワード取引の多様化

ここまでフォワード市場の目的として,為替相場変動のリスク・ヘッジ,短期間の外貨資金繰り調整,また投機目的の持高構築など

をあげたが、近年、金融市場参加者にとっては、資金の調達手段（金利裁定取引、後述）としての性格が顕著になってきた。通常、金融機関が円資金を調達する場合には、コール市場やデポ市場からの調達方法が考えられる。しかしそれ以外にも、ドル・コール市場などから調達したドルを、フォワード市場で直物売り・先物買いすることによって、円資金を調達するといった、一定期間において異なる通貨での運用・調達を行う取引も見られるようになってきた。

5. 相場の変動要因

直先スプレッドの数値が上下するにはいくつかの要因があげられる。この数値を構成するのは為替レートと金利であり、中でもとりわけ金利は直先スプレッドを動かす要因となる。ある国の資産（通貨、もしくは債券、株式）は、経済状態の上昇・下降や政治の動向、または国際的な動向などから、それを購入するか売却するかが判断される。たとえば景気動向が思わしくないと判断されれば、その国の通貨価値は下がって為替相場で値動きが発生し、その変動が直先スプレッドの値を増減させることとなる。

2007年夏のサブプライム・ローン問題をきっかけに、アメリカの大手証券会社に経営危機が生じ、ヨーロッパ系銀行の傘下のファンドも凍結された。金融機関の信用縮小を回避するため、アメリカが政策金利の引下げや大規模な流動性の供給に追い込まれると、為替は円キャリー・トレードの巻戻しとも相まってドル売りが加速し、ドル・円の直先スプレッドは急速に縮小方向に傾いたということがあった。

2つ目に、実際の需要（実需）によっても値が上下する。これは、輸出入業者による先物為替の予約によって銀行の持高が偏り、それを解消しようとする動きから発生する。

3つ目には、スペキュレーション（投機）要因があげられよう。

これは、将来、為替レートが上がる（下がる）、金利が上がる（下がる）といった予測をもとに直先スプレッドの動向を予測し取引をすることで発生する。

6. 金利裁定取引

最後に、フォワード取引を利用した資金調達の方法として金利裁定取引（円転、円投）を取り上げる。

1 円　転

円転とは、以下のような流れで行われる取引である。①まずドル資金を調達し（ドルの調達コストの発生）、②そのドル資金をフォワード取引で売って買い戻す（ビッド・サイドの）約定を締結する。③ドルを売ったことで得た円資金を運用（貸出し）し（期近受渡日）、④約定終了日、返された円資金で（円の運用利息の発生）、ドル資金を買い戻す（為替差益の発生、フォワード取引の期先受渡日）。

例1：β銀行は顧客への円融資のため、円の調達を考えている。マーケット状況が本節 *3.* の例であった際のフォワード・ポイントの理論値は－230となっているが、輸出業者からの為替予約など何らかの要因で、実際のフォワード・ポイントが－235まで拡大していたとする。この場合、理論値よりもスプレッドが拡大している、すなわち為替差益を多く獲得できることから、市場で円資金を直接調達するよりも、フォワード市場で円を調達したほうがコストを抑えることが可能といえる。

市場で直接円を調達する場合（1％）と、市場でドルを調達しフォワード市場で円に転換する場合（ドルの調達コストが発生）を比較した際、ドルの調達コストが5％、フォワード・スプレッドが－235（2.35円）だとすれば、6カ月物で直物売り・先物買いして為替差益を取得することは、115円に対し6カ月の間に2.35円の利息を受け取ったことと同義である。これを

金利ベースに換算すると,

 2.35円÷115円÷180日×360=4.08％

 5％（ドルの調達コスト）－4.08％（為替差益）＝0.92％

となり, ドルを調達しフォワード市場で円に転換すると, 円の調達は0.92％で行えることとなる。

このように外貨資金を円資金に換えて運用することを「円転」という。

 円の調達金利（市場で直接）
  ＞ドルの調達金利－為替差益（金利換算）

というように, フォワード市場で円資金を調達する金利（ドルの調達金利から為替差益〔金利換算〕を引いたもの）が, 直接円資金を調達する実際の金利よりも低いのであれば, かかるコストを抑えられるということから,「円転地合い」「円転がきく」などと表現されることがある。具体的には, 自行内において市場で取引されているドル金利市場よりも低い金利での調達が可能な場合や, 輸出予約（先物為替売り）などが入りフォワード・レート（直先スプレッド）が拡大（為替差益が拡大）した場合などが考えられる。

② 円　投

一方, 円投は, 以下のような流れで行われる取引である。①まず円資金を調達し（円の調達コストの発生）, ②その円資金をもってフォワード取引で買って売る（オファー・サイドの）約定を締結する。③円を売ったことで得たドル資金を運用（貸出し）し（期近受渡日）, ④約定終了日, 返されたドル資金で（ドルの運用利息の発生）, 円資金を買い戻す（為替差損の発生, フォワード取引の期先受渡日）。

 例2：γ銀行は顧客へのドル融資のため, ドル調達を考えている。マーケット状況が本節 *3.* の例であった際のフォワード・ポイントの理論値は－230となっているが, 輸入業者からの為替予約など何らかの要因から, フォワード・ポイントが－225

に縮小していたとする。その場合，理論値よりもスプレッドが縮小している，すなわち為替差益を少なく抑えることができることから，市場でドル資金を直接調達するより，フォワード市場でドルを調達したほうがコストを抑えることが可能といえる。

市場で直接ドルを調達する場合（5％）と，市場で円を調達しフォワード市場でドルに転換する場合（円の調達コストが発生）を比較した際，円の調達コストが1％，フォワード・スプレッドが−225（2.25円）だとすれば，6カ月物で直物買い・先物売りして為替差損を発生させることは，115円に対し6カ月の間に2.25円の利息を支払ったことと同義である。これを金利ベースに換算すると，

2.25円÷115円÷180日×360＝3.91％

1％（円の調達コスト）＋3.91％（為替差損）＝4.91％

となり，円を調達しフォワード市場でドルに転換した場合，ドルの調達は4.91％で行えることとなる。

このように外貨資金を円資金に換えて運用することを「円投」という。

　　ドルの調達金利（市場で直接）
　　　＞円の調達金利＋為替差損（金利換算）

というように，フォワード市場でドル資金を調達する金利（円の調達金利に為替差損〔金利換算〕を加えたもの）が，直接ドル資金を調達する実際の金利よりも低いのであれば，かかるコストを抑えられるということから，「円投地合い」「円投がきく」などと表現されることがある。具体的には，自行内において市場で取引されている円金利市場よりも低い金利で調達できる場合や，輸入予約（先物為替買い）などが入りフォワード・レート（直先スプレッド）が縮小（為替差損の縮小）した場合などが考えられる。

また，これまでは金利と為替の水準から直先スプレッドが算出さ

> **BOX 8-4　金利裁定の算出式**
>
> 本文で解説した資金の調達コストは，それぞれ以下の式のような関係にある。
>
> $$\text{円利回り} = \frac{\frac{\text{先物相場}}{\text{直物相場}} \times \frac{\text{ドル金利}}{100} \times \frac{\text{日数}}{360} + \frac{\text{先物相場}}{\text{直物相場}} - 1}{\frac{\text{日数}}{365}} \times 100$$
>
> $$\text{ドル利回り} = \frac{\frac{\text{直物相場}}{\text{先物相場}} \times \frac{\text{円金利}}{100} \times \frac{\text{日数}}{365} + \frac{\text{直物相場}}{\text{先物相場}} - 1}{\frac{\text{日数}}{360}} \times 100$$
>
> （金利，利回りは％表示）

れていたが，最近では直先スプレッドからドル金利が算出されるといった逆算も行われるようになり，フォワード市場のみならずドル金利市場における指針的な存在として注視されるようになってきている（正確な算出式はBOX 8-4を参照）。

> **BOX 8-5　日本のオフショア市場取引**
>
> 第7，8章で説明してきた国際的な資金融通に関連して，オフショア市場について簡単に解説しておきたい。
>
> **1. 発足の経緯**
>
> 東京オフショア市場（Japan Offshore Market，以下JOMと略称）は，1986年末に取引を開始した。これは，1980年代初頭にアメリカ・ニューヨークのオフショア市場が開設され，その後，日本の銀行等の国際取引が活発化する一方，金融自由化を巡る日米間の摩擦，東京市場国際化の議論の高まりが見られたこと，などが背景となっている。

ドル・コール市場（1972年開始）がもっぱら国内における外貨の貸借の円滑化を目的としているのに対し，JOMは国内金融市場から遮断されて，国内の参加者と非居住者との円・外貨の金融取引を行う一種のユーロ市場である。

2. 取引内容

JOMの取引の内容は，預け金・預り金・コール，貸付金・借入金，有価証券，本支店勘定であり，いずれも現行外為法の定める「特別国際金融取引勘定」（以下，オフショア勘定という）を通じて取引が行われる。有価証券の取引は，新外為法が施行された1998年4月に新たに認められた。具体的には，外国法令により設立された法人が発行する社債，外国政府・地方公共団体が発行する公債，外国の政府機関・国際機関が発行する債券等である。

なお，銀行間の預金取引については，外国為替ブローカーの仲介によっても行われる。この場合，取引期間はオーバーナイト（約定した日から翌営業日まで）から1年超まで細かく分かれている。

JOMの資金取引における適用金利については，外貨はLIBOR（ロンドン銀行間取引金利），円貨はTIBOR[3]を基準にしている。

3. 参　加　者

現在，JOMの参加者は，居住者として銀行，長期信用銀行，信用金庫，信金中央金庫，農林中央金庫，商工組合中央金庫，保険会社，金融商品取引業者と定められており（外国為替令第11条の2第1項），全体で約150先が市場参加を認められている模様であるが，実際に常時取引を行っている先はその半数程度，うち本邦金融機関が6～7割，外資系が3～4割を占めていると推定される。非居住者は，外国法令で設立された法人（外国為替法第21条第3項），外国に主たる事務所を有する法人（たとえば国際機関など），邦銀等金

---

3) TIBOR（Tokyo InterBank Offered Rate，東京銀行間取引金利）は，全国銀行協会から毎日公表されている。実際には，邦外銀等17先（リファレンス・バンク）から提示された1週間物，1カ月～12カ月物の実勢相場（上位2先，下位2先を除く）の単純平均値を事務代行会社が計算し，指定された情報提供会社（7社）に配信して公表している（全銀協ホームページによる）。

融機関の海外営業所とされている（外国為替令第11条の2第2項）。最近の特徴として，2008年9月以降の国際的な金融危機の深刻化，カウンターパーティ・リスクの高進にともない，JOMにおける資金の出し手が減少する傾向が強まっていることがあげられる。

4. JOM取引の優遇と規制

日本の国際金融市場活性化の観点から，国内取引のみを行う金融機関よりも有利な制度となっており，預金に対する準備預金が課せられないほか，利息に対する源泉所得税が非課税の扱い[4]である。ただ，預金保険の対象にはなっていない。

一方，国内の金融政策面への不測の影響を防止する必要から，オフショア勘定と国内金融機関の一般勘定との間での自由な金融取引は原則として遮断されており，次のようなルールにより，その振替額は一定限度にとどめられている（外国為替令第11条の2第8項，外国為替に関する省令第19条第2項）。

① オフショア勘定は独立の決済勘定を有せず，決済は一般勘定を通じて行う。

② 毎日の終業時のオフショア勘定から一般勘定への振替額は，前月中の非居住者に対する運用の平均残高の10％を乗じて算定した金額以下とする（当該平均残高が100億円相当額を下回る場合は，毎日の振替額は10億円が限度）。

③ 毎日の終業のオフショア勘定から一般勘定への振替（入超）額の月中合計額は，一般勘定からオフショア勘定への振替（出超）額の月中合計額を限度とする（いわゆる入超規制）。

5. JOM取引の現状

JOM発足（1986年末）以降，最近までの動向を資産残高について見ると（図1参照），90年頃までは前述の優遇措置もあって急増した。その後1990年代の終わり近くまでは，BISの自己資本規制の影響（減少要因）や，日本の金融システム危機を反映して円金利

---

[4] 従来，JOM市場の利子の非課税措置は，2年ごとに適用期間が延長されてきたが，2008年4月の所得税法等の一部を改正する法律の公布・施行により，この適用期間が撤廃され，非課税措置が恒久化された。

図1 JOM 総資産残高

(兆円)

(注) 2008年は10月末のデータ。
(出所) 1986～95年は外国為替情報社『外為年鑑』，96年以降は財務省ホームページ。

のジャパン・プレミアムを回避するためのJOM調達が活発化したこと（増加要因）から，総じて見れば高水準のうちに緩やかな伸びにとどまった。1990年代末になると，日本の銀行等の深刻な不良債権問題の重圧もあってJOM残高は急減，2004年頃まで低迷を続けた。その後は，不良債権問題の軽減・自己資本比率の回復を背景に順調な増勢をたどったものの，長期的な低金利局面の中で，最近の規模はまだ1997～98年頃の7割程度にとどまっている。さらに，今後の国際金融危機の動向いかんでは，再び減少に転じる可能性も否定できない。

2008年10月末時点におけるJOMの資金運用・調達面の特色としては，まず①非居住者向けの預け金・コールが外貨・円貨とも運用超過にあることを指摘できる。これは従来通り外銀や邦銀海外拠点の資金需要に対し，信託銀行・地方銀行・農林系統機関がその余資運用を行っているほか，最近ではドルの流動性が大量に供給されている環境下で超過準備運用の側面も有していると見られる。②貸付金・借入金は外貨・円貨で調達超過であるが，これは邦銀国内拠点の円資金調達の補完や長期の劣後借入れ等を反映したものといわれている。③有価証券は，欧米の国債やモーゲージ債等への運用に

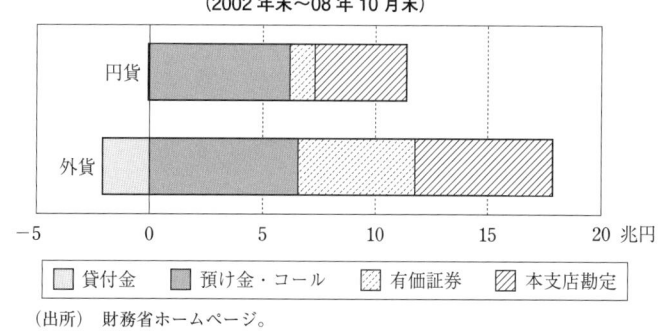

図2 JOM勘定残高の資産超過額変動要因
（2002年末〜08年10月末）

凡例：貸付金／預け金・コール／有価証券／本支店勘定

（出所）財務省ホームページ。

なっていると見られるが，これは各種金融機関が金利差を求めた結果であろう。④本支店勘定は，邦銀の海外拠点に対するフォワード（為替スワップ）を利用した円投（外貨流動性の確保）のための資金供給や外貨資金の供給拡大を反映したものと見られる。このため本支店勘定は外貨・円貨とも資産超過となっている。

さらに，2002年末以降6年ほどの間で，オフショア勘定の円貨・外貨別に資産超過がどう変化したかを見ると（図2参照），外貨・円貨とも預け金・コール，本支店勘定の資産超過幅がそれぞれ似通った規模（4〜6兆円）で増加している。有価証券は外貨建ての増加が目立つ。外貨借入金（図2では貸付金のマイナスで表示）は劣後調達の増加もあって小幅の拡大を示している。

6. 今後の展望

2007年央以降の世界金融危機の状況下で，日本の金融機関は損失が相対的に軽微に治まっている。日本は，この機会に将来を展望し，金融市場をより活力のあるものにするための戦略が求められているといえよう。たとえば，銀行等が一段とクロスボーダー取引を活発化し，国際的な資金仲介機能を高めていくことも，その方策の1つであり，さらにその一環としてJOM市場については，海外オフショア市場の実情も念頭に置きつつ，現行の内外遮断の是非などを検討していく必要があると考えられる。

第9章

短期金利デリバティブ市場

　短期金利のデリバティブ（派生）取引を大別すると，相対取引であるOTC（over the counter）デリバティブと，取引所に上場されている金融先物の2種類に分けることができる。両者の中には，経済的機能がかなり近く，事実上競合する取引も存在しているが，銀行，証券会社，機関投資家は，各自のニーズに応じて，使い分けを行っている。

　本章では，まずは近年注目度が急激に高まったOIS（overnight index swap）を中心にOTCデリバティブを解説し，続いて短期金利金融先物の概要を見ていくこととする。最後にOISと金融先物がそれぞれ持っているメリットを比較する。

第1節　OIS取引

　OISとは，銀行間のオーバーナイト金利の変動リスクをヘッジすることを主目的とする金利スワップの一種である（金利スワップに関しては，後出のBOX 9-1を参照）。各国のオーバーナイト金利は，一般にその国の中央銀行の政策金利との連動性が非常に高い。このため，金融機関や機関投資家が中央銀行の政策変更の可能性を考慮して取引を行う必要がある場合，OIS市場が利用されている。日本

では日銀が量的緩和策を解除して利上げを行った 2006 年から 07 年にかけて、円の OIS 取引が爆発的な急増を見せた。

OIS 取引においては、当事者間で合意されたある期間の固定金利と、インデックス・レートとして同期間の毎日のオーバーナイト金利を複利化したものが交換される。元本は移動せず、交換される金利部分のみが当事者間で差金決済されるオフバランス（簿外）取引である。元本部分は「想定元本」と呼ばれる。

なお、OIS は、金利スワップと同じく、市場参加者は ISDA (International Swap and Derivatives Association) のマスター・アグリーメント（基本契約書）に沿って取引を行っている。

1. 円 OIS 市場の出来高推移

日本では 1997 年半ばから OIS 取引が開始されたが、海外に比べると長い間、取引は活発化しなかった。日銀のゼロ金利政策と量的緩和策により、オーバーナイト金利があまり変動しない状況が続いていたためである。東京市場におけるブローカー経由の円 OIS 取引の出来高（想定元本）は、2005 年頃まできわめて少額で推移していた（マネー・ブローカーズ・アソシエイション調べ）。

しかし、日銀が 2006 年 3 月に量的緩和策を解除した頃から、円の OIS 取引は増加を始める（図 9-1 参照）。日銀がゼロ金利を解除したのは同年 7 月だが、その前月である 6 月から取引は急速に拡大した。円 OIS 市場の流動性が厚くなれば、さまざまな金融市場の間での金利裁定が緻密に働き、イールド・カーブが従来よりも歪みなく形成される可能性が高まる。また、OIS 市場の参加者が増加すれば、日銀にとっても金融市場が政策金利の変更をどのように予想しているかモニタリングしやすくなる。このため日銀金融市場局は OIS 市場に一時強い関心を寄せていた（2006 年 8 月 18 日には同局のスタッフによる「我が国 OIS 市場の現状」という論文が発表されている）。

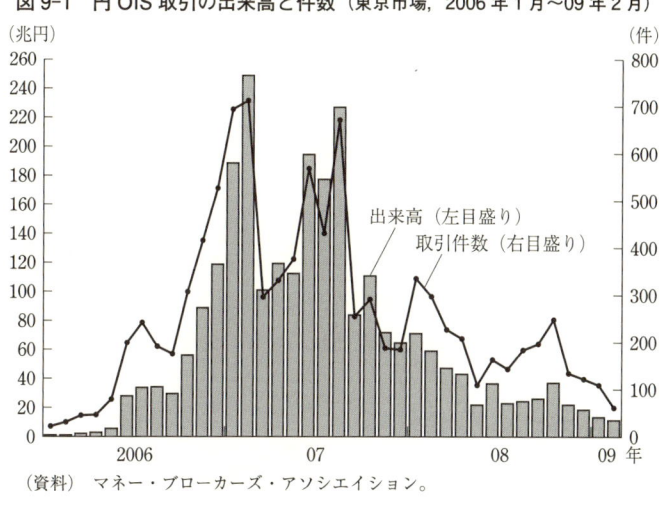

図9-1 円OIS取引の出来高と件数（東京市場，2006年1月～09年2月）

（資料）マネー・ブローカーズ・アソシエイション。

　日銀が2回目の利上げ（0.5％へ）を行った2007年2月には，円OISの月間出来高は248.7兆円を記録している。また，同年8月にヨーロッパ発の短期金融市場における流動性クランチが勃発し，政策金利引上げの先行きに対する市場の見解が錯綜したことから，同月のOIS出来高は227兆円となった。

　しかし，その後の出来高は減少傾向をたどっている。日銀が無担保コール・オーバーナイト金利誘導目標を0.1％に引き下げた2008年12月以降はさらに減少し，09年2月は11.3兆円に縮小した。しばらくは取引が低調な状態が続くものと思われるが，先行き，世界的な金融・経済危機からの脱却に目処がつき，日銀が利上げに転じることが市場で予想されるようになれば，円のOIS取引は再び活発化するだろう。

2. 円OIS市場の参加者

2006年に円OIS市場が急拡大したフェーズで取引を積極的に行

っていたプレーヤーは、金利スワップ取引などの裁定取引技術に長けた10社前後のヨーロッパ系を中心とする外資系金融機関だった（その背後には海外ヘッジ・ファンドからの巨額の注文も存在していた）。日系の銀行や証券会社は関心は持っていたものの、当時は全般的に様子見の姿勢だった。

その後、いくつかの日系証券会社等が活発に取引を行うようになるなど、徐々に参加者に広がりが見られるようになった。最近の出来高縮小傾向のもとでは、参加者拡大の動きは残念ながら止まっているが、将来的には参加者が増加する可能性はあるだろう。

3. 円OIS取引の種類

円のOIS取引は、主に次の3つに区分することができる。

1 金融政策決定会合間取引

ある月の日銀の金融政策決定会合から次の月の金融政策決定会合までのおよそ1カ月間を対象とする取引である。OIS市場のプレーヤーは一般的にこの取引を、簡略化した言い方で、「BOJ Dates」と呼んでいる。取引期間は正確には、ある月の会合2日目（政策決定アナウンス日）の翌日がスタート日となり、次の月の会合2日目がエンド日となる。

4月と10月は他の月と異なり、日銀は月末にその月2回目となる会合を1日間開催している（半年に1度の「展望レポート」がその会合後に公表される）。2008年10月31日のように、その会合で日銀政策委員会が政策金利変更を決定するケースもある。しかし、市場慣行としては、金融政策決定会合間取引は毎月の2日間開催される会合（4月と10月においては1回目の会合）を対象にしている。

日銀はこの取引の拡大をサポートするために、2007年6月から毎年6月と12月に先行き1年分の会合の開催日程を公表するようになった。それ以前は、最短のケースで3カ月程度先の会合日程し

か市場は知ることができなかった。

仮に現在の日銀の政策金利（無担保コール・オーバーナイト金利誘導目標）が0.5％，市場が想定している次の政策金利変更の幅が0.25％だとしよう。将来のある月の金融政策決定会合間取引のレートが0.75％をやや超えていれば，一般的に，市場はその月までに利上げが行われる確率を100％織り込んでいると見なすことができる。あるいは将来のある月のレートが0.65％であれば，便宜的に計算すれば，市場はおおよそ6割程度の確率（(0.65－0.5)/(0.75－0.5)＝60％）で利上げを予想していることになる。

なお，後述するが，OISではインデックス・レートの計算を複利化して行っている。ある月の会合2日目の翌日から次の会合2日目までのオーバーナイト取引の加重平均金利「確報値」の平均が仮に0.75％だったとしても，インデックス・レートは複利化された分，0.75％よりも若干高くなる。また，日銀の先行きの政策金利変更の刻み幅に関する市場の予想が割れているときは，上述のようなシンプルな織込み確率の計算はできなくなることに注意が必要である。

図9-2は，金融政策決定会合間取引のレートを表している。「2008年4月1日時点」では，日銀の実際の政策金利（無担保コール・オーバーナイト金利誘導目標）は0.5％だった。しかし，その日の2008年11月会合のレートの気配は0.36％前後になっていた。市場は先行きの利下げをある程度予想していたことになる。

逆に「2008年6月11日時点」では，OIS市場は先行きの利上げを予想していた。2009年5月の気配は1.0275％前後だったので，0.5％の誘導目標から「0.25％の利上げ×2回」が織り込まれていたことになる（当時は，ECB〔ヨーロッパ中央銀行〕総裁が翌月の利上げを予告するなど，世界的にインフレ懸念が高まっていた）。

2008年9月中旬のリーマン・ブラザーズの破綻によって，OIS市場の利上げ観測は急速に後退し，その後，利下げ観測に転換して

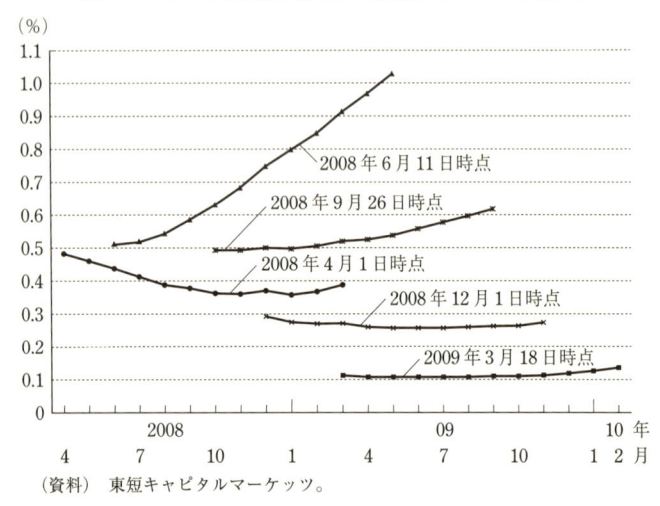

図 9-2　円 OIS 金融政策決定会合間取引レート（気配値）

(資料)　東短キャピタルマーケッツ。

いく。実際，日銀は同年 10 月 31 日に政策金利を 0.5％から 0.3％へ引き下げ，さらに同年 12 月 19 日に 0.1％へ引き下げた。「2009 年 3 月 18 日時点」の OIS レートは，当面は利上げも利下げも起きない状態を市場が予想していることを示している。

このように円 OIS 市場に織り込まれた日銀政策金利の先行きの予想は，金融市場や経済の情勢によって，大幅に変化する。ただし，円 OIS 市場の主要プレーヤーが外資系中心となっていることもあって，OIS レートと国内金融機関の資金ディーラーの金利観との間にずれが生じていたケースも過去には時折見受けられた。

② スポット取引

約定日の 2 営業日後（スポット日）にスタートし，1 週間，1 カ月，3 カ月，6 カ月，1 年など期間を定めて行う取引のことをいう。

なお，OIS は「オーダーメイド」的な柔軟性が特徴の取引であり，当事者間で合意すれば，スポット日に限らず，将来のある日からスタートする取引を自由に設定することが可能である。また，たとえ

ば24日物や77日物などのように，イレギュラーな取引期間を設定することもできる。これを「odd days」という。

③ IMMデート取引

これは，シカゴ・マーカンタイル先物取引所IMM（インターナショナル・マネタリー・マーケット）の決済日（限月の第3水曜日）を使う取引である。東京金融取引所上場のユーロ円3カ月物金利先物の決済日もそれと同じであるため，同先物とOISの裁定取引を行う場合などに利用されている。

4. 固定金利のレート刻み幅

円OISの固定金利の刻み幅は当事者間で決めることができる。最近は8分の1ベーシス・ポイント（0.00125％）刻みが主流である。一方，東京金融取引所に上場されている無担保コールO/N（オーバーナイト）金利先物の価格刻み幅はハーフ・ベーシス・ポイント（0.005％）である。日銀の政策金利が0.1％という環境下では，OISのほうがきめ細かい取引を行うことができるといえる。

将来，政策金利の水準が上昇していけば，OIS取引の刻み幅も自然と大きくなっていくと予想される。

5. OIS取引の計算例

円OIS取引の具体的な計算例として，9月5日にスタートし，9月12日にエンドが来る1週間物の円OIS取引を想定してみよう。なお，ほとんどの円OIS取引は，1年を365日として計算している。

① インデックス・サイドの利息

インデックス・レートには，日銀が日々公表している無担保コール・オーバーナイト取引加重平均レートの「確報値」が利用される。

その「確報値」を使って，複利で計算してみよう。一般に複利金利は次のように算出される。

表 9-1 インデックス・サイドの複利計算例

OIS 取引 1 週間物（9 月 5 日スタート，12 日エンド）

	平均金利	日数	元利合計	
9月5日	0.239 %	1	$1 + 0.239 \div 100 \times 1 \div 365 = 1.00000654794521$	(a)
6日	0.241	1	$1 + 0.241 \div 100 \times 1 \div 365 = 1.00000660273973$	(b)
7日	0.257	1	$1 + 0.257 \div 100 \times 1 \div 365 = 1.00000704109589$	(c)
8日	0.256	3	$1 + 0.256 \div 100 \times 3 \div 365 = 1.00002104109589$	(d)
11日	0.260	1	$1 + 0.260 \div 100 \times 1 \div 365 = 1.00000712328767$	(e)
複利計算			$(a) \times (b) \times (c) \times (d) \times (e) = 1.00004835701880$	

（注） 元利合計の小数点は第 14 位まで有効（第 15 位を四捨五入）。

確報値：R，日数：D，日数合計：D_t，元利合計（maturity value）：P とすると，

1 日目　　$P_1 = 1 + R_1 \div 100 \times D_1 \div 365$

2 日目　　$P_2 = 1 + R_2 \div 100 \times D_2 \div 365$

　　　　　　　　　$\vdots$

n 日目　　$P_n = 1 + R_n \div 100 \times D_n \div 365$

であり，複利金利（%）は次のようになる。

$$R_c = [(P_1 \times P_2 \times \cdots \times P_n) - 1] \div D_t \times 365 \times 100$$

なお，日々の元利合計の計算では，小数点以下の桁数は第 15 位を四捨五入し，第 14 位までを有効とする方式が主流である。

具体的に計算してみよう。表 9-1 のように，取引開始日の 9 月 5 日の「確報値」が 0.239 % だったとする。このオーバーナイト取引が終わる 9 月 6 日時点の元利合計は，

$$1 + 0.239 \div 100 \times 1 \div 365 = 1.00000654794521$$

である。同様に，期間内のそれぞれの元利合計を計算する。ただし，9 月 8 日（金曜日）のオーバーナイト取引は週末越えの 3 日間として計算する。

以上で求めた毎日の元利合計を乗じて複利化を行う。その結果，この 7 日間の複利元利合計（compounded maturity value）は，

1.00004835701880 となる。そこから複利金利（年利）を求めると，

　　（1.00004835701880 − 1）÷ 7 × 365 × 100 = 0.25214731231379 %

となる。ただし，最終的にインデックス・サイドの利息を計算する際は，小数点以下第6位で四捨五入して，第5位までを有効桁数とする。このため，インデックス・サイドの金利は 0.25215 %となる。

仮に，想定元本が 1000 億円であれば，

　　1000 億 × 0.25215 × 7 ÷ 36,500 = 4,835,753 円（円未満は切捨て）

となる。

2　固定金利サイドの利息

固定金利サイドの約定レートが仮に 0.25 %であれば，その利息は，

　　1000 億 × 0.25 × 7 ÷ 36,500 = 4,794,520 円

である。

3　差金決済

以上により，「固定金利受取り・変動金利支払い」の取引を行った金融機関は，

　　+4,794,520 − 4,835,753 = − 41,233 円

つまり，4万1233円の支払いとなる。

なお，6カ月 LIBOR を変動金利のインデックスとする一般的な金利スワップ取引の場合，変動金利期間の期日が来る6カ月ごとに固定金利との差金決済が行われている。しかし，OIS 取引の場合，インデックス・サイドはオーバーナイト金利（期間1日）である。それを毎営業日ごとに固定金利と差金決済するとなると，事務作業が非常に煩雑になる。そこで，OIS 取引では，オーバーナイト金利を上記のように複利計算し，全体の期間の満期日にそれと固定金利を差額決済する方式が採用されているのである。ただし，期間が1年を越える OIS 取引のほとんどは，スタートから1年後に一旦支払いを行う「annual payment」方式を採用している。

6. 巨大な1件当たり取引金額

円 OIS は1件当たりどのぐらいの金額で取引が行われているのだろうか。取引が非常に活発だった 2007 年の年間の出来高を年間取引件数で割ってみると，1件当たりの平均取引金額（想定元本）は 3400 億円となる。同年7月の平均取引金額はとくに大きく，4115 億円に達していた。2008 年の平均取引金額は 1815 億円に低下したが，それでも巨額といえる（マネー・ブローカーズ・アソシエイション資料より）。

市場での最低取引金額は，一般的には，1000 億円となっている。そういったルールが存在するわけではないが，大手の銀行，証券会社が中心的プレーヤーであるため，自然と大ロットの取引が行われている。

なお，同様の傾向は，ニューヨークのドル OIS 市場でも観察できる。アメリカ国内外の大手銀行，大手証券会社は OIS 取引を活発に行っているが，金額が大きいため，中小の金融機関は OIS ではなくフェデラル・ファンド 30 日物先物などを利用している。

7. 円 OIS 取引の期間

2007 年の円 OIS の取引期間別出来高（想定元本）を見ると，「1カ月未満」が全体の 62％，「1カ月から2カ月未満」が 32％を占めていた。両者を合わせると 94％に達する。金融政策決定会合間取引は，スタート日は先日付となるが，期間は1カ月前後であるため，それらのどちらかに含まれている。

日銀が政策金利を引き上げていた 2006～07 年には，円 OIS 市場に占める金融政策決定会合間取引のシェアは9割前後の時期もあったと推測される。しかし，2009 年1～2月においては，「1カ月未満」と「1カ月から2カ月未満」の合計のシェアは 66％に低下した。金融政策決定会合間取引が減っていることが主因である。

なお，期間の長い取引もある程度は行われている。2009年1～2月の場合，「11カ月から12カ月未満」「12カ月から13カ月未満」を合わせると7％のシェアになる。24カ月の取引も見受けられる（前掲マネー・ブローカーズ・アソシエイション資料より）。

8. ユーロ，ポンド，ドルのOIS市場
1 ユーロ，英ポンドのOIS市場

OIS取引はもともとヨーロッパで開発されたため，ユーロや英スターリング・ポンドのOIS市場は先行して巨大な規模に成長した。このため，ユーロとポンドの場合，OISと競合関係にある取引所におけるオーバーナイト金利の金融先物はほとんど利用されていない。ECBやイングランド銀行は，市場の政策金利変更予想をモニターする上で，それらOISレートの動向に関心を寄せてきた。

ユーロのOISは，インデックス・レートにユーロ・オーバーナイト取引の平均金利であるEONIA[1]（Euro Overnight Index Average）を採用している。このため，ユーロのOISは「イオニア・スワップ」，もしくは単に「イオニア」と市場で呼ばれることが多い。ECB理事会間取引は「ECB Dates」などと呼ばれている。

ECBが毎年第2四半期に行っている調査[2]によれば，2000年のユーロOISの1日当たり平均出来高（想定元本）を100％とすると，06年には308％まで増加した。しかし，その後は減少し，2007年は252％，08年は172％となっている。OIS取引が減少した理由としては，金融システム危機に対応したECBの資金供給増加により，市場での無担保資金調達が減少し，OISを使ってヘッジするニーズが低下したこと，従来積極的に取引を行っていた主要プレーヤーの数が減ったこと，OISからショートの金利スワップやFRA（後出）

---

1) Euribor EBF and Euribor ACI が集計している。
2) "Euro Money Market Survey."

へ取引がシフトしたことなどが指摘されている。

　ポンドの OIS は,インデックス・レートにポンド・オーバーナイト取引の平均金利である SONIA[3] (Sterling Overnight Index Average) を採用している。このため,ポンドの OIS は「ソニア・スワップ」,もしくは単に「ソニア」と呼ばれることが多い。イングランド銀行金融政策委員会 (MPC) 間取引は,「Central Bank Dates」「MPC Dates」などと呼ばれている。

2 米ドルの OIS 市場

　米ドルにおいては,以前は OIS よりも,シカゴ商品取引所 (CBOT) に上場されているフェデラル・ファンド金利 30 日先物のほうが遥かに取引量が多い状態が続いていた。ただし,近年は,ドル OIS の取引量が相対的に大きくなっている。最近はシカゴの先物トレーダー,ブローカーたちも OIS 市場の動きに注目しており,それを参考にしながらフェデラル・ファンド金利 30 日先物を売買するケースが観察できる。ドル OIS のインデックスには,ニューヨーク連銀が集計しているフェデラル・ファンド・エフェクティブ・レートが使われている。

　ドル OIS の流動性が高まったため,FRB は,CPFF (CP 買入制度) の基準金利に OIS レートを用いている。TAF (ターム物入札制資金貸出制度) の最低応札金利にも,2008 年 12 月まで OIS レートを利用していた。ECB,日銀,イングランド銀行等が非常時対応として行っているドル資金供給オペの金利を決める際も,ドル OIS レートが基準金利に使われている。

　ドル OIS の出来高に関する正式な統計は公表されていない。しかし,ニューヨークのブローカーによれば,ニューヨーク市場や海外市場 (ロンドンなど) で行われているすべてのドル OIS の出来高

---

　3) イギリスの WMBA (Wholesale Markets Brokers' Association) が集計している。

を 1 カ月物に換算してフェデラル・ファンド金利 30 日先物取引と比較すれば，最近は前者が後者を大幅に上回っているという。2008 年 12 月に FRB がフェデラル・ファンド金利誘導目標を 0〜0.25％に引き下げて以降，フェデラル・ファンド金利 30 日先物の出来高が減っている。それもあって，ブローカーによれば，同先物に対して OIS は 3〜4 倍の出来高になっているという（2009 年 3 月時点のヒアリングによる）。なお，ドル OIS 市場の場合，FRB の FOMC（連邦公開市場委員会）間取引の出来高は今のところ少なく，スポット物が大半を占めている。

9. 各国金融当局・国際機関も注目する「LIBOR-OIS スプレッド」

2007 年 8 月以降深刻化した世界的な金融システム危機において，短期金融市場のストレスの強さを測る 1 つのメジャーとして，「LIBOR-OIS スプレッド」（金利差）が市場関係者や，各国金融当局，国際機関などにおいて注目されてきた。期間 3 カ月の同スプレッドのケースを解説してみよう。

3 カ月 LIBOR は代表的なターム物金利である。それは，今後 3 カ月の間に想定されるオーバーナイト金利の水準に，3 カ月というターム（期間）のプレミアムを上乗せしたものと考えることができる。一方，3 カ月のスポット物 OIS レートは，その通貨の今後 3 カ月間のオーバーナイト金利の推移を市場が予想したものである。よって，前者から後者を差し引けば，その通貨におけるターム・プレミアムをおおまかに算出することができる。

LIBOR-OIS スプレッドを見ることの利点としては，たとえば，3 カ月 LIBOR が低下したときに，それが市場参加者間の中央銀行の利下げ予想から生じたものなのか，インターバンク市場で高まっていた緊張が緩んでターム・プレミアムが縮小したことから生じた

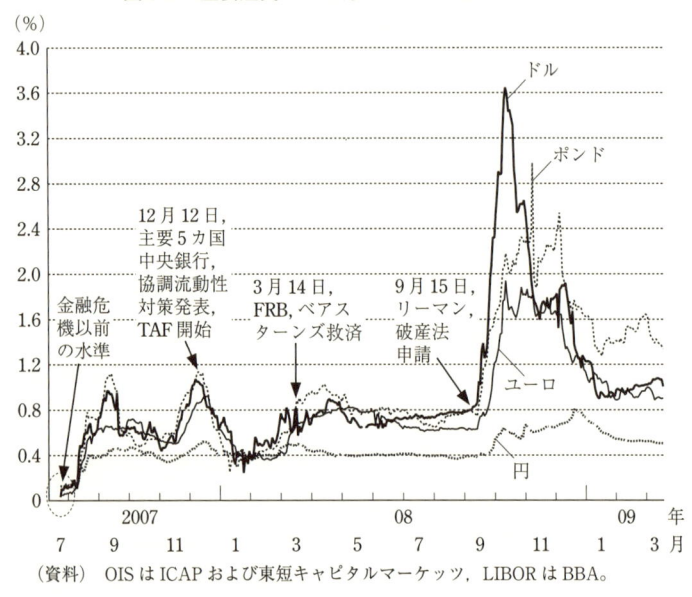

図 9-3　主要通貨の 3 カ月 LIBOR-OIS スプレッド

(グラフ内注記)
- 金融危機以前の水準
- 12 月 12 日,主要 5 カ国中央銀行,協調流動性対策発表,TAF 開始
- 3 月 14 日,FRB,ベアスターンズ救済
- 9 月 15 日,リーマン,破産法申請
- ドル
- ポンド
- ユーロ
- 円

(資料)　OIS は ICAP および東短キャピタルマーケッツ,LIBOR は BBA。

ものなのかを判断する材料になりうる点があげられる。

　平常時においては 3 カ月の LIBOR-OIS スプレッドは数ベーシス・ポイントから 10 ベーシス・ポイント前後のことが多い。平時のインターバンク市場では,金融機関は,互いの財務内容を信頼し合った上で,無担保で巨額の資金を融通し合っている。しかし,今回の金融システム危機のように,市場における参加者間の信頼が崩壊の危機に瀕すると,このスプレッドは跳ね上がることになる。

　金融機関の財務状態がどの程度劣化しているのか互いに判別しにくい環境においては,市場で信用力に対する疑心暗鬼が高まり,取引期間が長くなるほどインターバンク市場で資金を貸すことが怖くなってくる。今日から明日のオーバーナイトの貸出しであればデフォルトが起きる確率は低くても,3 カ月間の貸出しとなると資金が返ってこなくなるリスクを金融機関は意識せざるをえなくなる。そ

の場合，3カ月LIBORは3カ月OISレートよりも大幅に高くなり，両者のスプレッドは急拡大する。

図9-3は，ドル，ユーロ，ポンド，円のそれぞれの3カ月LIBOR-OISスプレッドを表している。2007年夏以降，ドル，ユーロ，ポンドのスプレッドが顕著に大きくなった。当局の流動性対策等により一時小さくなる局面もあったが，2008年9月のリーマン・ショック直後にスプレッドは凄まじい勢いで拡大した（円のスプレッドも拡大したが，他の主要通貨に比べれば激しくなかった）。

2009年に入ってからは，ドルのスプレッドは1％前後で推移している。リーマン・ショック直後に比べればかなり落ち着いたといえるが，平常時に比べれば依然として異常な水準である。しかもこの落着きは，FRBによるさまざまな救済策やFDIC（連邦預金保険公社）によるインターバンク取引の保証などに影響されたものであることに注意が必要である。

10. SPS取引，FRA取引

短期金利のOTCデリバティブとして活発に取引が行われているものには，OISのほかに，SPS（single period swap）取引がある。約定日の一定期間後にスタートする金利契約期間の金利を，事実上予約する取引のことである。たとえば，スポット日（本日から2営業日後）から1カ月後にスタートし，スポット日から4カ月後に満期が来る期間3カ月の金利は「1×4」と表示される。あるいは，スポット日から3カ月後にスタートし，スポット日から9カ月後に満期が来る期間6カ月の金利は「3×9」と表示される。

「1×4」で表示される金利契約期間を取引する場合，取引当事者間で合意された期間3カ月の固定金利と，その期間が始まる時点のインデックス・レート（3カ月LIBOR等）が交換される。SPSの"single period"とは，変動金利（インデックス・レート）の期間が

1回だけという意味を表している（一般的な金利スワップ取引の場合は，変動金利の期間が何度もある。BOX 9-1 参照）。

SPS とほぼ似た経済的機能を持つ OTC デリバティブに，FRA（forward rate agreement）という取引もある。SPS も FRA もオフバランス取引なので，元本は移動せず，固定金利とインデックス・レートの差額が決済される。SPS は通常の金利スワップと同様に，金利契約期間が終了する時点で決済が行われる。一方，FRA の場合は，金利契約期間がスタートする際に決済を行うため，決済する金額は金利契約期間終了時（マチュリティ・デイト）における決済金額を現在価値に割り引いた額となる。東京市場では，近年は FRA 取引の出来高は少なく，SPS 取引のほうが遥かに多くなっている。

第2節 金融先物取引

金融先物取引（financial futures）の一般的な特徴としては，以下の点があげられる。

① 相対取引である OTC デリバティブと異なり，取引所に上場されている。
② 取引相手（カウンターパーティ）が取引所になる。
③ 上場商品（先物）が対象とする原資産，限月，最低取引金額，取引単位，最終取引日などが規格化されている。
④ 反対売買により，建玉（ポジション）を相殺する（消す）ことができる。
⑤ 建玉を作った場合は，証拠金を差し入れる必要が生じる。日々の清算価格でポジションを値洗いし，必要が生じれば追加証拠金を差し入れる。

短期金利金融先物は，金利ではなく価格（100 から金利を差し引いたもの）で表示される。たとえば，金利が 2.75 ％であれば価格は

BOX 9-1 金利スワップ取引

ある期間の固定金利と変動金利など，当事者間で金利を交換するオフバランス取引を，金利スワップ（IRS：interest rate swap）取引と呼ぶ（変動金利同士の交換もある）。同取引においては，元本は移動せず，交換する金利の差額だけが取引当事者間で決済される（差金決済）。

円の固定金利と円の変動金利を交換する取引は円―円・金利スワップ，ドルの固定金利とドルの変動金利を交換する取引はドル―ドル・金利スワップと呼ばれる。

円―円・金利スワップの場合，変動金利のインデックス・レートとして使用されるものには LIBOR（ロンドン銀行間オファー金利）と TIBOR（東京銀行間オファー金利）がある。しかし，実際は LIBOR が使われるケースが圧倒的に多い[4]。変動金利の期間が1回だけの取引は前述のように SPS 取引と呼ばれている。

取引は，期間の長さによって，大まかにショート・ターム（短期）とミディアム・ターム（中長期）に分けられている。法的な区分があるわけではないが，1年までをショート，1年超をミディアムと見なすケースが多い（2年で分ける見方もある）。なお，ミディアム・タームの金利スワップの場合，標準的には，変動金利に6カ月 LIBOR が使われている。

企業がミディアム・ターム金利スワップを利用する際の典型例としては，次のようなケースがあげられる。LIBOR などに連動する短期の変動金利で資金を調達すれば借入金利が割高となり，社債発行による長期固定金利で調達すれば割安となる企業 X と，その逆のパターンの企業 Y があったとしよう。何らかの事情により，企業 X は変動金利での調達を望み，企業 Y は固定金利での調達を望んでいる場合，銀行などの金融機関が間に立って，両企業が調達金利を交換すれば互いにメリットを享受することができる。

金融機関は取引先企業と実際はさまざまな金利スワップ取引を行

---

4) 米ドル，英ポンドの金利スワップでも LIBOR が使われているが，ユーロの金利スワップの場合は EURIBOR（Euro Inter Bank Offered Rate）が一般的に使用されている。

図　A銀行とB銀行の金利のスワップ取引

```
          想定元本100億円に対する
          固定金利の利息（1％）
┌─────┐ ──────────────→ ┌─────┐
│ A銀行 │                      │ B銀行 │
└─────┘ ←────────────── └─────┘
          想定元本100億円に対する
          変動金利の利息
```

っている。その際，金利変動リスクが生じた金融機関は，そのリスクを相殺するために金利スワップ市場を通じて，他の金融機関と取引を行う。また，金融機関はさまざまな裁定取引や，金利見通しに基づくディーリングも行っている。

「固定金利の受取り・変動金利の支払い」になるほうを「レシーバー」，「固定金利の支払い・変動金利の受取り」になるほうを「ペイヤー」という。

金利スワップのレート（固定金利）は国債の利回りに強い影響を受けている。このため金利スワップ市場の参加者は常に国債の現物市場および先物市場の動向を注視している。国債の入札時には，証券会社などが入札のヘッジ手段として金利スワップを利用するケースも見られる。

1. 金利スワップの具体例

ここで，2年物の円―円・金利スワップを想定してみよう。A銀行を「固定金利の受取り・変動金利の支払い」，B銀行を「固定金利の支払い・変動金利の受取り」として，固定金利1％・想定元本100億円で約定した場合，実際にどのような資金の流れになるのかを見てみることにする。

現実の円―円・金利スワップ取引においては，固定金利は年365日ベース，変動金利は年360日ベースで計算されている。しかし，ここでは説明を単純化させるために，固定金利，変動金利ともに，1年を360日，半年（6カ月）を180日として計算してみよう。変動金利となる6カ月物LIBORが以下のように推移したと仮定する。

　　　現在のLIBOR　　　　0.6％
　　　0.5年後のLIBOR　　 0.8％
　　　1年後のLIBOR　　 1　％
　　　1.5年後のLIBOR　　 1.2％

表 差金決済の流れ

(単位：万円)

	0.5年後	1.0年後	1.5年後	2.0年後	2年間の合計
A銀行	+2,000	+1,000	±0	-1,000	+2,000
B銀行	-2,000	-1,000	±0	+1,000	-2,000

6カ月物LIBORが以上のような場合，現在から0.5年後に，計算上，A銀行は0.6％の6カ月LIBORの利息3000万円を支払い，B銀行は1％の固定金利（6カ月分）である5000万円を支払う。このため，実際は，差引き2000万円をB銀行がA銀行に支払うことになる。その後も含めた半年ごとの差金決済の流れは，上表の通りになる。

2. 取引高の推移

東京市場におけるブローカー経由の金利スワップ取引高（想定元本，ドル換算，SPSを含み，OIS，FRAは含まない）の推移は以下の通りである（マネー・ブローカーズ・アソシエイション調べ）。

2008年の通貨別取引高を比較すると，ショート・ターム物においては，円―円が98.8％，ドル―ドルが1.0％，その他が0.2％だった。ミディアム・ターム物においては，円―円が86.3％，ドル―ドルが8.9％，円―ドルが4.4％，その他が0.4％だった。

円―円のショート・ターム物の年間出来高（ドル換算）は，2003年に5487億ドル，04年4797億ドル，05年7187億ドルだったが，日銀が量的緩和策を解除した06年は劇的に増加し，6兆1688億ドルになった。さらに，日銀の利上げに対する市場の予想が錯綜した2007年には20兆358億ドルへ達した。しかし，2008年は10兆1291億ドルへ減少，09年もピーク時に比べると低調な状態が続いている。

一方，円―円のミディアム・ターム物の出来高（ドル換算）は，2003年2兆2746億ドル，04年2兆6201億ドル，05年3兆4504億ドル，06年4兆8266億ドル，07年4兆9106億ドル，08年5兆1952億ドルと増加を見せてきた。とはいえ，金利スワップ市場で非常に大きなプレーヤーだったリーマン・ブラザーズが2008年9月に破綻すると，市場は大きな混乱に陥った。ただし，同年10月

> の取引量は月間としては過去最高水準に近い5418億ドルに増加している。リーマンを取引相手としていた金融機関は自分のポジションを新たにヘッジする必要に迫られた。その他にもリーマン破綻にともなうさまざまな取引が発生したため，いったん取引量が増加したのである。しかし，そういった動きがある程度一巡した同年11月以降，取引量は減少を見せている。

100 − 2.75 = 97.25，金利が0.45％であれば，価格は100 − 0.45 = 99.55となる。このため，金利が上昇するときは価格は下落し，金利が低下するときは価格は上昇することになる。

1. 世界の短期金利金融先物の状況

世界の主要な短期金利金融先物の市場規模を概観してみよう（以下に示す建玉の実績は，2007年3月は3月16日時点，09年3月は3月17日時点のものである）。

1 3カ月金利先物

最も建玉が巨大なのはドル3カ月LIBORを原資産とするユーロドル3カ月金利先物（CME上場）である。2009年3月の建玉は573万枚と群を抜いて多い。ただし，その2年前の2007年3月は建玉が1298万枚も存在したので，この2年間で56％も減少したことになる。FRBが超低金利政策を導入し，ドル短期金利のボラティリティが低下したことが主因である。

ユーロドル3カ月金利先物が世界最大の短期金利金融先物となっているのは，ドルが基軸通貨であることに加え，原資産であるドル3カ月LIBORが世界中のさまざまな金融取引（企業の借入金利の基準など）に使われていることが理由と考えられる[5]。

その他の3カ月物の2009年3月の建玉を見ると，EURIBOR 3カ月金利先物（Euronext. liffe上場）は304万枚，スターリング・ポ

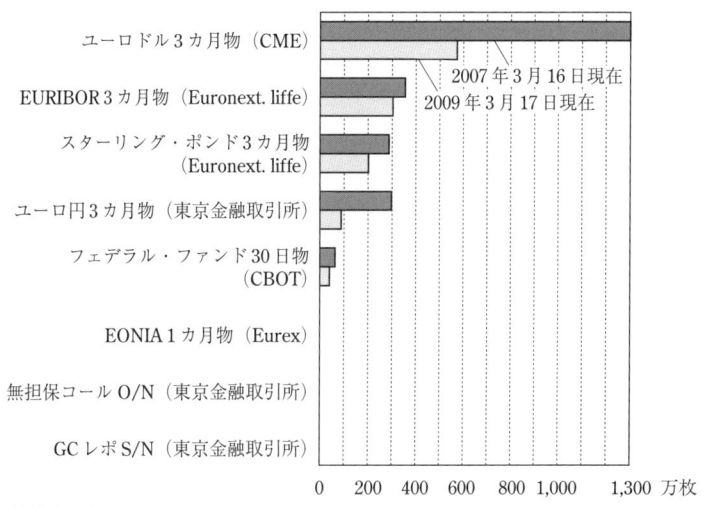

図9-4 世界の主要短期金利先物の建玉枚数

- ユーロドル3カ月物（CME）
- EURIBOR 3カ月物（Euronext. liffe）
- スターリング・ポンド3カ月物（Euronext. liffe）
- ユーロ円3カ月物（東京金融取引所）
- フェデラル・ファンド30日物（CBOT）
- EONIA 1カ月物（Eurex）
- 無担保コールO/N（東京金融取引所）
- GCレポS/N（東京金融取引所）

2007年3月16日現在
2009年3月17日現在

（資料）ブルームバーグ。

ンド3カ月金利先物（Euronext. liffe上場）は201万枚，ユーロ円3カ月金利先物（東京金融取引所上場）は90万枚だった。いずれも2年前に比べ減少しているが，とくにユーロ円3カ月金利先物の減少が激しい（70％減）。

2 オーバーナイト金利先物

オーバーナイト金利を対象とする金融先物として世界で最も成功した上場商品は，アメリカのフェデラル・ファンド30日金利先物（CBOT上場）である。2009年3月の建玉は38万枚だった。ただし，2007年3月の64万枚から41％も減っている。

ユーロのEONIA 1カ月金利先物（Eurex）は2007年3月，09年

---

5) 金融システム危機下の2008年春に，海外主要メディアが，LIBORは市場実勢から乖離し大幅に低く表示されていると批判したことが市場で話題になった。LIBORを集計しているBBAが何らかの対策をとる模様と報じられたため，その影響で，2008年4月にはユーロドル3カ月金利先物の価格が急落（金利は上昇）した。なお，その後BBAは，とくに対策を発表していない。

表9-2 ユーロ円3カ月金利先物の商品概要

取引対象	全国銀行協会（JBA）が公表する期間3カ月のユーロ円TIBOR
取引単位	元本金額1億円
価格の表示方法	100から年利率（％，90/360日ベース）を差し引いた数値（小数点以下第3位〔1,000分の5単位で表示〕）
最小変動幅・価値	0.005（0.005％）で1,250円 （1億円×0.005％×90日/360日）
限月設定	四半期ごとの限月（3, 6, 9, 12月限）を20限月（5年） 四半期以外のシリアル限月を直近2限月(注)
取引最終日	限月第3水曜日の2営業前
最終決済日	取引最終日の翌営業日
最終決済方法	差金決済
新たな限月の取引開始日	取引最終日の翌営業日
最終決済価格	JBAが取引最終日に公表する期間3カ月のユーロ円TIBORの小数点以下第3位未満を四捨五入したものを100から差し引いた数値
取引時間	8：30～ 8：45　　プレオープン 8：45～11：30　　日中取引 11：30～12：30　　取消し・数量削減専用時間 12：30～15：30　　日中取引 15：30～20：00　　夜間取引
取引最終日限月の取引時間	8：30～ 8：45　　プレオープン 8：45～11：00　　日中取引

（注） シリアル限月は，四半期限月を除いた月で設定する。たとえば4月1日時点では4月限，5月限，5月1日では5月限，7月限，6月1日では7月限，8月限となる。
（資料） 東京金融取引所。

3月のいずれも建玉はゼロ枚である。Euronext. liffe は EONIA 3カ月金利先物を上場させているが，2009年4月上旬時点の建玉は約4500枚とわずかである。ポンドのSONIA金利先物は上場されていない。

東京金融取引所は2007年12月に無担保コール O/N（オーバーナイト）金利先物と GC レポ S/N（スポット・ネクスト）金利先物を

表 9-3 無担保コール O/N 金利先物の商品概要

取引対象	日本銀行が公表する「無担保コール・オーバーナイト物金利」（確報値）の月中平均値
取引単位	元本 3 億円
価格の表示方法	100 から金利を差し引いた数値
最小変動幅・価値	0.005 で 1,250 円 （3 億円×0.005 %×30 日/360 日）
限月設定	各月の限月を 12 限月（1 年）
取引最終日	限月最終営業日
最終決済日	取引最終日の翌々営業日
最終決済方法	差金決済
最終決済価格	日本銀行が公表する「無担保コール・オーバーナイト物金利」の月中平均値の小数点以下第 3 位未満を四捨五入したものを 100 から差し引いた数値
取引時間	8：30～ 8：45　　プレオープン 8：45～11：30　　日中取引 11：30～12：30　　取消し・数量削減専用 12：30～15：30　　日中取引 15：30～20：00　　夜間取引
取引最終日 限月の取引時間	8：30～ 8：45　　プレオープン 8：45～11：00　　日中取引 11：30～12：30　　取消し・数量削減専用 12：30～15：30　　日中取引

（資料）　東京金融取引所。

上場した。しかし，2009 年 3 月時点では両者とも建玉はゼロ枚となっている。円 OIS 市場が先行して拡大していたこと，円のオーバーナイト金利のボラティリティは当面小さいと市場で予想されていること，などから取引は残念ながら低迷している。

2. 円短期金利先物の商品概要

表 9-2，表 9-3 が，東京金融取引所に上場されているユーロ円 3 カ月金利先物，無担保コール O/N 金利先物の商品概要である。ユ

ーロ円3カ月金利先物には，それを対象としたオプション取引も上場されている。

3. 金融先物とOISの比較

短期金利の金融先物とOISは，短期金利の変動リスクをヘッジするためのデリバティブ取引という点では，類似した機能を持っている。それぞれが持っているメリットを整理，比較してみよう。

1 3カ月TIBORとオーバーナイト金利の差

3カ月物ユーロ円金利先物は1989年6月に上場され，以降，日銀政策金利変更のヘッジ手段としても重要な役割を担ってきた。同先物の流動性は高く，大規模に取引を行うプレーヤーのニーズにも応えることができる。ただし，同先物の原資産である3カ月TIBORと日銀政策金利のスプレッド（差）は一定ではない。このため，日銀政策金利の変動リスクを正確にヘッジしたい場合は，OIS（あるいは無担保コールO/N金利先物）のほうが有用な面がある。

2 「既製品」か「オーダーメイド」か

金融先物は規格化された「既製品」である。利用者が売買できる対象は決められた限月の先物となっている。スタート日や期間を変更することはできない。しかし，規格化されているがゆえに，取引が集中して，流動性が厚くなりやすいという利点がある。

一方，OISはOTC取引ゆえに，当事者間で合意すれば，「オーダーメイド」的に自由に取引条件（スタート日，期間など）を設定することが可能である。それゆえ，銀行，証券会社，機関投資家などのさまざまなニーズに取引を適応させることができる。ただし，あまりに取引が「オーダーメイド」化して個別取引の様相が強まると，流動性が低下して，反対取引を行ってポジションを閉じにくくなるおそれが出てくる。このため，市場参加者は，ISDAのマスター・アグリーメントなどを利用しながら，取引をある程度標準化さ

せる動きを見せてきた。

　なお，市場の先行きの日銀政策金利予想が，要人発言や経済指標等の変化によって急激に変化しているときは，円 OIS レートのボラティリティが増大し，相場の水準が急速に変化する。そういった際には，イレギュラーな取引に応じてくれる相手を探したり，取引条件を細かく交渉したりする時間的余裕はなくなるため，ディーラーは，流動性が相対的に厚い金融政策決定会合間取引に取引を集中させる傾向が見られる。

③　最低取引金額

　3カ月物ユーロ円金利先物の最低売買枚数である1枚の金額は1億円，無担保コール O/N 金利先物の1枚の金額は3億円である（いずれも想定元本）。円 OIS の場合，想定元本の最低金額は当事者間で決めることができるが，一般的には 1000 億円以上となっている。このため，取引したい金額が大きくない場合は，OIS よりも金利先物のほうが利用しやすいといえる。

④　カウンターパーティ・リスク

　金融先物は取引所に上場されているため，売買の相手方は取引所になる。このため，カウンターパーティ・リスクは原則考慮しなくてよい（取引所の会員がリスクをシェアしている）。一方，OIS は OTC デリバティブであり，取引の相手方は金融機関など市場参加者になる。また，OIS のプレーヤーは，金融先物と異なり，原則として証拠金の差入れや追証を請求されることはない。その分の資金負担や，事務上の負担は軽くなるが，取引を開始する際に相手の信用力をチェックする必要が生じる。

　なお，アメリカの保険会社 AIG の経営破綻の主要因の1つに，CDS（credit default swap）取引があげられるなど，最近は OTC デリバティブのリスク管理に関し金融当局の関心が非常に高まっている。一方で，金融市場においては，OTC デリバティブのリスク管

理を自発的に行う動きが近年高まっている。たとえば，期間が長い金利スワップ取引の場合は，当事者間で担保の差入れが行われている。海外の主要金融機関は，金利スワップ取引の決済に清算機関（LCH. Clearnet）を積極的に利用している。

また，TriOptima 社が運営するシステム"triResolve""triReduce"は，登録した金融機関のカウンターパーティ・クレジット・エクスポージャーを管理して相殺し，彼らのポートフォリオを圧縮させている。金利スワップ取引の場合，"triReduce" は 19 の通貨，100 以上の金融機関に利用されている。OTC デリバティブのリスク管理をいかにして向上させるかという議論は，今後も高い関心を呼ぶものと思われる。

索　引

◆ アルファベット

ABCP〔資産担保 CP〕　185, 198
　——の裏付資産　198
ABCP 等買入オペ　197
AIG の経営破綻　291
CD〔NCD，譲渡性預金〕　99, 124, 185, 189, 194, 201
　——3 カ月物レート　209
　——市場　4
　——取引の流れ　213
　——の購入者　207
　——の購入動機　207
　——の最低発行単位　207
　——の実質調達コスト　204
　——の譲渡方式　203
　——の商品性　202
　——の税制　204
　——の単価　214
　——の発行期間　215
　——の発行金融機関　205, 216
　——の発行残高　205
　——の発行市場　205
　——の発行動機　205
　——の発行レート　208
　——の保有　212
　——の流通市場　7, 210
　——の流通取扱機関　210
　——の流通取扱高　215
　——の流通レート　214
　——流通市場の円滑化　212
　——流通市場の取引種類　211
　——流通取扱業者　216
　——流通取扱業者の役割　212
　既発——の売切り〔買切り〕　211
　新発——の売買　211
　都銀発行の——　205
CD 現先　211
CLS　251, 252
CMS〔キャッシュ・マネジメント・システム〕　184, 194
CP〔コマーシャル・ペーパー，短期社債〕　171, 176, 209
　——市場　3, 7
　——による資金調達　172
　——の格付け　182
　——の決済金額　195
　——の最終投資家　187
　——の需給　188
　——の単価　195
　——の発行期間　180, 188
　——の発行金額　181
　——の発行残高　189
　——の発行市場　180
　——の発行者　183
　——の発行動機　184
　——の発行方法　180
　——の発行レート　187
　——の引受業者〔ディーラー〕　186
　——の流通市場　190
　——の流通取扱高　194
　——の流通レート　193
　——発行体の信用力　187
　——発行の開示義務　183
　手形——　171, 178
　電子——〔——のペーパーレス

化，短期社債〕　8, 171, 173, 174, 176
　　日本の——市場〔国内——市場〕　172, 191
CPFF　54, 278
CPアウトライト市場　193
CPアウトライト取引のレート　194
CP（等）買現先オペ　41, 188, 189, 194
　　——の残高　196
　　——の対象先　196, 199
CP買取金利　54
CP現先市場　191
CP現先レート　194
CP等買入オペ　52
DVP決済　86, 179, 195
　　日銀ネット国債系——　131, 148
ECB理事会間取引〔ECB Dates〕　277
EONIA　277
FB〔政府短期証券〕　8, 93, 125
　　——公募入札　97, 98
　　——の根拠法　103
　　——の発行方式　97
　　——の流通市場　7, 95
　　——を発行していた会計　94
　　3カ月——　99
FB売りオペ　95
FOP決済　86
FRA取引　282
FRB　48, 53, 59
GC取引〔ジェネラル取引〕　3, 136, 165, 167
IMMデート取引　273
JGBCC〔日本国債清算機関〕　113, 131-133, 164
JOM〔東京オフショア市場〕　4, 7, 261
　　——取引の規制　263
　　——取引の資産残高　263
　　——取引の優遇　263
　　——の参加者　262
　　——の特色　264
LIBOR　262, 281, 283
　　3カ月——　279
　　ドル3カ月——　286
LIBOR-OISスプレッド　279
　　3カ月の——　280
MC型　130
OIS　4, 267, 290, 291
　　——の最低取引金額　291
　　——レート　281
　　円——　268, 269
　　円——市場　289
　　円——市場の参加者　269
　　円——取引の期間　276
　　円——取引の計算例　273
　　円——取引の種類　270
　　円——の固定金利の刻み幅　273
　　円——の平均取引金額　276
　　ドル——　276, 278
　　ポンド——〔ソニア・スワップ，ソニア〕　278
　　ユーロ——〔イオニア・スワップ，イオニア〕　277
O/N　→オーバーナイト
OTCデリバティブ　267, 281, 282, 290, 291
　　——のリスク管理　291
PTS　116
RTGS〔即時グロス決済〕　8, 78
　　次世代——　75, 78, 91
SC取引〔スペシャル取引〕　3, 135, 165, 167
SONIA　278

索　引

SPS 取引　281, 283
STP　179
TAF　47, 51, 278
TALF　53
TB〔割引短期国庫債券〕　7, 93, 114, 125
　　──の根拠法　103
　　──の流通市場　97
T-Bill　→国庫短期証券
TIBOR　7, 15, 262, 283, 290

◆ あ 行

相対通貨　251, 252
アウトライト・オペ　43
アウトライト市場　190
アウトライト取引　234
アジア通貨危機　220
アセット・アプローチ説　229
委託介入　231
一括清算　128, 143, 164
一般入札　109
イングランド銀行金融政策委員会〔MPC〕間取引　278
印紙税　179
インターバンク市場〔銀行間市場〕　2, 61, 189, 209, 210, 216, 247, 248, 279
　　──取引要綱　74
　　──における機密保持　74
　　──の慣用語　73
インデックス・レート　268, 273
インフレ目標　14
受超〔揚超〕　21, 23, 28
売現先　191
エクスポージャー　→純与信
円　転　258
円　投　223, 259, 265
エンド・フェイル　134, 149
円の国際化　7, 8, 125

追　証　291
オイル・ショック　219
応札責任　110
オッド・エンド物　70
オッド・スタート物　70
オーバーナイト〔O/N〕
オーバーナイト金利　267
　　──の推移予想　279
　　──の平準化　35
　　──のボラティリティ　50
オーバーナイト金利先物　287
オーバーナイト取引　3
オーバーナイト物　66, 247, 255
　　──比率　63
オ　フ　71, 238
オファー　71, 238
オファー・ビッド方式　7
オフショア勘定〔特別国際金融取引勘定〕　262
　　──から一般勘定への振替え　263
　　──の変化　265
オフショア市場　261
オフバランス取引〔簿外取引〕　268, 282, 283
オープン・エンド　79, 131, 141, 147, 160
オープン市場　3, 7, 112, 124, 128, 142, 195, 211
オペ〔オペレーション，公開市場操作，市場操作〕　5, 10, 18, 41

◆ か 行

外貨の資金繰り　255
外国為替〔為替〕　217, 223
　　──取引の種類　234
　　──の表示方法　225
　顧客による──取引　235
外国為替公認銀行（制度）　228,

253
外国為替市場〔外為市場〕　4, 224
　　──の1日　236
　　──の参加者　226
　　──の取引単位　234
　　──の取引用語　237
　　海外主要──　245
外国為替相場〔為替レート〕
　　224, 257
　　──の変動要因　228, 229
外国為替の持高〔為替ポジション〕
　　231
　　──の調整　255
外国為替ブローカー〔為替ブローカー〕　227, 237, 241, 262
　　──の1日　242
外国為替平衡操作〔為替平衡操作〕
　　231
外国通貨建て　226
外為決済専門銀行〔CLS銀行〕
　　252
外為市場介入　→介入
外為証拠金取引　223, 227, 228, 231
外為法の規制緩和　227
介入〔外為市場介入，市場介入〕
　　21, 227, 228, 231
　　円売り──　21
　　円買い──　22
外部負債　205
買戻契約　119
カウンターパーティ・リスク
　　291
格付け　182, 187, 199
確定日付　204, 216
貸し渋り　198
株券等貸借取引に関する基本契約書
　　167
株券等の大量保有の制限　170

株券レポ取引〔現金担保付株券貸借取引〕　166
　　──市場　3
　　──の市場規模　167
　　──の市場参加者　167
　　──の取引期間　169
　　──の取引対象　169
　　──の流れ　168
空売り　120
借換債　96
為　替　→外国為替
為替心理説　230
為替ブローカー　→外国為替ブローカー
為替ポジション　→外国為替の持高
為替予約　253
為替（変動の）リスク　231, 232
　　──のヘッジ　253
為替レート　→外国為替相場
還収超　20, 26
カントリー・リスク　233
機関投資家　231
企業金融支援特別オペ　51
機　構　→証券保管振替機構
期　先　247
基軸通貨　222, 225, 251, 252, 286
基準貸付金利　46
基準担保金率　129, 144, 169
規制金利（政策）　4, 10
期　近　247
ギブン　240
期末初物　70
逆現先取引　191, 212
キャッシュ・マネジメント・システム　→CMS
キャップ効果　46, 49
キャピタル・マーケット〔資本市場〕　2
キャリー・トレード　222

円——　223
　　　円——の巻戻し　223, 257
　協調介入　221, 231
　共通担保資金供給オペ　41, 58
　銀行間市場　→インターバンク市場
　銀行券の還収　20
　銀行券の発行　20
　銀行券発行残高　58
　銀行券要因〔日銀券要因〕　18, 20, 23, 26
　銀行ディーラー　231
　金兌換制度　217
　金プール協定　218
　金本位制　217
　金融危機　50
　金融先物　267, 282, 290, 291
　　　——の最低取引金額　291
　金融政策決定会合　11, 45
　金融政策決定会合間取引〔BOJ Dates〕　270, 276, 291
　　　——のレート　271
　金融調節　18, 19, 41, 123, 124, 195, 196, 198
　金融の自由化　7
　金　利　257
　金利裁定　189, 209, 257, 258
　　　——の算出式　261
　金利スワップ取引　267, 275, 282, 283
　　　——の具体例　284
　　　——の取引高　285
　　　円―円ショート・ターム——　285
　　　円―円ミディアム・ターム——　285
　　　ショート・ターム——　283
　　　ミディアム・ターム——　283
　クォート　→建値
　クレジット・ライン　71, 250

クレジット・ラインのチェック〔ライン・チェック〕　71, 233
クロス・デフォルト条項　143
経常収支　230
月間所要積数　32
月間所要平残　32
決済資金需要　19
決済集中日　19
決済照合システム〔JASDEC照合システム〕　133
決済リスク　252
現金担保規制　121, 122
現金担保付債券貸借　→債券レポ
現金担保取引　120
現先オペ　165
現先市場　190
現先取引　123
　　非居住者との——　125
現先レート　142
口座管理機関　107
公定歩合　10, 46, 196
購買力平価説　229
公表相場　235
国債売現先オペ　→国債補完供給オペ
国債買入オペ　44, 58
国債買現先オペ　41, 58
国債管理政策〔デット・マネジメント〕　28, 96
国債供給オペ　45
国債現先オペ　127
国債・資金同時受渡システム〔国債DVPシステム〕　106
国債市場特別参加者　111
　　——制度　109
　　——の責任　110
　　——の特別資格　110
国際収支　230
国際収支説　229

国債の大量発行　7
国債の停止条件付売買取引　112
国債売却オペ　58
国債振替決済制度　83, 85, 86, 106, 107
国際ブローキングの解禁　7
国債補完供給オペ〔国債売現先オペ〕　43, 45, 58
国　庫　18
国庫金　21
　——の管理〔キャッシュ・マネジメント〕　28, 101
国庫短期証券〔T-Bill〕　58, 93, 98, 103
　——市場　3
　——の償還期間　104
　——の譲渡制限　107
　——の入札　104, 109
　——の入札から落札までの流れ　111
　——の売買の流れ　117
　——の発行限度額　104
　——の発行市場　109
　——の発行日　105
　——の流通市場　112
　——の流通市場の概要　116
　——の流通市場の参加者　113
国庫短期証券買入オペ　43, 58
国庫短期証券売却オペ　45
固定金利　268, 283, 275
固定相場制　218
コード・ワード　17
コマーシャル・ペーパー　→ CP
コリドー　50
コリドー・システム　45, 49
コール　185, 209
　——市場　2, 4, 61, 123, 162, 257
　——市場残高の推移　62
　——市場の1日　92
　——市場の資金余剰感　37, 40
　——取引　216
　——取引の受渡日〔スタート日〕　66, 83
　——取引の期間　66, 83
　——取引の期日〔エンド日〕　70, 83
　——取引の資金決済の慣行　75
　——取引のネッティング　77
コール・マネー　65
コール・ローン　65
コンチネンタル・ターム　226
コンファーム〔確認作業〕　76, 240
コンファメーション・スリップ　241

◆　さ　行

災害リスク　233
債券現先〔債券の条件付売買〕　189, 194, 209, 212
　——市場　7, 122, 123
　——市場の1日　165
　——市場の市場規模　161
　——市場の取引参加者　142
　——取引　119, 120, 142
　——取引の契約書　150
　——取引の決済　148
　——取引の担保　145
　——取引の取引対象債券　142
　——取引のフェイル　149
　——取引のフロー　151
　——取引の利払い　147, 160
債券現先取引等研究会〔レポ研〕　126
債券貸借
　——市場　120, 122
　——取引　127
　——の無担保取引　121, 122

債券貸借取引に関する基本契約書 134
債券等の現先取引に関する基本契約書 150
債券の条件付売買 →債券現先
債券レポ〔現金担保付債券貸借〕
　——市場　123, 125
　——市場の1日　165
　——市場の市場規模　161
　——市場の取引参加者　128
　——取引　119, 127, 209
　——取引の契約書　134
　——取引の決済　131
　——取引の種類　135
　——取引の取引対象債券　127
　——取引のフェイル　132
　——取引のフロー　137
　——取引の利払い　131, 141
　——のGCレート〔GCレポ金利〕　14, 194
財政等要因　18, 21-23, 28
先日付物　66, 70, 234
先物為替〔アウトライト〕取引　254
先物為替レート　252, 254
差金決済　268, 275, 283
サービス収支　230
サブスティテューション〔銘柄差替え〕　146, 156, 169
サブプライム・ローン問題　257
3カ月金利先物　286
ジェネラル取引　→GC取引
直先スプレッド　251-253, 256, 259, 260
　——の変動要因　257
直物為替取引　255
直物為替レート〔スポット・レート〕　251, 252
直物取引　234, 240

資金過不足　18-20
　——パターン　22, 26
　金融機関の——　62
　財政資金の——　28
　実質的な——　37
資金吸収オペ　42, 45, 58, 95
資金供給オペ　41, 43, 45, 50
　短期の——　41, 58
　ドル——　50, 115, 278
　長期の——　44
資金供給の円滑化　49
資金供給量　55
資金繰りのラスト・リゾート　63
資金需給日足予想　24
資金不足　162
資金偏在調整　64
自国通貨建て　226
資産担保CP　→ABCP
資産担保証券市場　198
市場介入　→介入
市場操作　→オペ
実質株主　169
実　需　224, 230, 257
実勢レート　235
支払準備金　30
支払保証　181
資本収支　230, 231
　短期——　230
　長期——　230
指名債権譲渡方式　203
社　債　177
社債券　176
社債等買入オペ　52
ジャパン・プレミアム　256, 264
順月確定日渡し　254
準備預金　19, 205
　——残高　36, 55
　——残高見通し　38
　——制度　30

——積立ての最終日　33
　　——の積立期間　33
　　——の積立不足　34
　　——の積立方式　33
　　——率　30
純与信〔エクスポージャー〕
　　130, 140, 145, 169
証券決済システムの改革　173
条件付売買取引　123
証券投資　230
証券保管振替機構〔機構〕　174,
　　175, 177, 179, 191, 192, 195
証拠金　282, 291
譲渡性預金　→CD
少人数私募　180, 183, 187
消費寄託契約　127
消費貸借契約　120, 127
ショート　166
所得収支　230
所要額の見直し　33
所要平残　36
新規記録手数料　180
進捗率〔準備預金積立ての進捗率〕
　　38
　　——乖離幅　38, 39
　　平均——　38
信用緩和策　55
信用供与　196
信用リスク　233
スクエア　231
スタート・フェイル　133, 149
スティグマ　47
スペキュレーション　→投機
スペシャル取引　→SC取引
スポット　63
スポット取引　272
スポット物　70
スポネ　70, 165, 166, 191, 193, 247
スミソニアン合意　218

政策金利　3, 10, 14, 55, 221, 228,
　　267, 290
　　——変更の織込み確率　271
　　——変更の実体経済への波及メカ
　　ニズム　15
　　——変更の予想　268
ゼロ金利　9, 10
　　——政策　8, 62, 100, 222, 268
全店貸付　41
想定元本　268, 276
双務契約　127

◆ た　行

第Ⅰ非価格競争入札　104
対顧客レート　235
第Ⅱ非価格競争入札　110
対民収支　21
ダイレクト・ディーリング取引
　　〔DD取引〕　79
諾成的消費貸借契約　127, 167
建値〔クォート〕　237, 238
為銀主義　227
ダン　71
短期金融市場　→マネー・マーケット
短期金融市場取引活性化研究会〔短
　　取研〕　75
短期金融市場フォーラム　8
短期金利　19, 55, 58, 196
　　——の変動リスク　290
短期金利金融先物　282, 290
　　——の市場規模　286
円——　289
短期金利デリバティブ取引　4,
　　267
短期国債　93, 189, 209
　　——市場　98, 99
　　——のゼロ％入札　102
　　——の発行残高　98

索　引　301

　　――の平均落札レート　99
短期債格付け　183
短期社債　174, 176, 178
　　→CP〔電子CP〕
　　――の振替機関　175
　　――の保証　182
　　――へのシフト　190
短期社債振替口座　190, 192
短期社債振替制度　171, 190, 191
短期投資法人債　186
短資会社　5, 24, 71, 81, 164, 196, 210, 243
　　――に対する監督　6
短資取引担保センター〔担保センター〕　7, 83, 84, 86
短資取引約定確認システム〔約確システム〕　76, 78
チーペスト銘柄　164
中央銀行
　　――の信用リスク　53
　　――の長期資産　58
　　――のバランス・シート　53
　　外国の――　22
中長期的な物価安定の理解　13
超過準備　33, 58
　　――残高　36, 55
　　――（等）への付利　47-49
長期金利　58
長期債格付け　183
直接投資　230
直接発行〔ダイレクトCP〕　180
通貨の種類　224
通貨ペア　225
通常口　75
積み期間の所要準備額積数　36
積み終了先残高　36
定期預金　205, 207
テイクン　240
ディスカウント　251

ディスカウント・ウィンドウ　47
ディーラー・ファイナンス　191, 194
定率公募残額日銀引受方式　95
手形売出オペ　42, 58
手形買入オペ　41
手形売買市場　3
手形レス取引　80
適格格付機関　183
テレフォン・マーケット　212, 224
電子ブローキング　165, 224, 227, 243, 245, 248, 252
電信売り相場〔TTS〕　235
電信買い相場〔TTB〕　235
展望レポート　17
テンポラリー・オペ　41
投機〔スペキュレーション〕　224, 230, 256, 257
東京オフショア市場　→JOM
東京外国為替市場　224, 235, 245
　　――の通貨別取引量　235
　　――の取引時間　236
東京金融先物取引所　7
東京金融取引所　288
東京短資　5
東京マネー・マーケット　2
　　――の変遷　4
同時決済口　75
当日物〔キャッシュ物〕　66
当面の金融政策運営について　16
特定短期公社債　108
特定〔特別〕目的会社〔SPC〕　185
特別国際金融取引勘定　→オフショア勘定
特利預金　210
トムネ　70, 166, 191, 193, 247, 255
トモロウ　63

トモロウ物　70
ドル・円相場の変動要因　228
ドル・コール市場　262

◆ な 行

内国為替　223
仲値　235, 242
ニクソン・ショック　218
日銀〔日本銀行〕　12
　——金融市場局　19, 268
　——のコミュニケーション戦略　16
　——の声明文　16
日銀券ルール　45, 58
日銀政策委員　11
　——の経済・物価予測　17
日銀当座預金　18
　——残高　14, 18, 36, 55
　——残高見通し　38
　——の付利金利　62
日銀ネット　72, 252
　——国債系DVP決済　131, 148
日中コール取引　90
日中当座貸越し　77
2％型　130
日本銀行　→日銀
日本国債清算機関　→JGBCC
入札前取引〔WI取引〕　111, 112
ニューヨーク・ターム　226
値洗い　130, 144, 169
ネッティング　132
　バイラテラル・——　77
年末初物　70
残り所要平残　36-38

◆ は 行

売買金額算出比率　144
売買契約　142

売買参考統計値　137
バックアップ・ライン　181, 182
発行市場〔プライマリー市場〕　109, 190
発行超　21, 26
パーマネント・オペ　43
払　超　21, 24, 30
半日物コール　90
引受発行　180, 187
非準預先残高　36
ビッド　71, 238
ファーム・オーダー制　71
フェイル　132, 149, 164
　——期間中のマージン・コール　134, 149
フェデラル・ファンド・エフェクティブ・レート　278
フェデラル・ファンド30日物金利先物　276, 278, 287
フォワード〔為替スワップ，スワップ〕
　——市場の構成者　248
　——取引　4, 234, 247
　——取引の決済方法　251
　——取引の事例　249
　——取引の目的　253
複利金利　273
2つの柱に基づく経済・物価情勢の点検　16
物価の安定　13
プラザ合意　219
振替機関　107, 175, 177
振替国債　106, 107
振替社債　176
振替制度〔振替口座簿の電磁的記録〕　176
プルーデンス政策　12, 55
ブレトンウッズ体制　217
プレミアム　251

索引 303

フロア効果 47-49
ブローカー 248
　――会社 241
　――取引 239
　ブローカーズ・―― 116
ブローカレッジ 237
ヘアカット 129, 139, 143, 153
ベアリングス事件 122, 123
平均残高方式 35
ペイヤー 284
ヘッジ・ファンド 222, 227, 231
返金先行ルール 77
変動金利 283
変動相場制 218, 231
ボイス・ブローキング 243, 245, 248
貿易収支 230
法定準備預金所要額 30
補完貸付制度 45, 47
補完当座預金制度 47-49
保証債務 182
本店貸付 41

◆ ま 行

マイン 237
マーケット・アイザー 251
マーケット・メーカー 226, 237
マーケット・ユーザー 237
マージン・コール 130, 139, 144, 154
　フェイル期間中の―― 134, 149
末初物 70
マネー・ポジション 64, 65
マネー・マーケット〔短期金融市場〕 1, 2, 209, 279
マリー 228
民間債務の購入〔買切り〕 53, 55, 198

無担保コール 189, 194
　――市場 3
　――取引 62, 66
　――取引の導入 7
　――取引の取引単位 71
　――取引の取引レートの刻み幅 70
　――取引の流れ 71
　――取引の媒介手数料 81
　――取引の約束手形 80
　――取引の利息 81
　――のターム物金利 15
無担保コール・オーバーナイト金利 3, 11, 14, 17, 55, 62, 162
無担保コール・オーバーナイト金利先物 273, 289, 290
無担保コール・オーバーナイト取引加重平均レートの確報値 273
銘柄差替え →サブスティテューシ
メガバンク 237
メキシコ通貨危機 220

◆ や 行

約束手形 171
ユアーズ 238
有価証券 176, 203
有価証券取引税 120-122, 124, 125
有担保コール
　――市場 3, 61
　――市場の残高 82
　――取引 82
　――取引の種類 82
　――取引の担保 85
　――取引の担保の受渡し 84, 86
　――取引の取引単位 83

——取引の取引レートの刻み幅　83
　　——取引の媒介手数料　90
　　——取引の約束手形　87
　　——取引の利息　87
有担保コール・ディーリング
　オファー・ビッド制の——　82
　気配値を利用する——　82
有担保コール・ブローキング　83
　——取引の流れ　88
ゆうちょ銀行　37, 38
融通債　93
ユーロ　220, 221
ユーロ円3カ月金利先物　273, 289
ユーロ市場　262
ユーロドル3カ月金利先物　286
預　金　202, 203
　——金利自由化　7
預金保険制度　205
預金保険料　205

◆ ら 行

ライン・チェック　→クレジット・ラインのチェック
ライン・フル　72
落札責任　110
リスク・コントロール条項　129, 143, 151
利含み現先　147
リプライシング〔再評価取引〕　146, 155
リーマン・ブラザーズの破綻〔リーマン・ショック〕　2, 50, 164, 197, 271, 281, 285

流通市場　112
　一次——〔プライマリー市場〕　109
　二次——〔セカンダリー市場〕　112
流動性クランチ　2
流動性節約機能　75-77, 91
流動性の低下リスク　233
量的緩和　62
　——（政）策　8, 9, 57, 100, 102, 222, 268, 285
リンク・マン　242
ルーブル合意　219
レギュラー・エンド物　70
レギュラー・ターム　247
レシーバー　284
レ　ポ　119
レポ・オペ　127
レポ市場　3
　広義の——　162
　広義の——の取引参加者　162
レポ取引
　アメリカの——　142
　日本版——　8, 119, 123
レポ・レート　127, 136, 162
ロシア経済危機　220
ローリング決済　121
ロンバート型貸出　45-47, 49
ローン・ポジション　65

◆ わ 行

割引債　106, 108
ワンタッチ・スルーブラインド　165

東京マネー・マーケット〔第7版〕
Introduction to Tokyo Money Market〔7th edition〕 〈有斐閣選書〉

1983 年 3 月 30 日	初 版第 1 刷発行
1985 年 12 月 20 日	新 版第 1 刷発行
1988 年 11 月 25 日	第 3 版第 1 刷発行
1992 年 5 月 20 日	第 4 版第 1 刷発行
1996 年 4 月 10 日	第 5 版第 1 刷発行
2002 年 8 月 10 日	第 6 版第 1 刷発行
2009 年 5 月 25 日	第 7 版第 1 刷発行
2009 年 8 月 20 日	第 7 版第 2 刷発行

編 者　東短リサーチ株式会社

編集代表　黒　田　啓　征
　　　　　加　藤　　　出

発 行 者　江　草　貞　治

発 行 所　株式会社　有　斐　閣
東京都千代田区神田神保町 2-17
電話（03）3264-1315〔編集〕
　　（03）3265-6811〔営業〕
郵便番号 101-0051
http://www.yuhikaku.co.jp/

印刷／図書印刷株式会社・製本／株式会社明泉堂
©2009, The Totan Research Co., Ltd. Printed in Japan
落丁・乱丁本はお取替えいたします。
★定価はカバーに表示してあります
ISBN978-4-641-28115-8

R 本書の全部または一部を無断で複写複製（コピー）することは、著作権法上での例外を除き、禁じられています。本書からの複写を希望される場合は、日本複写権センター（03-3401-2382）にご連絡ください。